Der Reformationsdiskurs der Stadt Hamburg.
Ereignisabhängiges Textsortenaufkommen und textsortenabhängige
Ereignisdarstellung der Reformation in Hamburg 1521 - 1531.

Dissertation
zur Erlangung des Grades des Doktors
der Philosophie
beim Fachbereich Sprach-, Literatur- und Medienwissenschaft
der Universität Hamburg

vorgelegt von

Jana Jürgs

aus Hamburg

Hamburg, 2003

Als Dissertation angenommen vom Fachbereich Sprach-, Literatur- und
Medienwissenschaft der Universität Hamburg aufgrund der Gutachten
von Prof. Dr. Dieter Möhn
und Prof. Dr. Arno Herzig
Hamburg, den 19.12. 2001

Der Reformationsdiskurs der Stadt Hamburg

Ereignisabhängiges Textsortenaufkommen und
textsortenabhängige Ereignisdarstellung
der Reformation in Hamburg 1521-1531

von

Jana Jürgs

Tectum Verlag
Marburg 2003

Jürgs, Jana:
Der Reformationsdiskurs der Stadt Hamburg.
Ereignisabhängiges Textsortenaufkommen und textsortenabhängige
Ereignisdarstellung der Reformation in Hamburg 1521-1531.
/ von Jana Jürgs
- Marburg : Tectum Verlag, 2003
Zugl.: Hamburg, Univ. Diss. 2001
ISBN 978-3-8288-8590-5

© Tectum Verlag

Tectum Verlag
Marburg 2003

*„Wat ik gesecht hebbe, dar bliue ik bi. De bi der hilligen kerken
nicht will bliuen, de mach it laten."
„Wi bliuen ok darbi, wat wi juw geantwordet hebben und is
de lere Christi und siner hilligen kerken."*

*It is in der warheit so ein licht dink nicht, sulke predige
to vorstande, alse bi den beerpotten to sittende und half und
heel to drinkende. It bolanget der selen salicheit!*

Inhaltsverzeichnis   Seite

1	Einleitung	9
1 – 1	Grundlagen	10
1 – 2	Vorhaben	12
1 – 3	Definitionen	13
2	Das Phasenstrukturmodell	16
2 – 1	Linguistische Kriterien	16
2 – 2	Historische Vorarbeiten	17
3	Hamburg zu Beginn des 16. Jahrhunderts	21
3 – 1	Ein kirchengeschichtlich orientierter Überblick	21
3 – 2	Hamburg am Vorabend der Reformation	24
4	Die Reformation in Hamburg	27
4 – 1 – 1	Die Quellenlage	27
4 – 1 – 2	Das Textkorpus	28
4 – 2	Zeitleiste: Ereignisse und Texte	30
4 – 3	Phasengliederung des Ereigniskontinuums ‚Kirchenreformation in Hamburg'	34
4 – 4	Das textgestützte Phasenmodell zum Verlauf der Hamburger Reformation	36
5	Der Reformationsdiskurs der Stadt Hamburg	37
5 – 1	Phase I – Kontakt	37
5 – 1 – 1	Phase I A – Auftreten reformatorischen Gedankengutes	37
5 – 1 – 2	Typisches Textmaterial Phase I A	39
5 – 1 – 3	Phase I B – Ausbau reformatorischen Gedankengutes	40

5 – 1 – 4	Typisches Textmaterial Phase I B	44
5 – 1 – 5	Zusammenfassung Phase I	50
5 – 2	Phase II – Konfrontation	52
5 – 2 – 1	Phase II A – Anfang der Auseinandersetzung zwischen Altgläubigen undLutheranern	52
5 – 2 – 2	Typisches Textmaterial Phase II A	65
5 – 2 – 3	Phase II B – Abschluß der Auseinandersetzungen zwischen Altgläubigen und Lutheranern	69
5 – 2 – 4	Typisches Textmaterial Phase II B	76
5 – 2 – 5	Zusammenfassung Phase II	85
5 – 3	Phase III – Konsolidierung	90
5 – 4	Zusammenfassung Phase III	97
6	Das textgestützte Phasenmodell – Zusammenfassung	102
7	Zeitgenössische Ereignisberichte zur Reformation in Hamburg	103
7 – 1	Der Bericht als Textsorte und Erzählform	103
7 – 2	Der Bericht als Quellentext	105
7 – 3	Die Berichte	106
7 – 3 – 1	Zur Forschungslage	107
7 – 3 – 2	Überlieferung und Edition	108
7 – 4	Zur Einrichtung der Texte (Umfang und Inhalt)	113
7 – 4 – 1	Der Bericht des Steffen Kempe	113
7 – 4 – 2	Die Berichte aus Johann Mollers Sammelhandschrift	115
7 – 5	Einzelanalysen der Berichte	117
7 – 5 – 1	Bericht A	118
7 – 5 – 1 – 1	Überblick	118

7 – 5 – 1 – 2	Themenauswahl und ~verknüpfung des Berichts	119
7 – 5 – 1 – 3	Konstruktion des Berichtszusammenhanges	122
7 – 5 – 1 – 4	Konzept und Perspektive des Berichts	125
7 – 5 – 1 – 5	Funktion und Datierung des Berichts	128
7 – 5 – 2	Bericht B	130
7 – 5 – 2 – 1	Überblick	130
7 – 5 – 2 – 2	Themenauswahl und ~verknüpfung des Berichts	130
7 – 5 – 2 – 3	Konstruktion des Berichtszusammenhanges	133
7 – 5 – 2 – 4	Konzept und Perspektive des Berichts	137
7 – 5 – 2 – 5	Funktion und Datierung des Berichts	140
7 – 5 – 3	Bericht C	141
7 – 5 – 3 – 1	Überblick	141
7 – 5 – 3 – 2	Themenauswahl und ~verknüpfung des Berichts	142
7 – 5 – 3 – 3	Konstruktion des Berichtszusammenhanges	147
7 – 5 – 3 – 4	Konzept und Perspektive des Berichts	155
7 – 5 – 3 – 5	Funktion und Datierung des Berichts	157
7 – 5 – 4	Mollers Sammelhandschrift	159
7 – 5 – 5	Bericht D	163
7 – 5 – 5 – 1	Überblick	163
7 – 5 – 5 – 2	Themenauswahl und ~verknüpfung des Berichts	165
7 – 5 – 5 – 3	Konstruktion des Berichtszusammenhanges	170
7 – 5 – 5 – 4	Konzept und Perspektive des Berichts	183
7 – 5 – 5 – 5	Funktion und Datierung des Berichts	187

7 – 6	EXKURS: Der Reformationsbericht der Gyseke-Chronik	189
7 – 6 – 1	Überlieferung und Edition	189
7 – 6 – 2	Aufbau, Inhalt und Autoren	190
7 – 6 – 3	Der Reformationsbericht der Gyseke-Chronik	193
7 – 6 – 3 – 1	Überblick	193
7 – 6 – 3 – 2	Themenauswahl und ~verknüpfung des Berichts	195
7 – 6 – 3 – 3	Konstruktion des Berichtszusammenhanges	199
7 – 6 – 3 – 4	Konzept und Perspektive des Berichts	210
7 – 6 – 3 – 5	Vergleich des Berichts mit seiner Quelle, Bericht D	212
7 – 6 – 3 – 6	Funktion und Datierung des Berichts	240
7 – 6 – 3 – 7	Zusammenfassung	242
7 – 7	Vergleich der Berichte A bis D	243
7 – 7 – 1	Exemplarischer Vergleich	243
7 – 7 – 2	Vergleich der Berichte als Texteinheiten	254

8 Diskrepanzen zwischen der Ereignisdarstellung der Berichte
und der Rekonstruktion des Ereignisablaufs   256

9 Ergebnisse   265

10 Quellen   268

11 Literatur   271

1 Einleitung

So tiefgreifend wie die Kirchenreformation zu Beginn des 16. Jahrhunderts Deutschland und das übrige Europa veränderte, so grundlegend ist ihre Bedeutung als Fix- und Angelpunkt innerhalb der europäischen Geschichtsforschung.

In diesem Zusammenhang stellt sich die Frage nach Ablauf und Struktur des Reformationsgeschehens an sich. Besonders in der Sprach- und Literaturgeschichte finden sich Hinweise auf die Bedeutung der Reformation für die Modifikation und auch Neuausbildung mündlicher und schriftlicher Medien.[1] Diese spiegeln das gewandelte Selbstverständnis zeitgenössischer religiöser und/oder politischer Interessengruppen wider,[2] so daß sich in ihnen der Zusammenhang von Text und Ereignis fassen läßt. Auf einer sozial- wie sprachgeschichtlich orientierten Grundlage soll diesem Zusammenhang, dem Wechselspiel von Ereignis und den ihm zuordbaren Texten, in dieser Arbeit nachgegangen werden.

Es wird die Strukturierung und Periodisierung der Kirchenreformation mit Hilfe des ihr zugehörigen Textaufkommens angestrebt – dies auch in Vergleich mit und Abgrenzung von bereits existierenden Phasenmodellen des Geschehens.

Eine derartige Untersuchung benötigt einen durch feste Raum- und Zeitkoordinaten definierten Rahmen. Abgesehen von der Bedeutung, die den Städten im Geschehen grundsätzlich beigemessen wird,[3] bietet sich die Wahl einer Stadt an, da sich hier ein Querschnitt durch sämtliche Schichten und Stände auf überschaubarem Raum und in vielfältigen Beziehungen zueinander findet.

---

[1] Vgl. den Begriff der Öffentlichkeitssprache in: v. Polenz, Peter: Deutsche Sprachgeschichte vom Spätmittelalter bis zur Gegenwart. Bd. 1. Berlin, New York 1991, S. 122-126 u. 132-135. Weiter Schwitalla, Johannes: Deutsche Flugschriften 1460-1525. Tübingen 1983 sowie Fuchs, Thomas: Konfession und Gespräch. Köln u.a. 1995 und Kampe, Jürgen: Problem ‚Reformationsdialog'. Tübingen 1997. Außerdem Diekmannshenke, Hans-Joachim: Die Schlagwörter der Radikalen der Reformationszeit (1520-1536). Frankfurt/M. 1994. Zum Spezialfall Luther vgl. z.B. Wolf, Herbert: Martin Luther. Eine Einführung in germanistische Luther-Studien. Stuttgart 1980 sowie ders.: Germanistische Luther-Bibliographie. Heidelberg 1985.
[2] Vgl. hierzu: Wohlfeil, Rainer: ‚Reformatorische Öffentlichkeit'. In: Grenzmann, Ludger; Stackmann, Karl: Literatur und Laienbildung im Spätmittelalter und der Reformationszeit. Stuttgart 1984, S. 41-52.
[3] Vgl. Moeller, Bernd: Reichsstadt und Reformation. Gütersloh 1962, Neuausgabe 1987 sowie ders. (Hrsg.): Stadt und Kirche im 16. Jahrhundert. Gütersloh 1978.

Um einen solchen aussagekräftigen Mikrokosmos zu erhalten, empfiehlt es sich, ein Gemeinwesen mit einem hohen Grad an Autonomie und politischer Souveränität auszuwählen. Beide Kriterien treffen besonders auf die bedeutenderen Mitglieder der Hanse zu. Ihr Verbund konnte im Zusammenhang mit den Ereignissen der Reformationszeit ein letztes Mal aktiviert werden, ehe er ab dem Ende des 16. Jahrhunderts endgültig zerfiel und auch seine sprachliche Identität an das Hochdeutsche verlor.[4]

In der allgemeinen Reformationsforschung ist den niederdeutschen Städte unter dem Hinweis ihrer Reichsferne und vor allem wegen der gegenüber dem übrigen Deutschland bestehenden Sprachbarriere wenig Beachtung zuteil geworden,[5] weitere Gründe, um anhand einer norddeutschen Hansestadt die Beziehung zwischen der Kirchreformation und dem ihr zugehörigen Textaufkommen zu untersuchen.

Aufgrund der Zugänglichkeit und überschaubaren Größe des auf uns gekommenen Quellenmaterials sowie der die historischen Aspekte des Themas aktuell und umfassend darbietenden Arbeit Rainer Postels zu dieser Stadt[6] soll die Hansestadt Hamburg den räumlichen Bezugsrahmen der vorliegenden Arbeit darstellen.

1 – 1 Grundlagen

Es wird davon ausgegangen, daß ein Ereignis von der Bedeutung und zeitlichen Ausdehnung der Reformation einen Textkosmos hervorgebracht hat, der seinerseits Rückschlüsse auf dieses Ereignis zuläßt und zugleich dessen Strukturierung erlaubt.

Die Texte werden dabei nicht als abstrakte Träger von Informationen behandelt, die nach einer grundsätzlichen Situierung in Zeit und Raum der Rekonstruktion eines historischen

---

[4] „Es ist merkwürdig, wie die Größe und der Niedergang der Hanse sich genau in der Ausbreitung und im Verfall des Niederdeutschen spiegeln." (Dollinger, Philippe: Die Hanse. Stuttgart 1989, S. 344.) 1557 scheiterte auf einem Hansetag in Lübeck der Versuch einer Reorganisation der Gemeinschaft; bis zum letzten Hansetag 1669 (mit nur neun teilnehmenden Städten) existierte die hansische Gemeinschaft zunehmend nur mehr formal.

[5] Lediglich Leopold von Ranke geht in „Deutsche Geschichte im Zeitalter der Reformation". Berlin 1852 ausführlich auf die Reformation in den niederdeutschen Städten ein. Zur Reichsferne vgl. z.B. Rabe, Horst: Deutsche Geschichte 1500-1600. München 1991. Zu Hinweisen über die späte Rezeption der Reformation in Norddeutschland vgl. Postel, Rainer: Die Reformation in Hamburg 1517-1528. Gütersloh 1986, S. 136, 193. Den Verlauf der Reformation in Norddeutschland zu untersuchen, stellt ein (sprach-)historisches Forschungsdesiderat dar!

[6] Postel, Rainer: Die Reformation in Hamburg 1517-1528. Gütersloh 1986. Künftig zit.: Postel.

Ereignisses als Mosaik einzeln zu entnehmender und im Zuge einer historischen Untersuchung neu kombinierbarer Nachrichten dienen. Sie sollen vielmehr als eigenständige und unteilbare Informationseinheiten gelten, als integrale Bestandteile des zu untersuchenden Geschehensablaufs.

Ereignisgeschichte läßt sich in diesem Zusammenhang definieren als Verlaufsprotokoll von Teilhandlungen und Teilgeschehnissen, die sich in kommunikativen Handlungen manifestieren. Ein Teil dieser Handlungen ist in Form schriftlich fixierter Texte auf uns gekommen bzw. aus ihnen erschließbar und bietet die Möglichkeit, anhand von feststellbaren signifikanten Veränderungen in der chronologischen Abfolge der Quellentexte ein Phasenstrukturmodell des Gesamtgeschehens zu entwickeln.

Das Wechselspiel von Positionierung eines Textes im Geschehen und der Textualisierung von Geschehen im Verlauf des Ereignisses ist über eine linguistische Textanalyse zu erschließen.[7] Sie leistet nach der Aufstellung eines geeigneten Merkmalskatalogs die Festlegung formaler wie inhaltlicher Indikatoren für die korrekte Einordnung und Einschätzung des jeweiligen Textes und bietet Kriterien, phasenunterscheidende Veränderungen im Textmaterial wahrzunehmen.

Grundlegend für die Entwicklung dieser Kriterien sind Arbeiten der modernen Sprachforschung, die die Theorie eines geschichtlich bedingten Wandels von Textsorten vertreten – sich verändernde historische Bedingungen führen danach auf kurz oder lang zu einer Veränderung im von der jeweiligen Gesellschaft verwendeten Textsortenmaterial - und diese Veränderungen zur Abgrenzung und Periodisierung verschiedener Stadien der allgemeinen Sprachgeschichte zu nutzen versuchen.[8] Der Forderung nach Einbeziehung externer Faktoren für die Erklärung von Sprachwandelerscheinungen ist dabei große

---

[7] Diese folgt den Ausführungen Brinkers in: Brinker, Klaus: Linguistische Textanalyse. 3. Aufl. Berlin 1992 sowie Heinemanns und Viehwegers in: Heinemann, Wolfgang; Viehweger, Dieter: Textlinguistik. Tübingen 1991.
[8] Cherubim, Dieter: Sprachgeschichte im Zeichen der linguistischen Pragmatik. In: Besch, W.; Reichmann, R.; Sonderegger, S. (Hrsg.): Sprachgeschichte. Ein Handbuch zur Geschichte der deutschen Sprache und ihrer Erforschung. Erster Halbband. Berlin, New York 1984, S. 802 – 815. Weiter Schank, Gerd: Ansätze zu einer Theorie des Sprachwandels auf der Grundlage von Textsorten. In: a.a.O., S. 761-768 sowie Steger, Hugo: Sprachgeschichte als Geschichte der Textsorten/Texttypen und ihrer kommunikativen Bezugsbereiche. In: a.a.O., S. 186-204. Zur Periodisierung: Objartel, Georg: Sprachstadium. In: Althaus, H.P.; Henne, H.; Wiegand, H.E. (Hrsg.): Lexikon der germanistischen Linguistik. 2. Aufl. Studienausg. Bd. 3. Tübingen 1980, S. 557-563 und

Beachtung zu schenken. Erst in Verbindung mit diesen bieten sich echte Erklärungsmodelle für sprachintern feststellbare Veränderungen.[9]

Unter Aufnahme dieser Forschungsansätze wird die von der historischen Quelleninterpretation wie der pragmatischen Textlinguistik gleichermaßen geforderte Verbindung von Text und außertextlicher Wirklichkeit möglich, gleichzeitig wird deutlich, wie variabel verschiedene Textsorten und Texte mit differierendem Entstehungsdatum oder unterschiedlicher Provenienz auf diese Wirklichkeit referieren.

1 – 2 Vorhaben

Ziel der vorliegenden Untersuchung ist es zunächst, mit Hilfe des chronologisch geordneten Quellenmaterials das sich über ein Jahrzehnt von 1521 bis 1531 erstreckende Ereigniskontinuum „Kirchenreformation in Hamburg" in aufeinander folgende und aufeinander aufbauende Phasen zu gliedern. Auf diese Weise soll ein Modell der Ereignisgeschichte erstellt werden, das Struktur und Organisation des Wechselspiels von zeitlicher Positionierung eines Textes und den Spezifika der Textualisierung seines Inhaltes sichtbar macht.

In diesem Zusammenhang wird auf die historischen Zusammenhänge – d.h. Entstehungs- und Rezeptionsumstände, Emittenten sowie Rezipienten der Texte – einzugehen sein, um die Verbindung zwischen außertextlicher Wirklichkeit und jeweiliger textinterner Darstellung deutlich zu machen und die Funktion des Textes im Kontext seiner Zeit zu erfassen.

Hiermit wird dem Anliegen der Arbeit Rechnung getragen, das ereignisabhängige Textsortenaufkommen zu sichten und schließlich phasenbezogen darzustellen. Dabei sollen für jede der ermittelten Phasen typische Texte einer eingehenden Analyse unterzogen

---

Schildt, Joachim: Zur Rolle von Texten/Textsorten bei der Periodisierung der deutschen Sprachgeschichte. In: Besch, W. (Hrsg): Deutsche Sprachgeschichte. Festschrift f. J. Erben. Frankfurt/M. u.a. 1990, S. 415-420.
[9] Reiffenstein, Ingo: Interne und externe Sprachgeschichte. In: Besch, W.(Hrsg.): Deutsche Sprachgeschichte. Festschrift f. J. Erben. Frankfurt/M. u.a. 1990, S. 21-29 sowie Roelcke, Thorsten: Periodisierung der deutschen Sprachgeschichte. Berlin, New York 1995, S. 27-38.

werden. Auf diese Weise läßt sich exemplarisch aufzeigen, wie in jedem Abschnitt aktuelles Geschehen vertextet wurde.

Bei dieser Betrachtungsweise rückt eine für den Hamburger Reformationsdiskurs spezifische Textsorte in den Mittelpunkt des Interesses. Es existieren vier Ereignisberichte, die das Gesamtgeschehen bzw. Teile daraus darstellen, kommentieren und reflektieren.[10] Diese Berichte bieten sich in besonderem Maße dazu an, die textsortenabhängige Ereignisdarstellung der Reformation in Hamburg zu betrachten, ein Vorhaben, das einen weiteren Schwerpunkt der vorliegenden Arbeit bildet.

Gesamtziel der Untersuchung soll es sein, mit Hilfe der oben angeführten Herangehensweisen die Beziehung und Wechselwirkung eines Ereignisses und des ihm zugeordneten Textaufkommens aufzuzeigen, um auf diese Weise beide als zusammengehöriges Ganzes zu erfassen. Damit soll gleichzeitig beigetragen werden zu einem besseren Verständnis städtischer Kommunikation in geschichtlichen Zusammenhängen.

1 – 3 Definitionen

Die vorliegende Arbeit untersucht den Reformationsdiskurs der Stadt Hamburg. Dieser erschließt sich in einem durch die Kirchenreformation im 16. Jahrhundert initiierten und entwickelten Textaufkommen, bezogen auf die Stadt Hamburg.

Relevant sind damit in und außerhalb Hamburgs entstandene Texte mit Bezug auf das Reformationsgeschehen in dieser Stadt, soweit sie in schriftlich fixierter Form auf uns gekommen sind bzw. sich ausreichend glaubwürdige Hinweise auf lediglich mündlich realisierte oder heute verlorene schriftliche Quellen anführen lassen.

Das Material besteht damit aus Texten in ihrer Verwendung und Wirkung in einer sozial – und das heißt kommunikativ – interagierenden Umwelt.

---

[10] Lappenberg, Joh. Martin: Hamburgische Chroniken in niedersächsischer Sprache. Hamburg 1861; S. 479-542: Des Stephan Kempe Warhaftiger bericht; S. 543-567: Johannis Moller J.U.D., Nachrichten von der Reformation zu Hamburg. Künftig zit.: Kempe bzw. Moller.

Unter Text soll im Folgenden „eine mündlich oder schriftlich übermittelte und inhaltlich-thematisch gebundene endliche Folge von sprachlichen Zeichen, die als ganze eine kommunikative Funktion erfüllt", begriffen werden.[11]

Diese kommunikative Funktion definiert sich unter dem Terminus der Textfunktion als „die im Text mit bestimmten, konventionell geltenden, d.h. in der Kommunikationsgemeinschaft verbindlich festgelegten Mitteln ausgedrückte Kommunikationsabsicht des Emittenten. Es handelt sich also um die Absicht des Emittenten, die der Rezipient erkennen soll, sozusagen um die Anweisung (Instruktion) des Emittenten an den Rezipienten, als was dieser den Text insgesamt auffassen soll."[12]

Dies zeigt, daß innerhalb der pragmatischen Linguistik der als Text benannten Folge sprachlicher Zeichen in der Regel ein weiteres Merkmal zugewiesen wird, nämlich eine monologische Struktur.[13] Als zwingende Konstituente des Textbegriffs darf dies nicht angesehen werden; auch die Interaktion mehrerer Emittenten, also das Gespräch, kann in ihrer Gesamtheit als Text aufgefaßt werden, sobald ihr als Ganzes eine übereinstimmende kommunikative Funktion eigen ist.[14]

Über die in den kommunikativen Absichten dominierende Funktion[15] kann der betreffende Text verschiedenen Textklassen zugeschrieben werden, z.B. denjenigen des Informierens, Appellierens, Sich-Verpflichtens, Kontaktierens und Deklarierens.[16] In diese Textklassen wiederum sind die verschiedenen real existierenden Textsorten einer Kommunikationsgemeinschaft einzuordnen, wobei unter Textsorte „konventionell geltende Muster für komplexe sprachliche Handlungen" zu verstehen sind, „die sich als jeweils typische Vertreter von kontextuellen (situativen), kommunikativ-funktionalen und strukturellen (grammatischen und thematischen) Merkmalen beschreiben" lassen.[17]

---

[11] Lindow, Wolfgang u.a.: Niederdeutsche Grammatik. Leer 1998, S. 307f.
[12] Brinker, Klaus: Linguistische Textanalyse. Berlin 1992, S. 93.
[13] Brinker, a.a.O., S. 19.
[14] Lindow, Wolfgang u.a.: Niederdeutsche Grammatik. Leer 1998, S. 307. Heinemann, Wolfgang; Viehweger, Dieter: Textlinguistik. Tübingen 1991, S. 90, 125f., 176ff.
[15] Diese bestimmt sich neben textinternen Merkmalen über die sog. Kontextindikatoren, die die jeweilige Kommunikationssituation vorgibt. Hierzu zählen z.B. Hintergrundwissen der Adressaten oder sonstiger Rezipienten des Textes über Autor, Entstehungssituation oder aktuellen Einsatz des betreffenden Textes.
[16] nach Lindow, Wolfgang u.a.: Niederdeutsche Grammatik. Leer 1998, S. 309.
[17] Brinker, Klaus: Linguistische Textanalyse. Berlin 1992, S. 132.

Textsorten „haben sich in der Sprachgemeinschaft historisch entwickelt und gehören zum Alltagswissen der Sprachteilhaber; sie besitzen zwar eine normierende Wirkung, erleichtern aber zugleich den kommunikativen Umgang, indem sie den Kommunizierenden mehr oder weniger feste Orientierungen für die Produktion und Rezeption von Texten geben."[18]

Indem in Textsorten organisierte Texte die sprachliche Kommunikationsgrundlage einer Gesellschaft darstellen, müssen wesentliche Wandlungen in dieser sozialen Gemeinschaft Auswirkungen auf das genutzte Textsortenrepertoire haben. Dies bedeutet im Umkehrschluß, daß Veränderungen innerhalb des Textsortenaufkommens einer Sprachgemeinschaft eine gewandelte Situation ihrer Nutzer widerspiegeln. Damit erweist sich die Untersuchung des Text(sorten)aufkommens einer Gesellschaft als geeignetes Mittel, eine differenzierte, und das heißt in Epochen, Perioden und Phasen gegliederte (Sprach)Geschichte eben dieser Gesellschaft zu entwickeln.

Dieser Ansatz beruht in seinen sprachinternen Aspekten auf den Ausführungen Georg Objartels, aufgrund „bedeutender Veränderungen" in den „Bedingungen, Erscheinungsformen und Funktionen von Texten" verschiedene Sprachstadien zu unterscheiden.[19]

Er wird in dieser Untersuchung durch die oben genannten sozialen Faktoren als den entscheidenden sprachexternen Kriterien erweitert und auf das räumlich wie zeitlich eng begrenzte Phänomen der Kirchenreformation in der Hansestadt Hamburg zu Beginn des 16. Jahrhunderts angewandt. Es soll das dem gesamten Reformationsdiskurs zugehörige Textaufkommen auf „bedeutende Veränderungen" hin untersucht werden, anhand derer es möglich ist, ein Phasenstrukturmodell des historischen Geschehens zu erstellen.

Im Anschluß daran ist für jede Phase typisches Textmaterial zu benennen und näher zu betrachten. Hierunter soll ein für die jeweilige Phase besonders kennzeichnender Text verstanden werden. Er muß das für die entsprechende Phase charakteristische Geschehen widerspiegeln und in Form und Inhalt die jeweils dominierende Textsorte

---

[18] Brinker, a.a.O.

repräsentieren. Auf diese Weise sind die spezifischen Gegebenheiten der einzelnen Diskursabschnitte noch einmal exemplarisch zu verdeutlichen.

2 Das Phasenstrukturmodell

2 – 1 Linguistische Kriterien

Es werden Kriterien benötigt, aufgrund derer „bedeutende Veränderungen" feststellbar sind, um voneinander zu trennende Phasen aus dem Textmaterial ableiten zu können. Zugleich sollen auch für eine einzelne Phase typische Texte gefunden werden.

Folglich haben diese Kriterien den dynamischen wie den statischen Aspekt einer Textordnung und der darauf bezogenen Phasenordnung gleichermaßen zu erschließen sowie die Verbindung von Text und (Ereignis-)Kontext zu gewährleisten.

Aus diesen Anforderungen ergibt sich als Merkmalskatalog:

- (Vermutlicher) Zeitpunkt der Textentstehung
- Textthema
- Ort(e) der Textentstehung und ~rezeption
- Involvierte textproduzierende bzw. ~rezipierende Individuen und Gruppen
- Textfunktion und ihr jeweils zugehörige Textsorten
- Text(sorten)frequenz

Der (vermutliche) Zeitpunkt der Entstehung sowie das Thema geben einen ersten Hinweis auf die Stellung eines Textes innerhalb der Ereignisgeschichte der Reformation und bilden somit ein Orientierungsraster für die folgenden Punkte.

Die Lozierung einer Quelle und die Frage nach den bei ihrer Produktion und Rezeption beteiligten Individuen und Gruppen sind wichtige Kontextindikatoren des Textverständnisses, ein Wandel innerhalb dieser Merkmale kann auf „bedeutende Veränderungen" hinweisen, Kontinuität auf eine Phase prägende Zusammenhänge. Verbunden mit der Frage nach den Textfunktionen, die sich in ihnen jeweils zugehörigen Textsorten

---

[19] Vgl. Anm. 8, S. 11: Objartel, Georg: Sprachstadium. In: Althaus, H.-P.; Henne, H; Wiegand, H.E. (Hrsg.): Lexikon der germanistischen Linguistik. 2. Aufl. Studienausg. Bd. 3. Tübingen 1980, S. 557-563, hier S. 562.

realisieren und über textinterne Marker festzustellen sind, muß es auf ihrer Grundlage möglich sein, verschiedene Phasen des Geschehens voneinander abzutrennen bzw. die Charakteristika der einzelnen Phasen zu benennen.

In Zusammenhang mit der Betrachtung der Textfunktionen ist außerdem zu klären, inwieweit die nachweisbaren Textsorten zum bereits bekannten und genutzten Textsortenrepertoire innerhalb der Stadt gehören oder aber Modifikationen bzw. sogar Neuerungen darstellen, die sich erst im Zusammenhang mit den Forderungen der aktuellen Ereignisse ergaben.

Die schließliche Beachtung der relativen Text(sorten)frequenz unterstützt insbesondere die Bestimmung eines phasentypischen Textes, zugleich tragen hier feststellbare Schwankungen ebenfalls zur Festlegung einer phasentrennenden „bedeutenden Veränderung" bei. Darüber hinaus gibt die absolute Frequenz Auskunft über Zunahme und Variationsbreite aller zum Ereignis Reformation gehörenden Texte. Dies erlaubt Aussagen über den Stellenwert und die im Geschehensverlauf zunehmende Bedeutung, welche die Kirchenreformation für die Bevölkerung Hamburgs einnahm.

2 – 2 Historische Vorarbeiten

Die anhand der oben aufgeführten linguistischen Kriterien aus dem Textkorpus abzuleitende Phaseneinteilung hat sich dem Vergleich mit bereits existierenden Gliederungsmodellen der Reformationsgeschichtsforschung zu stellen.

Auf zwei dieser Modelle soll hier kurz eingegangen werden. Bei ihnen handelt es sich um ein allgemein anerkanntes Standardmodell zur Periodisierung der Kirchenreformation und einen im Zusammenhang der vorliegenden Arbeit beachtenswerten Versuch zur Strukturierung reformatorischer Prozesse.

Rainer Wohlfeil erstellt in seiner „Einführung in die Geschichte der deutschen Reformation" einen Ablauf der Reformation für das heilige römische Reich deutscher Nation.[20]

---

[20] Wohlfeil, Rainer: Einführung in die Geschichte der deutschen Reformation. München 1982, S. 13.

Soziale und später speziell politische Veränderungen werden dabei an Jahreszahlen festgemacht zur Grundlage einer Gliederung verwendet:

1517 – 1521 Anfänge der Reformation

1521 – 1525 Reformatorische Bewegungen

1525 – 1529 Anfänge obrigkeitsgelenkter und obrigkeitlicher evangelischer Reformation

1529 – 1555 Festigung und Behauptung der obrigkeitlich-evangelischen Reformation und des Landeskirchenregiments

1555 – Anfang des 17. Jahrhunderts Konfessionalisierung und Stabilisierung der Territorialherrschaft

Grundsätzlich orientiert sich dieses Modell an den jeweiligen Trägern der Reformation, wobei ab der dritten Phase der Blick auf die Obrigkeit und deren Handeln gelenkt wird. Es beschreibt den Weg der Reformation von ihrem Bekanntwerden über ihre Popularisierung hin zum reichsweiten Phänomen anhand der politischen Ereignisgeschichte. Damit bietet es eine erste Übersicht, kommt allerdings schon wegen seiner Geltung für das ganze Reich für eine ortsorientierte Analyse als insgesamt zu grob nicht in Frage. Insbesondere erscheint es für den norddeutschen Raum mit seiner relativ späten Rezeption reformatorischer Thematik wenig geeignet, zumal in der Beschäftigung mit der „Obrigkeit" der Schwerpunkt mehr auf territoriale Einzelherrscher im Reichszusammenhang und im Bezug auf ihre jeweiligen Untertanen als auf die Ratsgremien der Städte in deren Wechselbeziehung mit der jeweiligen Bürgergemeinde gelegt wird.

Ohne absolute Jahreszahlen zu verwenden, entwirft Olaf Mörke in seiner historischen Dissertation „Rat und Bürger in der Reformation" anhand sich verändernder sozialer und speziell politischer Beziehungen für die Hansestädte Lüneburg, Braunschweig und Göttingen ein Vier-Phasen-Modell:[21]

1) Phase der nichtöffentlichen Zirkel – erste reformatorische Gruppen beschäftigen sich rezeptiv bzw. bereits intellektuell auseinandersetzend mit der Möglichkeit religiöser Erneuerung.

---

[21] Mörke, Olaf: Rat und Bürger in der Reformation. Hildesheim 1983, S. 174.

2) Phase der beginnenden öffentlichen Reformation – Reformation durch öffentliche Demonstration im Bewußtsein der Gesamtbevölkerung, Reaktionen der verschiedenen sozialen und ständischen Gruppierungen; Reformation wird zum Problem städtischer Politik, Konfliktfronten entstehen.

3) Phase des organisierten und institutionalisierten Handelns und Verhandelns – Bürgerausschüsse als Vertretungsorgane reformatorischer Bürger; der Rat kann reformatorische und damit verbundene nichtkirchliche Forderungen nicht mehr auf dem Verordnungswege verdrängen.

4) Phase der reformatorischen Ratspolitik – Rat übernimmt Gestaltung des neuen Kirchenwesens und ersetzt Ausschüsse als Handlungsträger.

Mörke orientiert sich am Wirkungsraum und -rahmen reformatorischen Geschehens bezogen auf das organisatorische Gefüge der frühneuzeitlichen Stadt, wobei sein besonderes Augenmerk auf dem Zusammenspiel von Bürgern und Rat liegt. Sein Modell erscheint im Rahmen der vorliegenden Arbeit durch seine Ortswahl und Thematik bemerkenswert. Allerdings fehlen ihm durch den Bezug auf vier unterschiedliche Städte konkrete Jahreszahlen für Anfang und Dauer der einzelnen Phasen. Weiterhin dienen die in den ausgewerteten Quellen überlieferten Kommunikationsereignisse und -abläufe lediglich zur Rekonstruktion des Reformationsgeschehens und gehen damit nur indirekt in die Phasengliederung ein.

Speziell für eine Reformationsgeschichte der Stadt Hamburg existiert von Historikerseite aus kein Phasenmodell. Der Versuch, eine Gliederung des Geschehens auf sprachgeschichtlich-textlinguistischer Basis zu erreichen, ist neu und muß sich an Bestehendem zur Problematik einer ortsspezifischen Phasengliederung messen lassen.

In seiner grundlegenden Arbeit zum Thema bemerkt Rainer Postel: „So schwierig wie der Anfang der reformatorischen Bewegung in Hamburg ist ihre Durchsetzung exakt zu fixieren bzw. mit einem bestimmten Ereignis eindeutig zu verbinden und die dazwischenliegende Zeit zu gliedern."[22] Und weiter: „Der nahezu kontinuierliche Fortgang der reformatorischen Bewegung in Hamburg läßt, wie schon bemerkt, kaum Zäsuren erkennen, die ihre Periodisierung erlaubten oder geeignet wären, den Zeitpunkt ihrer Durchsetzung späterhin eindeutig zu bestimmen."[23]

Beide Feststellungen bieten die Herausforderung, aufgrund einer Analyse des vorhandenen Textmaterials die festgestellte Kontinuität zu hinterfragen und zu prüfen, inwieweit doch Zäsuren vorhanden sind.

Erweist es sich als möglich, ein Phasenstrukturmodell der Hamburger Reformationsgeschichte auf linguistischer Grundlage zu erstellen, liegt ein abschließender Vergleich mit den vorgestellten historischen Gliederungsansätzen nahe, um bei den unterschiedlichen Herangehensweisen Übereinstimmungen und Abweichungen festzustellen und um gegebenenfalls die Ursachen hierfür zu hinterfragen.

Vor der Darstellung und Analyse des dem Hamburger Reformationsdiskurs zugehörigen Textkorpus soll jedoch ein kurzer Blick auf das soziale und politische Gefüge sowie die Situation der Stadt Hamburg zu Beginn des 16. Jahrhunderts geworfen werden, dem sich eine ebenso knappe Chronologie des Reformationsgeschehens anschließen soll. Beides dient dazu, Grundlagen, Hintergründe und Bezüge der im Anschluß zu untersuchenden Texte aufzuzeigen und damit ihr Verständnis zu gewährleisten.

---

[22] Postel, S. 243.
[23] Postel, S. 249.

3 Hamburg zu Beginn des 16. Jahrhunderts

3 – 1 Ein kirchengeschichtlich orientierter Überblick

Zu Beginn des 16. Jahrhunderts zählte Hamburg mit seinen ca. 14 000 Einwohnern zu den mittelgroßen Städten des heiligen römischen Reiches deutscher Nation.

Seinen Status innerhalb des Reichsgefüges hielt es sorgfältig in der Schwebe. Einmal betonte es *to wesende ledemate des Landes to holsten unde Stormeren*,[24] dann wieder gab es an, eine von jedem Landesherrn unabhängige Reichsstadt zu sein.[25] Dies ergab eine auf strenge Neutralität bedachte Außenpolitik, die – der stetig wachsenden Bedeutung Hamburgs als Handelsstadt entsprechend - in erster Linie dem Schutz und Ausbau der Wirtschaft zugute kommen sollte.

In der Stadt selber regierte der Rat, dessen Herrschaft als gottgegeben betrachtet wurde.[26] Er bestand aus 17 bis 22 Mitgliedern, die vier Bürgermeister eingeschlossen, und ergänzte sich – in der Regel ad cathedram Petri, also dem 22. Februar – nach dem Prinzip der Kooptation.

Die Bürgerschaft Hamburgs organisierte sich in vier Kirchspielen: St.Petri, St.Nikolai, St.Katharinen und St.Jacobi. Nikolai und Katharinen waren als bevorzugte Wohnorte der Kaufmannschaft die wohlhabendsten unter ihnen, St.Nikolai das bedeutendste der vier Kirchspiele überhaupt.

Die eigentliche Gemeinde und politische Basis der Stadt bildeten die erbgesessenen Bürger – Männer, die das Bürgerrecht der Stadt und ererbten oder erworbenen Grundbesitz in ihr besaßen.

---

[24] Aus der Annehmung von 1487. Vgl.: Gabrielsson, Peter: Die Zeit der Hanse 1300-1517. In: Loose, Hans-Dieter (Hrsg.): Hamburg. Geschichte der Stadt und ihrer Bewohner. Hamburg 1982, S. 101-190, hier S. 144.
Es ist darauf hinzuweisen, daß die Kursive durchgängig der Kennzeichnung mittelniederdeutscher Zitate dient.
[25] Vier Immedietätsprozesse, 1356, 1418, 1508, 1548, zeugen von der Schaukelpolitik Hamburgs bezüglich seines Status im Reichsverband. 1363 gilt es als landesherrliche Stadt, 1421 wird ihm Reichsstadt-Stellung zuerkannt, eine offizielle Erklärung erfolgt aber nicht, 1510 wird die Reichsstadt Hamburgs aufgefordert, die ausstehenden Reichssteuern nachzuzahlen, im letzten, dem großen Immedietätsprozess wird dieses Urteil erneuert. Erst im 17. Jahrhundert wurde Hamburg offiziell Reichsstadt.
[26] Explizit geäußert findet sich dieser Gedanke 1497 in einem Kommentar Bürgermeister Langenbecks zu seiner Revision des Stadtrechts. Vgl. Gabrielsson, Peter: Die Zeit der Hanse 1300-1517 sowie Postel, Rainer: Reformation und Gegenreformation 1517-1618. Beide in: Loose, Hans-Dieter (Hrsg.): Hamburg. Geschichte der Stadt und ihrer Bewohner. Hamburg 1982, S. 140, S. 194.

Bestand die Notwendigkeit zur Beratung zwischen dem Rat als Stadtführung und der erbgesessenen Bürgerschaft als Stadtgemeinde, wandte sich der Rat an die Juraten der vier Kirchspiele, an die Beeden oder die Kirchenvorstände als Diskussionspartner.

Die Juraten jeden Kirchspiels waren umfassend verantwortlich für die weltliche Verwaltung der Kirchen. Zusammen mit den ebenfalls je zwei Leichnamsgeschworenen – zuständig für die gottesdienstliche Einrichtung der Kirchen – bildeten sie die Beeden. Die Kirchenvorstände wiederum setzten sich aus den amtierenden und gewesen Juraten zusammen. Ihnen stand jeweils ein Kirchspielherr vor, ein im jeweiligen Kirchspiel wohnendes Ratsmitglied, das das höchste Zuständigkeitsrecht in dessen Verwaltung besaß.

Ursprünglich von der Bürgerschaft gewählt, hatte sich für die Juraten im 16. Jahrhundert der Usus der Selbstergänzung etabliert. Jährlich trat das ältere zurück und der Kirchenvorstand bestimmte ein neues Kollegiumsmitglied. Aus dem Kreis der ehemaligen Juraten wurden dann die beiden Leichnamsgeschworenen ausgewählt.

Zwischen den genannten Gremien und dem Rat wurde bei Unstimmigkeiten von Stadtführung und -gemeinde in aller Regel erfolgreich verhandelt, der ausgehandelte modus vivendi fand anschließend Niederschlag in einem der für die Hamburger Innenpolitik kennzeichnenden Rezesse.[27]

Eine eigene Welt innerhalb der Stadt bildete die Hamburger Geistlichkeit. Sie bestand zum einen aus dem monastisch lebenden Teil, den Dominikanern des Johannis-Klosters sowie den im Maria-Magdalenen-Kloster lebenden Franziskanern. Dazu kam das Zisterzienserinnenkloster Harvestehude, von den wohlhabenden Hamburger Bürgern traditionell zur Versorgung weiblicher Verwandter genutzt, sowie ein Beginenkonvent, der Ähnliches für weniger gutgestellte Frauen leistete.

Weiter besaß Hamburg als Relikt aus seiner Zeit als (Erz-)Bischofssitz ein Domkapitel, das der Stadt nach der Verlegung des (Erz-)Bistums nach Bremen erhalten geblieben

---

[27] 1410 beendete der erste Rezeß als schriftlich fixierte Einigung zwischen Bürgern und Rat Unruhen innerhalb der Bürgerschaft, die Einsicht in die Geschäftsführung des Rates und größere politische Mitspracherechte forderte; die Rezesse von 1458 und 1483 entstanden mit Bezug auf ihre Vorgänger in ähnlichen Situationen, der letztere bildete seinem Inhalt nach eine Protoverfassung, die bis zu den Reformationsunruhen den Frieden in der Stadt gewährleistete. 1529 wurde sie durch den sog. Langen Rezeß ersetzt. Auch in der Folge, 1603 und 1712 regelte man verfassungspolitische Konflikte in nun auf dem Langen Rezeß fußenden Schriftstücken.

war. De facto nahm es den gleichen Rang ein wie die Suffraganbistümer Bremens – Ratzeburg, Schwerin und Lübeck – und übte die Kirchenhoheit über Nordelbien, d.h. Stormarn, Altholstein und Dithmarschen aus.

St. Petri wurde vom Hamburger Kapitel als Eigenkirche betrachtet. Über die drei weiteren Hauptkirchen der Stadt beanspruchte es die Patronatsrechte einschließlich der Wahl der Pastoren, die für ihr Amt eine Pension an das Kapitel abzuführen hatten.

Das Verhältnis zwischen Stadt und Domkapitel zeigte sich durchgängig belastet durch Anklagen und Prozesse.[28] Dies lag zum einen im ständigen Streit um die Machtverteilung innerhalb des Stadtgefüges, zum anderen in der Art des Kapitels, sämtliche Vorteile, die ihm die Stadt bot, in Anspruch zu nehmen, ohne sich aber an den Kosten dafür zu beteiligen.[29]

Den dritten Teil der Hamburger Geistlichkeit bildete neben den Pfarrern der Hauptkirchen der niedere Weltklerus, die den Pastoren unterstellten Vikare und Kapläne sowie die Inhaber der Pfründen, Altarlehen und verschiedenen Stiftungen, die mit den gut 170 Altären der Hamburger Kirchen und Kapellen verbunden waren.

Im Gegensatz zu den Kanonikern durchweg wohlhabender und/oder vornehmer Herkunft sowie akademischer Bildung, die die zwölf Domkurien besaßen, muß für die Angehörigen des niederen Weltklerus von einer deutlich geringeren (Aus-)Bildung ausgegangen werden sowie einem Angewiesensein auf ihre Posten. Diese verpflichteten sie vor allem zu Gebeten und Messen für die Stifter ihrer Pfründen und Lehen.

Für Hamburg ist zu Beginn des 16. Jahrhunderts ein hoher Anteil von Personen geistlichen Standes bezogen auf die Gesamtbevölkerung zu konstatieren, zusammen mit einer allgemein zu beobachtenden ausgeprägten Frömmigkeit seiner Bewohner.[30]

---

[28] Vgl.: Reetz, Jürgen (Hrsg.): Rat und Domkapitel von Hamburg um die Mitte des 14. Jahrhunderts. Teil 2: Das Prozeßschriftgut des Hamburger Rates und einzelner Bürger mit dem Domkapitel 1336 bis 1356. Hamburg 1975.
[29] In finanziellen Fragen zog sich das Kapitel stets auf den Standpunkt zurück, als autonomes Gebilde innerhalb der Stadt zu keinerlei Zahlungen verpflichtet zu sein. In machtpolitischer Hinsicht fällt auf, daß es dem Rat nach der Entmachtung des Domkapitels durch die Reformation gelang, die in Form der evangelischen Superintendentur neu erwachsene Konkurrenz schon 1593 auszuschalten, indem das Amt nach wiederholter längerer Vakanz überhaupt nicht wieder besetzt wurde und seine Aufgaben dem Senior, d.h. dem dienstältesten der Hamburger Hauptpastoren übertragen wurde. Die Kirchenhoheit lag damit nun allein beim Hamburger Rat.
[30] In konkreten Zahlen: die 12 canonici maiores des Domkapitels, daneben die canonici minores, Pfarrer, Plebane, Kapläne an den vier Hauptkirchen und dem Dom; ca. 280 weitere Weltgeistliche als Altaristen (d.h. Vikare

Die Bedeutung, die der Glaube im Leben und Denken der Menschen einnahm, führte zu der kritischen Einsicht, daß innerhalb des für die korrekte Verwirklichung und Ausübung dieses Glaubens zuständigen Personenkreises – eben der Geistlichkeit – vieles im Argen lag; gleich, ob es um mangelnde Befähigung zum Priesteramt, die Nichteinhaltung des Zölibats oder den unerlaubten Verbrauch oder die Veräußerung von Stiftungsgeldern oder ~geräten ging.[31]

3 – 2 Hamburg am Vorabend der Reformation[32]

Um das Jahr 1520 herum lassen sich in Hamburg verschiedene Tendenzen feststellen, welche die Unzufriedenheit der Laien mit der Geistlichkeit offenbaren, sowie innerhalb dieser vereinzelte Reaktionen auf die ihr entgegengebrachte Kritik.

So folgten auf die Abnahme von Opfern und Spenden sowie dem Versiegen von Altarstiftungen und testamentarischen Verfügungen, die die vorgesehenen guten Werke zum Seelenheil des Verstorbenen dem Zugriff der Kirche entzogen, die Visitationen der Hamburger Kirchen durch den Domdekan. Ihnen voran stellte er ein Mandat, das die Geistlichen scharf ihrer Verantwortung und Pflichten gemahnte.[33]

Grundsätzlich hielt das Kapitel an einer internen Regelung seiner Verhältnisse und der der ihm untergebenen Geistlichen fest. Dies zeigt sich zum Beispiel darin, daß das Kapitel eine Erklärung seines Dekans über eine unerlaubt lange Abwesenheit akzeptierte, in der dieser angab, sich Rechtsgutachten gegen Laien besorgt zu haben, die sich gegen Rechte und Freiheiten der Kirche wandten.[34] Auch wurden Klagen der Juraten

---

und Kommendisten), die die über 400 existierenden Pfründen innehatten. Als Ordensgeistliche lebten um die 100 Franziskaner und Dominikaner in der Stadt, dazu 25-30 Beginen. Insgesamt kam mit über 350 Geistlichen in der Stadt einer auf 40 Einwohner im Laienstand.
[31] Vgl.: Jensen, Wilhelm: Das Hamburger Domkapitel und die Reformation. Hamburg 1961 sowie Postel, Rainer: Horenjegers und Kökschen. Zölibat und Priesterehe in der hamburgischen Reformation. In: Bàtori, Ingrid (Hrsg.): Städtische Gesellschaft und Reformation. Stuttgart 1980, S. 221-233.
[32] Die Formulierung stammt von Heinrich Reincke. Vgl. Reincke, Heinrich: Hamburg am Vorabend der Reformation. Hamburg 1966.
[33] Vgl. zum Versiegen der Spendenfreudigkeit und der Tendenz, testamentarische Verfügungen, vorgesehen für die guten Werke zum Seelenheil des Verstorbenen, dem Zugriff der Kirche zu entziehen: Postel, S. 142f.; zu den Visitationen: Postel, S. 138f. sowie Keyser, Erich (Hrsg.): Das Visitationsbuch der Hamburger Kirchen 1508-1521-1525. Bearb. v. Helga-Maria Kühn. Hamburg 1970.
[34] Postel, S. 137f.

von St.Petri über eine beständige Verspätung bei den Messen nicht in das Visitationsprotokoll aufgenommen.

Nicht verwunderlich sind daher die abnehmende materielle Unterstützung und die Aberkennung von Machtansprüchen des Kapitels innerhalb der Bürgerschaft. Dies belegen das Ende der Sammlungen für den Turmausbau an St.Katharinen und den Ausbau von St.Johannis, das Ende der Rechnungslegung der Juraten vor dem Kapitel sowie in besonderem Maß der sogenannte Schulstreit.

In ihm stritten die Bürger des Nikolai-Kirchspiels mit dem Kapitel über die Zuständigkeit beider Parteien für die der Kirche angegliederten Schule für den lateinischen Elementarunterricht. Insbesondere ging es um die Bestellung und Entlohnung des Lehrkörpers. Die Bürger – zunächst nur die des betroffenen Kirchspiels, ab Herbst 1522 durch einen Einigungs- und Beihilfevertrag dann die Bürger aller vier Kirchspiele - forderten fähige Schulmeister und ein Mitspracherecht bei deren Bestimmung bzw. die selbständige Wahl geeigneter Personen. Der Scholaster des Kapitels bestand dagegen auf der alleinigen Zuständigkeit seiner Person für die Nikolai-Schule.[35]

Innerhalb der schwelenden Auseinandersetzungen zwischen Geistlichkeit und Laien, in denen bei ersterer kaum Anzeichen festzustellen sind, etwas gegen die ihr entgegengebrachte Kritik und das wachsende Mißtrauen zu unternehmen, fällt das Verhalten Ordo Stemmels, des Pfarrers von St.Katharinen, auf.

Er wandte sich *wedder de heftige vorföringe des aflates*, strafte *dat wilde und vntuchtige levent der papen* und predigte *de lutter warheit des evangelij, so vele ome Got vorstandes gegeuen hadde*.[36]

Seine Ansichten müssen also in hohem Maße reformerisch gewesen sein, ohne bereits tatsächlich reformatorisches Gedankengut zu vertreten – er predigte die ‚Wahrheit des Evangeliums' noch nicht gänzlich, sondern erst in dem Grade, in dem Gott ihn verständig gemacht hatte.

---

[35] Das Kapitel selber ließ im Oktober 1522 seinen Scholaster wissen, es wünsche der Schulsache enthoben zu sein und hätte keinesfalls vor, sich deswegen mit Kirchgeschworenen und Bürgern auseinanderzusetzen. Vgl. Postel, S. 72.
[36] Kempe, S. 479.

Als persona non grata wurde Stemmel vom Kapitel dazu veranlaßt, sein Amt aufzugeben.[37] Dies macht noch einmal deutlich, wie ablehnend die Spitzen der Hamburger Geistlichkeit ernsthaften Reformansprüchen gegenüberstanden.

In dieser Atmosphäre anhaltender Kritik und zunehmenden Mißtrauens der Stadtbevölkerung gegenüber der für ihr Seelenheil zuständigen Geistlichkeit sowie deren ausbleibenden Reaktionen in Richtung einer Besserung ihrer Verhaltensweisen und Zustände fand der erste Kontakt der Hamburger Bevölkerung mit lutherischem Gedankengut statt.

---

[37] Kempe, S. 479f.

4 Die Reformation in Hamburg

4 – 1 – 1 Die Quellenlage

Die Quellenlage zur Reformation in Hamburg ist reichhaltig, bleibt dabei aber grundsätzlich übersichtlich.[38] Betrachtet man zunächst die handschriftliche Überlieferung, wurden die verheerendsten Störungen im vorhandenen Bestand durch den Großen Brand 1842 und die Zerstörungen im zweiten Weltkrieg ausgelöst. Das bedeutet, daß die Unterlagen bezüglich Kirchen- und Schulwesen zur Zeit der Reformation ebenso den Flammen zum Opfer fielen wie die Ratsprotokolle und die Originale der zeitgenössischen Ereignisberichte zur Reformation.

Größte Teile des Domarchivs gingen bereits Anfang des 19. Jahrhunderts bei der Auflösung des Kapitels und dem Abriß der Kirche verloren, die Aufzeichnungen der übrigen geistlichen Einrichtungen der Stadt wurden nie lückenlos geführt oder konsequent zusammengefaßt und bewahrt.

Durch die doppelte Ausfertigung erhielten sich die Prozeßakten der Auseinandersetzung Stadt Hamburg gegen das Hamburger Kapitel zwischen 1528 und 1561 im Aktenbestand des Reichskammergerichts. Die darin enthaltenen Verhörprotokolle bieten bedeutende Informationen zum Verlauf der Reformation in Hamburg. Eine weitere wichtige Quelle zu den Ereignissen in der Nachbarstadt stellen die gesammelten Protokolle und das Briefbuch des lübischen Domkapitels dar, das sich zur betreffenden Zeit mit der Schwesterorganisation in Hamburg in ständigem engen Kontakt befand. Außerdem erhalten sind die Protokolle der Kirchenvisitationen, die das Hamburger Domkapitel 1508, 1521 und 1525 durchführte. Sie gewähren entscheidende Aufschlüsse über Situation und Zustand des Weltklerus in der fraglichen Zeit. Neben diesem archivalisch überlieferten Aktenmaterial sind entscheidende Dokumente in Quellensammlungen des 18. Jahrhunderts bewahrt, die Namen Fabricius, Staphorst und Ziegra sind hier als Herausgeber besonders zu erwähnen.[39]

---

[38] Vgl. hierzu auch: Postel, S. 407-420.
[39] Fabricius, Jo. Albertus: Memoriae Hamburgenses sive Hamburgi, Et Virorum de Ecclesia, Reque publica et Scholastica Hamburgensi bene meritorum Elogia et Vitae. Vol. 1-8. Hamburg 1710-1745. Staphorst, Nikolaus: Historia Ecclesiae Hamburgensis diplomatica, das ist: Hamburgische Kirchen-Geschichte, aus Glaubwürdigen

Unter den gedruckt vorliegenden auch modernen historisch-kritischen Ansprüchen genügenden Editionen enthalten vor allem die Herausgabe der Hanserezesse[40] sowie die der Hamburger Burspraken[41] wichtiges Material. Daneben dürfen die Veröffentlichungen des im 19. Jahrhundert in Hamburg tätig gewesenen Archivars Johann Martin Lappenberg nicht ungenannt bleiben, der u.a. in seinen Editionen der „ältesten Stadt-, Schiff- und Landrechte Hamburgs"[42] sowie der „Hamburgischen Chroniken in niedersächsischer Sprache"[43] sonst nicht Erhaltenes aus der Zeit der Reformation mitteilt.

Abschließend seien die Ausgaben des Hamburger Neuen Testaments durch Kurt Beckey[44] sowie der Kirchenordnung Bugenhagens durch Hans Wenn[45] genannt, mit denen entscheidende Einzeltexte zur Reformation in Hamburg allgemein greifbar wurden.

4 – 1 – 2 Das Textkorpus

Dem vorliegende Versuch, den Reformationsdiskurs der Stadt Hamburg in voneinander abgrenzbare Abschnitte zu gliedern, liegt ein breitgefächertes Spektrum unterschiedlicher Texte zugrunde, deren wichtigste hier in Auswahl genannt werden sollen.[46]

An erster Stelle aufzuführen ist der in Lappenbergs „Hamburgischen Chroniken in niedersächsischer Sprache" überlieferte Ereignisbericht des Steffen Kempe zusammen mit den in Johann Mollers Sammelhandschrift kompilierten drei Reformationsberichten,

---

und mehrentheils noch ungedruckten Urkunden, ..., Gesammlet / beschrieben und in Ordnung gebracht. T. 2, Bd. 1. Hamburg 1729. Ziegra, Christian: Sammlung von Urkunden, theologischen und juristischen Bedenken, ..., als eine Grundlage zur Hamburgischen Kirchenhistorie neuerer Zeiten, ..., mit beygefügten historischen Erzählungen und Anmerkungen. 4 Theile. Hamburg (1764-1770).
[40] Hanserezesse. Hrsg. vom Verein für hansische Geschichte. Abteilung 3. 1477-1530. Bearbeiter Dietrich Schäfer. 9 Bände. Leipzig 1881-1913.
[41] Bolland, Jürgen (Hrsg.): Hamburgische Burspraken 1346-1594. Hamburg 1960.
[42] Erschienen Hamburg 1845.
[43] Erschienen Hamburg 1861.
[44] Beckey, Kurt (Hrsg.): Dat nyge Testament tho dude. Tho Hamborgh. Int Jaer M.D.xxiii. – Von unbekanntem Verfasser. In: Bibel und deutsche Kultur 9. Potsdam 1939, S. 1-236 und Bibel und deutsche Kultur 10. Potsdam 1940, S. 237-492.
[45] Bugenhagen, Johannes: Der Ehrbaren Stadt Hamburg Christliche Ordnung 1529. Unter Mitarbeit von Annemarie Hübner hrsg. und übersetzt von Hans Wenn. Hamburg 1991.
[46] Grundsätzlich sind sämtliche der bei Postel genannten ungedruckten und gedruckten Quellen in das in der vorliegenden Arbeit verwendete Textkorpus eingeflossen, vgl. Postel, S. 407-420.

von denen nur einer mit Sicherheit aus Mollers eigener Feder stammt.[47] Diese vier unmittelbar zeitgenössischen Ereignisberichte werden ergänzt durch einen in Bernd Gysekes Hamburger Chronik enthaltenen Reformationsbericht.[48]

Eine weitere retrospektiv-reflektierende Textgruppe stellen die Protokolle der Zeugenverhöre im Domkapitelsprozeß dar,[49] während die tagebuchartigen Aufzeichnungen des lübischen Domdekans, die viele wichtige Informationen zum Geschehen in Hamburg enthalten, eine mit den jeweiligen Ereignissen fast zeitgleiche Entstehung auszeichnet.[50]

Neben diesen jeweils umfassende Teile des Reformationsdiskurses spiegelnden Texten sind weitere, einzelnen Stationen der Ereignisgeschichte zuordbare Texte zu nennen, deren wichtigste das Visitationsbuch der Hamburger Kirchen,[51] der Druck des Neuen Testaments auf Niederdeutsch durch die sog. Ketzerpresse,[52] der Sendbrief Bugenhagens an die Stadt Hamburg,[53] seine Schrift über das Klosterleben[54] sowie Bugenhagens Kirchenordnung[55] und der sie auf politischer Ebene begleitende Lange Rezeß sind.[56] Ergänzt wird diese Aufzählung durch katholische Lieder gegen die Kirchenreformation, die Johann Moller neben den erwähnten Berichten in seiner Sammelhandschrift schriftlich niedergelegt hat.[57]

Zu diesen umfangreicheren Texten gesellen sich die in den oben genannten Quellensammlungen bzw. -editionen sowie in den Aktenkonvoluten gesammelten Dokumente,

---

[47] Vgl. Anm. 10, S. 13.
[48] Lappenberg, Joh. Martin: Hamburgische Chroniken in niedersächsischer Sprache. Hamburg 1861, S. 1-192: Bernd Gyseke's Hamburger Chronik vom Jahre 810 bis 1542; Reformationsbericht der Chronik S. 50-59. Künftig zit.: Gyseke.
Zu den notwendigen quellenkritischen Anmerkungen zu diesen fünf Berichten vgl. Kap. 7.3., 7.4., 7.5.4., 7.6.1., 7.6.2., 7.6.3.5. der vorliegenden Arbeit.
[49] Jensen, Wilhelm: Das Hamburger Domkapitel und die Reformation. Hamburg 1961.
[50] Postel, S. 26.
[51] Keyser, Erich: Das Visitationsbuch der Hamburger Kirchen 1508-1521-1525. Hamburg 1970.
[52] Vgl. oben Anm. 44.
[53] Bugenhagen, Johannes: *Van dem Christen \ louen vnde rechten guden wer-\cken/ wedder den falschen louen \ vnde erdichtede gude wercke. ... An de ehrentrike stadt Ham-\borch. Wittemberch. M.D. xxvj.*
[54] Kayser, Werner; Hauswedell, Ernst u.a. (Hrsg.): Hamburger Bücher 1491-1850. Hamburg 1973, S. 30.
[55] Vgl. oben Anm. 45.
[56] Bartels, J.H.: Supplementband zu dem neuen Abdruck der Hauptgrundgesetze der Hamburgischen Verfassung. Hamburg 1826.
[57] Lappenberg, Joh. Martin: Niedersächsische Lieder in Bezug auf die Kirchenreformation vom Jahre 1528 und 1529. In: Zeitschrift des Vereins für Hamburgische Geschichte 2 (1847). Hamburg 1847, S. 230-270.

die den Gesamtinhalt des Hamburger Reformationsdiskurses um weitere entscheidende Bestandteile vermehren.

4 – 2 Zeitleiste: Ereignisse und Texte

Im Folgenden soll ein als Zeittafel gestalteter Überblick wichtige Ereignisse des Reformationsverlaufs verbunden mit den ihnen zugehörigen Texten darstellen. In das vorgestellte Textmaterials gehen dabei gleichermaßen die tatsächlich erhaltenen Dokumente des Reformationsdiskurses ein wie auch aus diesen erschließbares Kommunikationsgeschehen, welches vor allem in Gesprächen und Verhandlungen stattgefunden hat.

Die Auflistung folgt auch innerhalb der einzelnen Jahre streng der Chronologie, was sie zwar einerseits unübersichtlich macht, andererseits aber die tatsächliche Abfolge der Ereignisse/Texte widerspiegelt, deren Verknüpfung und Ordnung erst in einem Folgeschritt angestrebt wird.

1521   Ein wandernder Praemonstratenser hält auf entsprechende Einladung in Bürgerhäusern lutherische Predigten. Disputationen dieses Mönchs mit Vertretern des Domkapitels und der Dominikaner sowie mit den Dominikanern allein. Für drei Hamburger Bürger läßt sich der Besitz von einzelnen Lutherschriften nachweisen.

1522   Sechzehn ursprünglich hochdeutsch verfaßte reformatorische Drucke, zwölf davon aus Luthers eigener Feder, erscheinen bis Mitte 1523 in einer in Hamburg arbeitenden Druckoffizin in niederdeutscher bzw. niederländischer Übersetzung, eine weitere in der Offizin hergestellte Flugschrift beinhaltet u.a. das Wormser Edikt. Anschlag reformatorischer, antifranziskanischer Schmähschriften an Hamburger Kirchentüren.

1523   Der Inhaber der Druckwerkstatt steht in Briefkontakt mit einem französischen Franziskaner lutherischer Orientierung, Zweck: Distribution von hochwertig gedruckten Lutherschriften nach Frankreich. Magnus von Lauenburg erkundigt sich brieflich nach dem in Hamburg gedruckten Septembertestament Luthers. Erzbischof Christoph warnt den Rat brieflich vor entlaufenen Mönchen. Steffen Kempe, ein Rostocker Franziskaner, predigt reformatorisch im Maria-Magdalenen-Kloster, Bürger erreichen in Verhandlungen mit dessen Guardian Kempes Bleiben in der Stadt.

1524 Mandat Erzbischof Christophs an alle Geistlichen seiner Diözese über die Geltung des Wormser Edikts. Domkapitel wendet sich in kombinierten Warn- und Bittbriefen an die Lübecker Schwesterorganisation und Friedrich von Dänemark um Unterstützung gegen lutherische Tendenzen in Hamburg. Erneute briefliche Warnung Erzbischof Christophs vor wandernden lutherischen Predigern an den Rat. Nach Resignation ihres Pfarrers führt die Nikolaigemeinde mit der Berufung Bugenhagens eine eigenmächtige Pfarrerneuwahl durch. Rat veröffentlicht Wormser Edikt und verhindert Wahl Bugenhagens.

1525 Hamburger Kapitel erkundigt sich in Lübeck nach geeignetem Mann für die Nikolaipfarre. Hamburger Rat trägt antireformatorischen Hanserezeß mit und erläßt stadtintern ein Mandat, wegen der neuen Lehre nicht in Unfrieden untereinander und in Konflikt mit der Obrigkeit zu geraten. Friedrich von Dänemark geht von Seiten des Rats ein Warnbrief über Ausbreitung reformatorischer Tendenzen zu, der Rat unterstützt auch den nächsten antireformatorischen Hanserezeß. Ratsmitglieder gehören einer Verhandlungskommission zwischen Stadt Bremen und Erzbischof Christoph an. Hamburger Rat bittet Lübecker Rat brieflich um längeren Verbleib eines guten katholischen Predigers in Hamburg, Hamburger Kapitel berichtet Lübecker Kapitel Sorgen um Pfarrbesetzung.

1526 Endgültige Amtsaufgabe des Pfarrers von St.Nikolai, Gemeinde beschließt Richtlinien für Neuwahl. Gesamtbürgerschaft verbindet Zustimmung zu Anträgen des Rats mit Erfüllung reformatorischer Forderungen. Im Besitz verschiedener Hamburger befinden sich Lutherschriften. Antireformatorisches Treffen von Ratsvertretern der wendischen Städte. Das Hamburger Kapitel beruft den Rostocker Theologieprofessor Barthold Moller als neuen Domlektor, berichtet über die Bürgerforderungen nach Lübeck. Theologische Diskussion zwischen Moller und

Kempe. Gemeinde von St.Katharinen beruft den Magdeburger lutherischen Praedikanten Johannes Zegenhagen an ihre Kirche. Ostern erster Fall von Kanzelpolemik, Rat beschließt Predigtverbot für Zegenhagen, Bürgerdelegation der vereinigten Kirchspiele kann zunächst Aufhebung des Verbots bewirken. Sendbrief Bugenhagens an die Stadt Hamburg, Hamburger Rat wendet sich an den Lüneburger Rat mit Bitte, Bugenhagens persönliches Erscheinen in Hamburg zu verhindern. Verhandlungen zwischen Bürgern und Rat über weiteres Schicksal Zegenhagens, Kapitel berichtet darüber nach Lübeck. Bürger sorgen für Veröffentlichung des Nürnberger Reichstagsabschieds mit der für reformatorische Ziele wichtigen Verlegenheitsformel. Bürger und Rat diskutieren ausführlich Neubesetzung der Nikolaipfarre, Zegenhagen wird neuer Pfarrherr. Katholische Geistliche boykottieren die Weihnachtsgottesdienste der Kirche, Zegenhagen verweigert ihnen den weiteren Zutritt zu St.Nikolai. Johann Fritze wird neuer Pfarrherr an St.Jacobi. Mandat des Rates an alle Prediger der Stadt zur Verhinderung weiterer Kanzelpolemik. Antireformatorische Predigt des Domgeistlichen Nikolaus Bustorp.

1527 Bürgern gelingt auf der Grundlage der Vorjahresforderungen die Vorladung des Kapitels vor den Rat, Kapitel wendet sich mit Hilferuf nach Lübeck. Evangelische Geistliche suchen das Gespräch mit Bustorp, nach gescheiterten Versuchen: Anklage vor dem Rat. Ostern: erneute Kanzelpolemik, Rat lädt einen evangelischen Kaplan vor, muß sich nun auch mit Bustorp auseinandersetzen. Ratsverhandlung mit Disputation evangelischer und katholischer Geistlicher, Sieg der evangelischen Seite. Kapitel wendet sich erneut mit Bitte um Hilfe an das Lübecker Kapitel. Rat läßt Inventar des Johannisklosters anfertigen. Rat wendet sich mit Bitte um Provinzialkonzil an Erzbischof Christoph. Nikolai-Gemeinde führt gemeinsame Kiste ein. Kempe wird Pfarrer an St.Katharinen. Rat beschließt Ausdehnung der Kistenordnung auf alle vier Kirchspiele.

1528 Ratsergänzung zunächst mit vier Katholiken, dann Revision der Wahl zugunsten von vier Lutheranern. Ostern erneuter Höhepunkt der Kanzelpolemik, Gerüchte um die Verschwörung der katholischen Johannis-Leute. Ratsverhandlung mit Vorladung aller wichtigen evangelischen und katholischen Geistlichen, Disputation der Geistlichen, Sieg der evangelischen Seite und Durchsetzung der Reformation. Hamburger Domkapitel erhebt vor dem Reichskammergericht Klage gegen die Stadt Hamburg. Entstehung des ersten katholischen Ereignisberichts zur Reformation in Hamburg. Erzbischof Christoph protestiert brieflich gegen Entscheidung des Hamburger Rats zur Reformation. Entstehung reformatorischer Bürgergremien, Rat beruft Bugenhagen zur Schaffung einer Kirchenordnung in die Stadt. In der Stadt kursieren antilutherische Lieder. Bugenhagen besteht zwei Disputationen mit den Domherren.

1529 Rat verweigert die Annahme des kaiserlichen Restitutionsmandats. Auflösung des Dominikaner- und Franziskanerklosters. Annahme der neuen Kirchenordnung, Verabschiedung des Langen Rezesses, dieser enthält die Neuordnung des Verhältnisses zwischen Bürgern und Rat. Erste Schließung des Doms. Druck von Luthers Kleinem Katechismus auf Niederdeutsch, Druck weiterer reformatorischer Schriften. Entstehung des zweiten und dritten katholischen Ereignisberichts zur Reformation in Hamburg.

1530 Auflösung und Abriß des Zisterzienserinnenklosters Harvestehude. Endgültige Schließung des Doms. Zeugenverhöre im Domkapitelsprozeß.

1531 Absetzung des katholischen Bürgermeisters Hinrich Salsborch. Folgerezeß des Langen Rezesses.

1532 Berufung von Johannes Aepin zum Superintendenten der Hamburger Kirche. Entstehung des evangelischen Ereignisberichts zur Reformation in Hamburg.

4 – 3 Phasengliederung des Ereigniskontinuums ‚Kirchenreformation in Hamburg'

Betrachtet man diesen Text-Ereignis-Zusammenhang unter dem vorne (vgl. 2) aufgeführten Kriterienkatalog zu seiner Strukturierung, zeigen sich folgende auffallende Veränderungen:

Textthema: Zunächst finden sich Texte, die Luthers Auslegung des christlichen Glaubens vermitteln und darstellen, es folgen bereits komplexere Nachrichten durch ins Niederdeutsche übersetzte Schriften aus Luthers eigener Feder.

Der weitere Verlauf ist gekennzeichnet durch das Auftreten persuasiver und agitativer Texte, in denen die sich entwickelnden konfessionellen Gruppen in der Stadt die Gültigkeit ihrer Glaubensauffassung propagieren bzw. ihre Gegner angreifen und deren Argumente zu entkräften versuchen. Gleichzeitig finden sich Texte, die dazu dienten, den Zusammenhalt und die Verbindung innerhalb der jeweiligen Gruppe zu festigen und zu vertiefen bzw. die das Miteinander der einzelnen Gruppen untereinander regeln sollten.

Schließlich treten Texte auf, die zur Begründung und Ordnung der neu angenommenen lutherischen Glaubenslehre eingesetzt wurden, sowie Texte, die eine Darstellung, gleichzeitig aber auch eine Bewertung des gesamten Geschehens bieten.

Ort(e) der Textentstehung und -rezeption: Es zeigt sich in der Anfangszeit des Geschehens eine Verlagerung vom reinen Textimport in die Stadt zur innerstädtischen Produktion und -rezeption von Texten. Diese dominiert im weiteren Verlauf und wird ergänzt durch ein zunächst vereinzeltes, dann deutlich zunehmendes und kontinuierliches Aufkommen von Texten, die, innerhalb Hamburgs entstanden, eine stadtexterne Wirkungsrichtung besaßen.

Involvierte textproduzierende bzw. -rezipierende Individuen und Gruppen: Der Beginn des Hamburger Reformationsdiskurses ist gekennzeichnet durch das Auftreten die Reformation oder ihre Ablehnung vertretender Einzelpersonen.[58] Im weiteren Verlauf bilden sich im innerstädtischen Diskurs zwei Ebenen des Geschehens – die geistliche und die weltliche. Auf ersterer steht eine zunehmende Anzahl sich als Kollektiv verstehender und

---

[58] Eine Ausnahme bilden die Disputationen des Praemonstratensers mit den Vertretern des Domkapitel und der Dominikaner.

auftretender evangelischer Geistlicher den nur vereinzelt aktiven katholischen Geistlichen gegenüber, auf letzterer agieren die in der Mehrheit evangelische Bürgergemeinde als Träger der Reformation und der katholische Rat als deren Antagonist. Beide Ebenen sind vor allem durch die enge Beziehung der evangelischen Geistlichen zur Bürgerschaft miteinander verzahnt. Der Glaubenswechsel des Rates, die offiziellen Ein- und Durchführung der Reformation in der Stadt und das Verschwinden der katholischen Geistlichen beenden den Hamburger Reformationsdiskurs.

Textfunktion und ihr jeweils zugehörige Textsorten: Am Anfang des Reformationsprozesses in Hamburg stehen informierende Textsorten mit appellativen Elementen – die ersten reformatorischen Predigten, lutherisch ausgerichtete theologische Traktate –, die dann zunehmend von rein appellativen Textsorten abgelöst werden. Predigten dienen nun der pro- bzw. anti-lutherischen Propaganda, Unterredungen und Verhandlungen zwischen Vertretern der differierenden Glaubenslager und/oder ihnen und der Stadtobrigkeit finden statt, ausgehend von dieser treten gesetzgebende Texte auf, die die aktuellen Regulation des Geschehens leisten sollten.

Daneben existieren, besonders durch das Medium des Briefes getragen, Texte kontaktiver Funktion. Sie liegen in erster Linie von katholischer Seite aus vor und dienten der gegenseitigen Unterstützung bzw. dem Versuch des Zusammenschlusses gegen die an Macht und Einfluß stetig gewinnende evangelische Seite.

Schließlich sind Texte mit verbindlich appellativer Funktion zu nennen, Ordnungs- und Gesetzestexte, die die neue Realität der jetzt evangelischen Stadt begründen sollten. Sie unterscheiden sich von den vorangehenden geltendes Recht konstituierenden Texten durch ihren fundamentalen, nicht auf aktuelles Tagesgeschehen ausgerichteten Anspruch, Grundlage einer neuen Epoche innerhalb der Stadtgeschichte zu sein.

Daneben finden sich in der Form des Ereignisberichts das Geschehen repetierende und bilanzierende Texte, in denen sich Informations- und Appellfunktion als untrennbares Ganzes miteinander verbinden.

Text(sorten)frequenz: Hier fällt einerseits die absolute Zunahme von reformationsbezogenen Texten auf, die 1526 einen Höhepunkt erreicht, um dann quantitativ wieder abzunehmen. Weiter zeigt sich bezüglich der Verteilung von Textsorten im Geschehen zunächst eine Dominanz der Predigt, neben die sich schnell das gedruckte reformatorische Traktat stellt. In chronologischer Abfolge läßt sich danach das Mandat als statistisch bedeutsamste Textsorte feststellen, das wiederum seine Rolle an die Disputationen altgläubiger und evangelischer Geistlicher abgibt. Abschließend fällt quantitativ wie qualitativ die Textsorte des zeitgenössischen Ereignisberichts besonders auf.

4 – 4 Das textgestützte Phasenmodell zum Verlauf der Hamburger Reformation

Für den Verlauf der Kirchenreformation in Hamburg ergibt sich auf der Grundlage der vorangehenden Betrachtungen das folgende Phasenmodell:

Phase I   1521 bis Mai 1524   Kontakt

     A   1521 bis Herbst 1522   Auftreten reformatorischen Gedankengutes

     B   Herbst 1522 bis Mai 1524   Ausbau reformatorischen Gedankengutes

Phase II   Mai 1524 bis Mai 1528   Konfrontation

     A   Mai 1524 bis 1526   Anfang der Auseinandersetzung

     B   1527 bis Mai 1528   Abschluß der Auseinandersetzung

Phase III   Mai 1528 bis 1531   Konsolidierung

Phase IV   ab 1531/32   Konfessionalisierung[59]

Ein Rückbezug dieses textgestützt gebildeten Phasenmodells auf die historisch bedingten Kategorien der Ereignisgeschichte zeigt die Bedeutung des Osterfestkreises als

---

[59] Diese vierte Phase soll als nicht mehr zur Ereignisgeschichte des tatsächlichen Reformationsprozesses der Stadt gehörig im Rahmen dieser Arbeit nicht mit behandelt werden.

Strukturelement des Reformationsverlaufs. Beide Hauptphasenwechsel fallen in die Zeit zwischen Ostern und Pfingsten, die mit ihren theologischen Implikationen jeweils einen Wendepunkt im Geschehen markieren.

Die besondere Dynamik von Phase II spiegelt sich auch in der Tatsache wider, daß ihre interne Zweiteilung mit dem Weihnachtsfestkreis in Korrelation zu bringen ist, womit die beiden wichtigsten christlichen Hochfeste hier als entscheidende Impulsgeber für den Verlauf der Reformation fungieren.

5 Der Reformationsdiskurs der Stadt Hamburg

5 – 1 Phase I – Kontakt

5 – 1 – 1 Phase I A – Auftreten reformatorischen Gedankengutes

Für die erste Teilphase des Ereigniskontinuums Kirchenreformation in Hamburg ist ein Nebeneinander reformerischer und tatsächlich reformatorischer Kommunikation festzustellen, die in den berichtenden Quellen miteinander vermischt werden, um einen harmonischen, in sich homogenen und von seinen Anfängen her schlüssigen Ereignisverlauf zu konstruieren.

Während reformerische Tendenzen ihren Ursprung in der Stadt hatten, wurde sämtliches reformatorisches Gedankengut in sie hineingetragen, so daß für Phase I A ein Themen- und Textimport nach Hamburg kennzeichnend ist.

Schriftliche Vermittlung kann dabei höchstens vermutet werden. Heinrich Reincke führt in „Hamburg am Vorabend der Reformation" für drei Hamburger Bürger den Besitz von Lutherschriften an.[60] Einer von ihnen war Student in Wittenberg, ein anderer erhielt Schriften von einem Wittenberger Freund zugesandt. Weiterhin wird von Reincke eine briefliche Vermittlung reformatorischer Vorstellungen eben durch Wittenberger Studenten aus Hamburg in ihre Heimatstadt angenommen.[61]

Rainer Postel folgt Reinckes Hinweis auf die Lutherschriften und gesteht ihnen eine wenn auch nicht näher bestimmbare, so doch vorhandene Einflußkraft zu. Dagegen stellt

---

[60] Reincke, Heinrich: Hamburg am Vorabend der Reformation. Hamburg 1966, S. 65f.

er fest, daß „es an direkten Nachrichten darüber, daß sie [die Studenten] seine [Luthers] Gedanken in Hamburg verbreitet hätten", fehle.[62]

In diesem Zusammenhang ist auf die bemerkenswerte Koinzidenz zwischen dem Studium Marquardt Schuldorps in Wittenberg und der Aufnahme eines lutherisch predigenden Praemonstratensers durch Marquardts Bruder, einen bedeutenden Fernhandelskaufmann in Hamburg, hinzuweisen, die, ohne direkte Beweise zu liefern, Reinckes These zumindest stützt.

Die den wandernden Mönch betreffenden Nachrichten entstammen dem Reformationsbericht der Chronik des Bernd Gyseke und lassen sich auf 1521/22 datieren.[63] Sie bilden den ersten Nachweis für die Vermittlung lutherischen Gedankengutes in die Stadt.

Neben den Schuldorps fand der Praemonstratenser Kontakt zu dem Kaufmann Dirick Ostorp und predigte, da ihm die Kirchen verschlossen blieben, in den Häusern derjenigen Bürger, die ihn dazu einluden.[64] Daneben kam es sowohl mit Angehörigen des Domkapitels wie des Dominikanerordens zu Disputationen. Weitere Nachrichten zur Wirksamkeit des Praemonstratensers in Hamburg fehlen.

Für die Predigten wie die Streitgespräche sind infolge ihrer mündlichen Realisation und des Mangels an schriftlich fixierten Quellen keine Angaben zu ihren Inhalten möglich. Für die Predigten ist anzunehmen, daß sie aus informierenden wie missionierenden Elementen bestanden, die interessierten Hamburger Bürgern Luthers Gedankenwelt vermittelten und vielleicht einige von ihnen für sie einnahmen.

Bei den zeitgenössisch als Disputationen bezeichneten Gesprächen handelte es sich wohl eher um Diskussionen über die von dem Praemonstratenser in seinen Predigten

---

[61] Reincke, a.a.O., S. 66.
[62] Postel, S. 182.
[63] Gyseke, S. 51.
[64] Gyseke, S. 51; zu Marquard Schuldorp: Kayser, Werner; Dehn, Claus (Hrsg.): Bibliographie der Hamburger Drucke des 16. Jahrhunderts. Hamburg 1968, S. 174, S. 242; Reincke, Heinrich: Hamburg am Vorabend der Reformation. Hamburg 1966, S. 80; Postel, S. 153. Zu Detlev Schuldorp: Fabricius, Jo. Albertus: Memoriae Hamburgenses sive Hamburgi, Et Virorum de Ecclesiae; Reque publica et Scholastica Hamburgensi bene meritorum Elogia et Vitae. Bd. 1. Hamburg 1710, S. 104. Schuldorp beeinflußte in der Folge wohl auch die Gesellschaft der Englandfahrer in lutherischem Sinne – vgl. Postel, S. 155; Reincke, a.a.O., S. 80. Zu Dirick Ostorp: Jensen, Wilhelm: Das Hamburger Domkapitel und die Reformation. Hamburg 1966, S. 284-294.

vorgebrachten Glaubensinhalte.[65] Bezüglich ihrer Wahrnehmung und Rezeption in der Stadt läßt sich lediglich feststellen, daß sie vor einem nicht näher spezifizierten Publikum und zumindest in ihrer Schlußphase auf Deutsch abgehalten wurden.

Offen bleibt die mögliche Kenntnis entsprechender Auseinandersetzungen Luthers mit katholischen Theologen bei den Beteiligten und damit die Frage, ob eine oder beide der streitenden Parteien im Bewußtsein einer reformatorischen Gesprächstradition handelte(n) oder ob die Disputationen auf Hamburger Boden sich für die Beteiligten als etablierte Diskussionsform mit neuer Thematik darstellten.[66]

Festzuhalten ist die Tatsache, daß sämtliche aktiv am Geschehen in der Stadt Beteiligten – die Hamburger Bürgerschaft als Rezipient sowohl der Predigten des Praemonstratensers als eventuell auch seiner Auseinandersetzungen mit dem Domkapitel und den Dominikanern und letztere als Kommunikationspartner des weißen Mönchs in den genannten Disputationen – keine erfaßbar nachhaltige Aufnahme der in die Stadtgesellschaft hineingetragenen Informationen und Werbungen zeigten, diese also zunächst als nichts weiter als aktuelles Tagesgeschehen aufgefaßt wurden.

5 – 1 – 2 Typisches Textmaterial Phase I A

Als typische Textsorte der ersten Teilphase des Hamburger Reformationsdiskurses ist nach Frequenz und Rezeption durch die Stadtgesellschaft die in die Stadt hineingetragene lutherische Predigt zu nennen. Weitere Aussagen sind aufgrund der Quellenlage nicht möglich.

---

[65] Um Disputationen im klassisch akademischen Sinne des Wortes handelte es sich nicht, denn: „Darunter verstand man wissenschaftliche Diskussionen, die nach bestimmten Regeln abliefen und an deren Ende von Fachleuten ein Urteil darüber gefällt wurde, welche der vorgetragenen Thesen richtig sei. ... Von den Disputationen unterscheiden sich grundsätzlich die ‚Kolloquien' dadurch, daß hier die Richter fehlten. Darum ... mangelten ihnen die Rechtsfolgen, die die Zeitgenossen der Disputation ... zuerkannten." Scheib, Otto: Die Reformationsdiskussionen in der Hansestadt Hamburg 1522-1528. Münster 1976, S. 1f.
„Der Begriff der Disputation ... ist in unserem Sinne eine mehr oder weniger abweichende Form des Gesprächs vom Idealtypus der akademischen Disputation, in der mindestens zwei Personen ... in einem von der Obrigkeit veranstalteten Gespräch das Thema Religion mit dem Ziel einer richterlichen Entscheidung behandeln." Fuchs, Thomas: Konfession und Gespräch. Köln, Weimar, Wien 1995, S. 12. Vgl. auch Fuchs, a.a.O.: „Zur Geschichte der akademischen Disputation" S. 16ff.

5 – 1 – 3 Phase I B – Ausbau reformatorischen Gedankengutes

Auch in der zweiten Teilphase dominiert in die Stadt hineingetragenes Textmaterial, dessen Inhalte nun aber auf schriftgestützter Basis vermittelt wurden.

Dies ist in erster Linie das Werk der sogenannten Ketzerpresse,[67] der Druckoffizin des aus den Niederlanden stammenden Simon Korver, die sich von 1522 an bis Mitte 1523 in Hamburg nachweisen läßt.[68] In dieser Zeit erschienen mindestens 16 reformatorische Drucke in niederdeutscher bzw. niederländischer Übersetzung.[69]

Auffällig ist die Schnelligkeit, mit der die meisten dieser Drucke ihren hochdeutschen Vorlagen folgten. Weiterhin bemerkenswert ist die Tatsache, daß die niederdeutsche Fassung des Lutherschen Betbüchleins auf spätere hochdeutsche Nachdrucke dieses Werkes Einfluß nahm.[70]

Direkte Rezeptionszeugnisse von Korvers Arbeit finden sich in zwei Briefen, von denen der eine die Adresse des Hamburger Rates trug, der andere an einen gebürtigen Hamburger gesandt wurde.

Als Ergebnis eines Provinzialkonzils Mitte März, das der Abwehr des vordringenden Luthertums dienen sollte, erreichte Hamburg ein vom 19.3.1523 datierter Brief Erzbischof Christophs aus Bremen. Er äußerte gegenüber dem Hamburger Rat die Warnung, auch in dessen Stadt befänden sich entlaufene Mönche und sonstige Geistliche, die – Anhänger lutherischer Lehre und aus anderen Ländern vertrieben – die Bürger durch verbotene Predigtaktivitäten auf ihre Seite zu ziehen versuchten. Der Rat solle den Anfängen wehren und eine künftige Ausbreitung dieser Personen und ihrer Lehren verhindern.

Entgegengesetzte Vorzeichen trug der Brief, der Dietrich Bodeker, den Prior des Augustinerstifts Kuddewörde, am 12.4.1523 erreichte. In ihm erkundigte sich Herzog

---

[66] 1518 Verhör durch den päpstlichen Beauftragten Kardinal Cajetan; 1519 Disputation mit Eck.
[67] Diese griffige Bezeichnung diente zunächst als Hilfskonstrukt, hielt sich aber auch, nachdem die Identifikation ihres Betreibers als gesichert gelten muß.
[68] Zum ehemaligen Amsterdamer Geistlichen Korver vgl.: Kayser, Werner; Dehn, Claus (Hrsg.): Bibliographie der Hamburger Drucke des 16. Jahrhunderts. Hamburg 1968, S. 5f. sowie Postel, S. 184ff. Korver erreichte Hamburg wohl im Zuge des energischen Vorgehens Karls V. gegen niederländische Lutheranhänger, das ab 1521 zu Flüchtlingsströmen in die nordwestdeutschen Gebiete führte.
[69] Davon 12 aus Luthers eigener Feder, vgl.: Kayser/Dehn, a.a.O., S. 5f.
[70] Kayser, Werner; Hauswedell, Ernst u.a. (Hrsg.): Hamburger Bücher 1491-1850. Hamburg 1973, S. 28; Postel, S. 188.

Magnus von Lauenburg, wo er die neue Bibel „auff deutsch in Sechsischer sprache"[71] erhalten könne, von der Bodeker seinem Kanzler berichtet hätte. Ganz offensichtlich meinte Magnus hier das in Hamburg im Frühjahr 1523 gedruckte niederdeutsche Neue Testament, das in seiner Übersetzung Luthers Septembertestament folgt.[72]

Zeitgleich mit der Verbreitung lutherischer Schriften in Hamburg verhandelte Korver mit dem Franziskaner Franz Lambert von Avignon, an den er sich brieflich nach Wittenberg wandte. Korver schlug ihm vor, evangelische Traktate auf Französisch zu verfassen. Diese sollten dann in Hamburg besonders sorgfältig gedruckt und anschließend verschifft werden.[73]

Zu den innerstädtischen Aktivitäten Korvers gehörte neben dem Druck von Lehrtraktaten auch die Veröffentlichung einer ins Niederdeutsche übersetzten Flugschrift, die – im Frühjahr 1523 erschienen – sich aus evangelischer Sicht mit den Ereignissen auf dem Nürnberger Reichstag vom 3.1. des Jahres auseinandersetzte.[74] Die besondere Bedeutung dieser Flugschrift wird dadurch begründet, daß sie das Wormser Edikt enthielt.

Der Hamburger Rat hatte – wider kaiserlichen Befehl – bisher von der Bekanntmachung des Edikts abgesehen, so daß die Verbreitung des Druckes durchaus als Einmischung in die Informations- und Aufklärungspolitik der Stadtregierung gesehen werden kann.

Mit dem Wissen um die Aktivitäten der Ketzerpresse fällt die Verbindung auf, die ein Vikar im November 1523 in einer Predigt zwischen dem in der Stadt schwelenden Schulstreit und der Reformation auf Reichsebene zog.

Ein wichtiger Beteiligter an diesem Streit war in seiner Rolle als Jurat von St.Nikolai Peter van Sprekelsen. Dessen Bruder Hans war Vikar in dem zu St.Petri eingepfarrten Ottensen. Er stellte in der besagten Predigt fest, „dem Kapitel solle es mit der Kirche ergehen, wie dem Scholaster mit der Schule. Es könne die Kirche wohl haben, aber die Pensionen sollten an das Kirchspiel fließen. Die Bürger würden den Bann des Papstes

---

[71] Postel, S. 191.
[72] Weitere Rezeptionsspuren für diesen bedeutendsten Druck der Ketzerpresse finden sich im Verteidigungsbrief des Domherren Nikolaus Bustorp an Johannes Zegenhagen, Kempe, S. 496 und in einem Briefwechsel zwischen Johannes Bugenhagen und Augustin von Getelen, Postel, S. 214.
[73] Vgl. Kayser, Werner; Dehn, Claus (Hrsg.): Bibliographie der Hamburger Drucke des 16. Jahrhunderts. Hamburg 1968, S. 5.

oder Kaisers nicht beachten. Martin Luther wäre im Bann und in kirchlicher Acht, ebenso der Herzog von Geldern und die Friesen. Die hätte es nicht bekümmert, auch die Hamburger Bürger müßten so handeln."[75]

Daß auch die der Korverschen Offizin entstammende Schrift *Dat een Christlicke vergaderinge of ghemeynte recht vn macht hebbe, alle lere to ordelen, predikers vnde leraers to verkiesen en af to setten. De gront en orsake wt der scrift* trotz ihrer überwiegend niederländischen Sprachform wohl im innerstädtischen Diskurs ihre Rolle gespielt hat, darauf weist neben der Verbindung von Schulstreit und Reformation auch – in einem Vorgriff – die ab 1524 für alle Gruppierungen in der Stadt höchst aktuell werdende Frage um die Rechte der Gemeinde im Zusammenhang mit einer Pfarrerwahl hin, in welcher das Traktat der rechtlichen Begründung der Bürgerseite gedient haben kann.

Trotz – oder wegen? – ihrer beträchtlichen Auswirkungen im Reformationsdiskurs, die von Luther durchaus bemerkt und positiv kommentiert wurden,[76] stellte die Offizin Simon Korvers um die Mitte des Jahres 1523 ihre Tätigkeit in Hamburg ein. Aus welchem Grunde Korver seine weitreichenden Pläne nicht fortführte, ist unbekannt. Für ein mögliches Eingreifen des Rates bzw. eine Ausweisung des Druckers durch ihn finden sich keine Nachweise.[77]

Bezüglich ihrer Frequenz in den kommunikativen Aktivitäten der Phase I B stellt das Auftreten evangelischer Polemik einen Nebenschauplatz des Gesamtgeschehens dar.

Im September 1522 fanden Franziskaner, die sich anläßlich des Sächsischen Provinzialkapitels in der Stadt versammelt hatten, an den Kirchentüren eine gereimte Schmähschrift vor. Diese bediente sich der Figur des Karsthans, um sich bei den Mönchen spöttisch zu erkundigen, *war se uns uth Martinus Luthers saken / Willen welke nyge*

---

[74] Kayser, Werner; Hauswedell, Ernst u.a. (Hrsg.): Hamburger Bücher 1491-1850. Hamburg 1973, S. 26ff.
[75] Postel, S. 172.
[76] In einem Brief an den Meldorfer Pfarrer Nicolaus Boie im Sommer 1523; Postel, S. 193.
[77] Auch über Maßnahmen gegen den lutherisch orientierten englischen Bibelübersetzer William Tyndale, der sich im April oder Mai 1524 wohl als Nachwirkung der Arbeit der Ketzerpresse in Hamburg aufhielt, ist nichts bekannt.

Franciscus maken und hat den Chronisten offenbar derart erregt, daß er *umme schande willen* nicht ihren gesamten Inhalt überlieferte.[78]

Diese Spottschrift ist bemerkenswert durch den Gebrauch der Karsthans-Figur. Sie hatte erst im Vorjahr Eingang in die polemischen Auseinandersetzungen in den Vorboten der süddeutschen Bauernkriege gefunden. Ihr Einsatz in Hamburg stellt damit ein sehr frühes Auftreten dar, das gleichzeitig außerhalb der eigentlichen Nutzergruppe dieser Figur steht. Das in der Schmähschrift vorgebrachte Disputationsangebot an die Franziskaner deutet weiterhin auf ein Wissen um die Bedeutung der Reformationsdialoge hin. Beide Fakten sprechen für einen auswärtigen Verfasser der besagten Spottschrift,[79] ebenso wie die Tatsache, daß sie innerhalb des Hamburger Reformationsdiskurses eine singuläre Stellung einnimmt.

Zwar finden sich Hinweise auf ein weiteres Auftreten reformationsbedingter Polemik – am Ende des Jahres 1523 kündigten die Dithmarscher Pfarrer dem Kapitel an, nach der Hinnahme massiver Spottreden, Beschimpfungen und Beleidigungen ihre halbjährlichen Besuche in Hamburg einstellen zu wollen – doch kann letzteres auch als Vorwand gedient haben, die lang angestrebte Unabhängigkeit der Kirchenprovinz Dithmarschen vom Hamburger Kapitel zu erreichen.

Auch wenn Luther in seiner Korrespondenz bemerkte: „Hamburgenses quoque verbum Dei quaerunt, expulso Officiali cum suis, qui id prohibere tentarat"[80] und damit der Stadt eine streitbare Art unterstellte, das Wort Gottes zu suchen, muß im Hinblick auf den Verlauf der Reformation in Hamburg insgesamt aggressiven und polemischen Tendenzen praktische Bedeutungslosigkeit zugesprochen werden.

Das Wiedereinsetzen evangelischer Predigt in der Stadt zeigt das jetzt nachhaltige Interesse der Bürger an deren Inhalten. Am Fronleichnamsfest 1523 (4.6.) forderte eine Abordnung den Guardian des Maria-Magdalenen-Klosters unter Drohungen auf, das

---

[78] Fabricius, E.F.: Bruchstücke aus der deutschen Chronik des Fräulein=Klosters St.Clarens=Ordens zu Ribbenitz von Lambert Slagghert, Franciscaner=Lesemeister aus Stralsund. In: Jahrbücher des Vereins für meklenburgische Geschichte und Alterthumskunde 3. Schwerin 1838, S. 111f.
[79] Postel, S. 145.
[80] Postel, S. 146, Anm. 65.

Bleiben des aus Rostock eingereisten und seit Ostern in Hamburg predigenden Steffen Kempe zu gewährleisten.[81]

Auf dessen dauerhaftes Bleiben reagierte die altgläubige Geistlichkeit mit scharfer Polemik und Klagen beim Rat der Stadt und den Ordensoberen. Zu einer direkten Konfrontation wie im Falle des Praemonstratensers kam es jedoch nicht.

Die Inaktivität des Domkapitels zeigt sich auch in fehlenden Reaktionen auf ein im Februar 1524 stattgefundenes Konvent, zu dem Erzbischof Christoph Vertreter seiner Diözese nach Lübeck berufen hatte, um die Ausbreitung lutherischen Gedankengutes in der Kirchenprovinz zu unterbinden, sowie auf ein Ende April (28.4) vom Erzbischof erlassenes Mandat, in dem die Geltung des Wormser Edikts betont wurde.

Auf den ersten Blick erscheint das Verhalten des Stadtrates ähnlich zurückhaltend wie das des Domkapitels. Allerdings kam es im Monat nach dem erzwungenen Bleiben Kempes zu einer außergewöhnlichen Ratsergänzung (9.7.1523), in deren Zusammenhang Hinrich Salsborch in das Gremium gewählt wurde. Dieser besaß nicht nur eine hervorragende politische Reputation, sondern war auch als überzeugt und streng altgläubig bekannt. Die Tatsache, daß Salsborch infolge seiner Tätigkeit für den Herzog von Geldern nicht berechtigt war, einen Sitz im Hamburger Stadtrat einzunehmen, seine Wahl und ihre Annahme also einen offenkundigen Gesetzesbruch darstellten, unterstreicht die Bedeutung, die seine Berufung zum Hamburger Ratsherrn gehabt haben muß.

5 – 1 – 4 Typisches Textmaterial Phase I B

Betrachtet man das für die Phase I B überlieferte Textmaterial, fällt zunächst die statistische Dominanz der als Predigt oder Sermon bezeichneten Textsorte auf. Allein ein Viertel der Drucke der Ketzerpresse trägt diese Bezeichnung explizit im Titel,[82] daneben

---

[81] Gyseke, S. 52.
[82] Vgl. Kayser, Werner; Dehn, Claus (Hrsg.): Bibliographie der Hamburger Drucke des 16. Jahrhunderts. Hamburg 1968, Nr. 403, 430, 431, 432. Nr. 411 und 435 werden als Schriftauslegung bezeichnet und können nach Form und Inhalt ebenfalls zur schriftlich vermittelten Predigt gerechnet werden. Damit zählt fast die Hälfte der Veröffentlichungen der Ketzerpresse zur dieser Textsorte.

steht das Wiedereinsetzen mündlich vorgetragener Predigten durch den Franziskaner Steffen Kempe.

Eine weitere wichtige Gruppe von Texten bilden Unterweisungen in Form von Traktaten, in denen zeitgenössisch wichtige theologische Themen vom lutherischen Standpunkt aus dargestellt wurden.

Nach Umfang und Wirkung herausragendster Einzeltext der Phase ist der Druck des Neuen Testaments, *Dat nyge testament tho dude*.[83] Er enthält neben der eigentlichen Bibelübersetzung Vorreden Luthers zum Gesamttext sowie den einzelnen Bestandteilen des Neuen Testaments. Unter ihnen sticht wiederum die Vorrede des Römerbriefes hervor.

Entsprechend Luthers eigenen Erfahrungen mit dem Römerbrief, der existentiellen Bedeutung, die diese Schrift in seinem theologischen Denken und Schaffen einnimmt,[84] bietet seine Vorrede in straffer geradliniger Darstellung und in klar verständlicher Sprache eine Übersicht reformatorischer Kernlehren festgemacht an den Aussagen des paulinischen Briefes, der Luther als *dat rechte \ hoftstucke / des nygen testamen\tes vnde dath lutterste / Euangelium* (279) gilt.

Der Text verbindet den Charakter eines Traktats mit predigthafter Inhaltsvermittlung, indem er in einer Zweiteilung mit stetem Rückbezug auf den eigentlichen Bibeltext zunächst die wichtigsten Begriffe des Römerbriefes erklärt, um dann der Kapiteleinteilung des Briefes folgend und unter Anwendung der Begriffsdefinitionen Inhalt und Bedeutung des paulinischen Schreibens zu erläutern, bevor er mit einem bekräftigenden Schluß-Amen endet.

Im folgenden soll diese lutherische Vorrede als typisches Textmaterial der Phase I B näher betrachtet werden – ein zwar außerhalb der Stadt entstandener, aber in Hamburg gedruckter Text grundsätzlich informierender Funktion, die aber untrennbar mit

---

[83] Beckey, Kurt (Hrsg.): Dat nyge testament tho dude. Tho Hamborgh. Int Jaer M.D.xxiii. – Von unbekanntem Verfasser. In: Bibel und deutsche Kultur 9. Potsdam 1939, S. 1-236 und Bibel und deutsche Kultur 10. Potsdam 1940, S. 237-492. Die Zahlen hinter den Zitaten in diesem Abschnitt beziehen sich auf die entsprechenden Seiten der Textedition.
[84] Vgl. hierzu: Bayer, Oswald: Promissio. Geschichte der reformatorischen Wende in Luthers Theologie. Darmstadt 1989, S. 342.

missionierenden, und das heißt appellativen Elementen, verwoben ist, der offenbar über seine sprachliche Einfachheit und damit Eingängigkeit breite Bevölkerungsschichten ansprach und lutherische Tendenzen der Stadtgesellschaft festigte und ausbaute.

Um überhaupt den Sinn des Briefes verstehen zu können, *mote wy der sprake kundich werden \ vnn weten / wath Sunte Paulus menet dorch desse wort \ / Gesette / Sunde / Gnade / Gelouen/ Gerech\ticheit / Fleesch / Geist / vnn der ghelyken* (279).

In Luthers Ausführungen zu den aufgelisteten Begriffen finden die gern in prägnanter Kürze formulierten Kernpunkte reformatorischen Glaubensverständnisses – sola fide, sola gratia, sola sriptura - ausführliche und klar verständliche Beachtung.

Das erste Prinzip findet sich in Luthers Ausführungen zum Gesetz, in denen er zunächst menschliches, auf die Achtung und Befolgung äußerer Regeln mit äußeren Werken gerichtetes von göttlichem Gesetz unterscheidet, dessen einziges Rechtssprechungs- und Urteilsparameter das menschliche Herz ist.

Nun ist niemand von sich aus in der Lage, göttliches Gesetz zu erfüllen, denn: *Dat ge=\sette is geistlick* (280). Didaktisch geschickt schließt sich die Frage an: *Wat is dat?* (280). In der Antwort wird betont, daß ein Herz, das göttliches Gesetz erfüllen kann, *nemandt [gifft] / dann de geist \ gades / de maket den minschen dem gesette gelyck* (280).

Anschließend unterscheidet Luther zwischen *des gesettes werck don / vnn dat gesette er=\vullen* (280), wobei das erstere sich auf die eigene Leistung des Menschen bezieht, sich äußerlich an die Gesetze zu halten. Dies geschieht aber aus Furcht und Zwang, weswegen Paulus sagt: *„Dorch des gesettes werck / wert vor Gade neen minsche rech[t]uerdich."* (280). Dies bedeutet eine klare Ablehnung der geltenden Lehre von der Werkgerechtigkeit!

Erfüllen kann der Mensch das Gesetz ausschließlich durch die Gabe des heiligen Geistes, die wiederum ausschließlich zu erlangen ist durch den Glauben an Christus. *Dar her kumpt / dath alleene de geloue rechtuerdich / maket \ vnn dat ghesette veruullet* (280).

Nachdem auf diese Weise die allein durch den Glauben erfolgende Rechtfertigung des Menschen vor Gott erläutert ist, erklärt sich hieraus auch der zweite in der Einleitung genannte Begriff. Die einzige wirkliche Sünde ist der Unglauben, der die Hinwendung des menschlichen Herzens zu Gott und die Aufnahme der Gabe des heiligen Geistes verhindere.

Über diese Gabe ergibt sich der Anschluß eines thematisch neuen Abschnitts. Er beschäftigt sich mit der Unterscheidung von Gabe und Gnade, dem dritten wichtigen Begriff der Einleitung. Gnade wird definiert als Gottes Huld oder Gunst, die er aus sich selbst heraus gibt. Durch die Gnade wird er geneigt, den Geist mit den Gaben Christi in die Herzen der Menschen zu gießen.

Gabe und Geist nehmen zwar ständig zu im gläubigen Menschen, füllen ihn aber nie gänzlich aus. Allein Gottes Gnade erwirkt, daß der Mensch trotz dieses Mangels vollkommen vor Gott gerechtfertigt wird.

Es ist nun nachvollziehbar, warum sich Paulus innerhalb seines Briefes zunächst einen Sünder nennt, dann aber sagt: *„Idt sy nicht vordomelikes an den / de in Christo \ synt / der vnuulkamenen gauen / vnn geistes haluen."* (281). Zwar bleibt der Mensch *vmme des vngedodeden fleisches willen* (281) ein Sünder, doch Gott ist so gnädig, nicht nach den Sünden, sondern dem Glauben eines Menschen zu richten.

Dies leitet über zum nächsten Abschnitt im ersten Teil der Römerbriefvorrede, in dem eine Auseinandersetzung mit dem Begriff des Glaubens stattfindet.

Luther betont, daß Glauben keinesfalls *de minschlike waen / vnn drom* (281) sei, den etliche dafür hielten, auch sei es völlig verfehlt anzunehmen, der Glaube allein könne nicht genug sein, *men mothe wercke doen / schal \ men vraem vnn salich werden* (281). Bisher Gesagtes zusammenfassend stellt Luther noch einmal fest, daß der wahre Glaube nicht nach guten Werken frage, die er ganz von alleine tue, und verbunden sei mit der Gnade Gottes und den Gaben des heiligen Geistes.

Die letzten beiden Definitionen gelten den Begriffen der Gerechtigkeit und des Fleisches. Während die Gerechtigkeit kurz als fester Bestandteil des Glaubens und Gabe Gottes dargestellt wird, gibt die Auseinandersetzung mit dem Begriff des Fleisches Gelegenheit darauf hinzuweisen, daß auch und gerade der rein fleischlich sei und handele, der nicht im Besitz der Gnade befindlich über die hohen geistlichen Dinge viel rede und schwätze. Luther faßt zusammen: *dat fleisch sy ein minsche / de inwendich vnn vthwen\dich leuet vnn werket [/ dat tho des flesches nütte vnde tydlyken leuende denet. Geyst sy de ynwendigen vnde vthwendigen leuet vnde werket /] dat to den geiste vnn tokamende leuende denet* (282).

Nach diesem Durchgang durch die eingangs der Vorrede aufgezählten Kernbegriffe paulinischer Theologie betont Luther noch einmal, daß ohne deren rechtes Verständnis weder der anschließende Brief noch ein anderer Text der Bibel richtig aufgefaßt werden könnte. Ausdrücklich warnt er vor Lehrern, die andere als die behandelten Worte verwenden bzw. diese mit abweichenden Bedeutungen füllen.

Dies gelte auch für solche Männer wie Hieronymus, Augustin, Ambrosius und Origenes, ähnliche und sogar noch höher Stehende. Damit setzt Luther die Schrift, die er in seiner Überzeugung rein in ihrer tatsächlichen, wahren Bedeutung vertritt, über die Auslegungen sogar der bedeutendsten Kirchenväter und auch des direkten Nachfolgers Petri, des Papstes.

Im zweiten Teil der Römerbriefvorrede wird das Schreiben Kapitel für Kapitel durchgenommen. An geeigneten Stellen werden die im ersten Teil vorgestellten Lehren exemplifiziert und weiter vertieft.

Hervorzuheben ist die Darstellung des zwölften Kapitels, da Luther hier die Lehre vom allgemeinen Priestertum findet. In ihm lehrt Paulus *den rechten Gades denst / \ vnn maket alle Christen tho Papen* (287).

Im vorletzten Absatz wiederholt Luther die eingangs festgestellte Bedeutung des Paulus-Briefes, indem er ihn an dieser Stelle als Kurzfassung der *gant\zen Christlyken vnn Euangelischen lere* (288) sowie als Einführung in das gesamte Alte Testament beschreibt, während der letzte Absatz eine Warnung enthält.

Im letzten Kapitel mischt Paulus nämlich neben Grüßen *gar ene eddele warnynge vor \ minschen leren / de dar neuen der Euangelischer le/re in vallen* (288), als habe er bereits vorausgesehen, daß gerade von Rom und den Römern solche Lehren, *de voruorischen* *ergerly=\ke Canones vnn decretales / vnn dat gantze gesworm \ minschlyker gesette vnde ghebade* (288) einmal ausgehen sollten, die *itzundes al=\le werldt vordrencket* (288). Sie haben dafür gesorgt, daß von dieser Epistel wie von der ganzen heiligen Schrift samt Geist und Glauben nur mehr *de afgodt / Bueck* (288) geblieben ist. Folgerichtig beendet Luther seine Vorrede vor dem abschließenden bekräftigenden Amen mit dem Wunsch, *Godt erlose vns van en* (288).

An dieser Stelle wird die zuvor latent vorhandene Kritik an der bisherigen Glaubensauffassung und ihren Vertretern offen geäußert, evangelische Lehre, wie Luther sie nach seiner Überzeugung vertritt, von menschlicher Lehre abgehoben und auf ihre Re-Formation gehofft.

Das Erscheinen und die Rezeption des *nyge[n] testament[s] tho dude* sind als Meilenstein im Fortschritt des Hamburger Reformationsprozesses zu werten.

Der reine Text des Neuen Testaments in formal für sie verständlicher Sprache gab den Gläubigen die Möglichkeit einer eigenen Beschäftigung mit der heiligen Schrift, Luthers Vorreden boten die nötigen Ergänzungen in Auslegung und Kommentar, die ihr Sinnverständnis gewährleisten sollten. Diese Kombination, eine Art angeleitetes Selbststudium der Bibel, ermöglichte potentiellen, latenten oder bereits grundsätzlich überzeugten Anhängern der lutherischen Lehre, sich ein differenzierteres Bild über die für sie und das Heil ihrer Seelen entscheidenden Inhalte des Christentums zu machen, als es bisher der Fall gewesen war. Dies gilt sowohl für die altgläubige Seite mit ihrer traditionellen Ablehnung der Bibellektüre für die Laien als auch für die evangelische Seite, die bisher weder Zeit noch Spielraum für eine umfassende Aufklärung gehabt hatte. Gleichzeitig wurde eine Wissens- und damit Argumentationsgrundlage geschaffen, die das Hamburger Bürgertum nicht nur nachhaltig für die lutherische Glaubensauffassung einnahm, sondern es nun auch in die Lage versetzte, diese mit der altgläubigen Geistlichkeit und deren Anhängern zu diskutieren und seine Überzeugungen gegen sie zu verteidigen.

5 – 1 – 5 Zusammenfassung Phase I

Im Überblick stellt sich die erste Phase des Hamburger Reformationsdiskurses als Kontaktsituation dar. Lutherisches Gedankengut wurde von außerhalb in die Stadt hineingetragen, deren Gesellschaft den neuen Themenkreis aufnahm und begann, ihn in die innerstädtische Kommunikation zu integrieren.

Die Umstände der Textentstehung und -verarbeitung weisen diesen ersten Abschnitt als eine Phase der **Rezeption** im Gesamtgeschehen aus, in deren erstem Teil die Vermittlung lutherischen Gedankengutes rein durch das Medium der gesprochenen Sprache erfolgte, während ihr zweiter Teil durch eine schriftgestützte Textverbreitung gekennzeichnet war.

Gleichzeitig kam es zur Vernetzung des neu in die Stadt eingeführten Themenkreises mit stadtinterner Thematik sowie der Einbindung Hamburgs in externe reformatorische Kommunikationszusammenhänge.

Hauptrezipient des in die Stadt gelangenden reformatorischen Gedankengutes war die Bürgerschaft. Ihr Interesse für diesen Themenkreis nahm in der zweiten Teilphase nachweisbare Züge an, erstmals trat hier organisiertes pro-reformatorisches Handeln auf. Damit wandelt sich im Verlauf der ersten Phase die Gruppe der Bürger vom reinen Rezipienten zum aktiv am Geschehen Beteiligter.

Entgegengesetzt verhielt sich die innerstädtische Geistlichkeit, die nach ihrem Vorgehen gegen den weißen Mönch nicht weiter in den Reformationsdiskurs eingriff. Hier stellt sich die Frage, inwieweit die altgläubige Stadtgeistlichkeit überhaupt Ausmaß und Bedeutung des kirchenreformatorischen Themenkreises erkannte – ob sie dessen Gefahrenpotential unterschätzte oder aber aufgrund der Verfallserscheinungen in ihren Institutionen und ihrem Personal zu keinen adäquaten Gegenreaktionen fähig war.

Das Schweigen des Rates und – soweit es die Quellenlage erfaßbar macht – seine fast völlige Passivität müssen ihre Ursache nicht in einer Verkennung der Lage haben. Sie können durchaus als Indizien für seine Bemühungen gewertet werden, die Attraktivität der in der Stadt neu kursierenden Gedanken durch Nichtbeachtung gering zu halten.

Die zur Verbreitung und Verfestigung reformatorischer Thematik in Hamburg feststellbaren Texte ordnen sich in das bestehende Textsortenrepertoire ein, heben sich aber intentional und inhaltlich von ihren Vorgängern ab. Im Gegensatz zu existierenden Mustern belehrender und/oder erbauender theologischer Ausführungen für den Laien wandten sich die reformatorischen Texte an das als eigenverantwortlich und religiös-kirchlich mündig gedachte Individuum, das mit ganz anderen Sichtweisen und Forderungen konfrontiert wurde, als bisher üblich und überhaupt möglich. Die Adaptation bekannter Textsortenmuster zur Vermittlung neuer Inhalte oder ihr Auftreten in neuen Zusammenhängen - wie Luthers Vorreden zu den Schriften des Neuen Testaments - wird zur raschen Aufnahme des neuen Gedankengutes in Hamburg beigetragen haben.

Im Zusammenhang mit der Vermittlung reformatorischer Themen nach Norddeutschland ist auf den sprachlichen Aspekt der Quellen einzugehen. Das späte Auftreten reformatorischer Dokumente in diesem Raum wird verschiedentlich als Beleg einer Sprachbarriere gewertet, die die Verbreitung der neuen Ideen be- oder sogar verhindert hätte.

Im Falle Hamburgs ist festzuhalten, daß Söhne der Stadt an der Wittenberger Universität studierten und einzelne Bürger Lutherschriften besaßen und damit wohl auch rezipierten, bevor Korvers Offizin niederdeutsche Übersetzungen verschiedener Reformationsschriften zur Verfügung stellte. Umgekehrt wirkte sich der niederdeutsche Druck von Luthers Betbüchlein auf dessen spätere hochdeutsche Fassungen aus. Schließlich erkundigte sich der Herzog von Lauenburg in einem hochdeutschen Schreiben nach der neuen niederdeutschen Bibelübersetzung.

Die angeführten Beispiele deuten darauf hin, daß für die zögerliche Rezeption und die späten Nachweise reformatorischer Regungen im norddeutschen Raum nicht in erster Linie sprachliche Gründe verantwortlich gemacht werden können.

5 – 2 Phase II – Konfrontation

5 – 2 – 1 Phase II A – Anfang der Auseinandersetzung zwischen Altgläubigen und Lutheranern

Phase II A umfaßt den Beginn innerstädtischer Auseinandersetzung mit lutherischem Gedankengut, die <u>Polarisation der Stadtgesellschaft</u> in für und gegen die Reformation arbeitende Gruppen.

Sie wird dominiert vom Streit um die Besetzung der Nikolai-Pfarre, in dem sich die Entwicklung der reformatorischen Bewegung fokussiert. Diese und ihre Gegentendenzen, deren Träger und jeweilige Motivationen treten hier klar zu Tage.

Erste Nachrichten über die Ausweitung reformatorischer Aktivitäten in der Stadt gibt das Hamburger Domkapitel. Im Mai 1524 wandte es sich in zwei Briefen an das Lübecker Domkapitel und den dänischen König. In ihnen verband es Unterstützungsgesuche mit sorgenvollen Mitteilungen über die Ausbreitung lutherischer Tendenzen in Hamburg.

Infolge eines Interdikts[85] über den Dom, St.Petri und St.Nikolai wandte das Kapitel sich am 15.5. hilfesuchend an die Lübecker Brüder, bezüglich seiner Bedrängnis im Schulstreit – der Scholaster hatte an der römischen Kurie eine Strafandrohung wegen mangelnder Hilfeleistung gegen das Kapitel erwirkt – vier Tage später an Friedrich von Dänemark. Im lübischen Briefwechsel erklärte das Kapitel, sich *van den leyen in grothem bedruck* zu befinden, worauf ihm geraten wurde, „propter tempora periculosa currentia" auf eine Aufhebung des Interdikts zu dringen.[86]

Gegenüber Friedrich gab das Kapitel an, *dorch de nygen lere* in arge Bedrängnis geraten zu sein.[87] Es ist allerdings zu betonen, daß von Seiten der Bürgerschaft aus durchgängig keine Hinweise vorhanden sind, den Schulstreit mit reformatorischen Regungen in der Stadt zu verbinden!

---

[85] In einer Stader Streitsache; die näheren Umstände sind nicht bekannt. Vgl. Postel, S. 97.
[86] Postel, S. 197.
[87] Postel, a.a.O.

Ende Juni 1524 trifft ein Brief Erzbischof Christophs beim Kapitel ein, der das unbeantwortete Vorjahresschreiben an den Rat aufnimmt.[88] Es bleibt die letzte bekannte Bemühung des Erzbischofs, die Ausbreitung reformatorischen Gedankengutes zu kontrollieren. Die externe Warnung blieb in Hamburg ohne Widerhall, allerdings befand sich das Kapitel ab 1524 in zunehmend schwieriger Situation.[89]

Diese wurde durch die Resignation Henning Kissenbrügges, des Pfarrherrn von St. Nikolai, nicht erleichtert. Kissenbrügge hatte nach wiederholten ergebnislosen Klagen, die geforderten Pensionen nicht mehr zahlen zu können, seinen Rücktritt erklärt. Die Bürger des Kirchspiels nahmen nun die Neuwahl eines Pfarrers in die eigenen Hände. Hiermit setzten sie eine seit langem erhobene Mitspracheforderung erstmals in die Tat um.

Hinweise auf die erfolgte Wahl der Bürger finden sich in der Korrespondenz Luthers, der am 1.9. Heinrich von Zütphen berichtet, die Hamburger hätten Johannes Bugenhagen die Sorge um die Nikolaipfarre angetragen. Weiter hält der Lübecker Dekan in seinem Diarium unter dem Elften des Monats fest, der Lübecker Geistliche Johann Fritze sei mit seiner Bewerbung um die vakante Pfarrstelle gescheitert, „quod esset Martinianus".[90]

Wie es zu dieser Einschätzung kam, ist unklar. Denn es fällt auf, daß am selben Tag Hinrich Banskow, der Hamburger Scholaster, in Lübeck Protest gegen den am Vortag in Hamburg geschlossenen Vergleich zu Beendigung des Schulstreits einlegte mit der Begründung, er und das Hamburger Kapitel hätten dem Vergleich lediglich aus Angst vor den Bürgern zugestimmt, die „factione Lutherana [...] plurimum infecti" seien.[91]

Die genannten Nachrichten machen deutlich, daß die Hamburger Bürger seit dem vereinzelten Eintrag reformatorischen Gedankengutes in die Stadt inzwischen einzuschätzen wußten, um wen man sich als hervorragendem evangelischen Prediger zur

---

[88] Brief vom 19.3.1523, vgl. vorne S. 40.
[89] Nach dem überraschenden Tod des Dekans hatte es sich um einen fähigen Nachfolger zu bemühen, wenig später war auch die Lektur neu zu besetzen. Zu den Personalproblemen kam die ungewünschte Verwicklung in den Schulstreit, das Ausbleiben von Stiftungen und Spenden sowie außenpolitisch der Verlust Dithmarschens und eine Anzahl von Steuerstreitigkeiten.
[90] Postel, S. 205
[91] Meyer, Eduard: Geschichte des Hamburgischen Schul- und Unterrichtswesens im Mittelalter. Hamburg 1843, S. 332.

Besetzung der bedeutendsten Pfarre bemühen mußte. Daß umgekehrt diese Bemühungen von Luther direkt kommentiert wurden, zeigt die vorhandene Wahrnehmung Hamburgs als potentiellen Reformationskandidaten.

Auf katholischer Seite wird die enge Verbindung des Hamburger mit dem Lübecker Kapitel faßbar. Zwischen ihnen bestand ein dichter Informationsfluß, was allerdings zu keinerlei gemeinsamem Handeln gegen die Reformation führte.

Mitte November wandte sich Bugenhagen an die Bürger des Nikolai-Kirchspiels. Nachdem er sich beim Wittenberger Rat und dem sächsischen Kurfürsten um die Erlaubnis bemüht hatte, die Hamburger Stelle temporär zu übernehmen,[92] hatte er auf eine Bestätigung von dort gewartet. Nun habe ihn ein offizielles Schreiben des Hamburger Rates erreicht, in dem ihm mitgeteilt wurde, seine Wahl sei ohne dessen Wissen und Billigung erfolgt und, da sie gegen die Bestimmungen des kaiserlichen Mandats verstoße sowie aus anderen Gründen, abgelehnt worden.

Unsicher ist, ob das ‚kaiserliche Mandat' auf das Wormser Edikt oder den dieses wieder aufnehmenden Nürnberger Reichstagsabschied referierte. In dieser oder jener Form wurde es jedenfalls im Spätherbst 1524 als außerplanmäßige Bursprake verkündet. Damit war die Möglichkeit gegeben, sich im Vorgehen gegen reformatorische Tendenzen explizit auf das Edikt zu berufen. Als ‚andere Gründe' führte der Kirchenhistoriker Staphorst Bugenhagens Ehe an.[93]

In seinem Schreiben legte Bugenhagen der Nikolai-Gemeinde die ablehnende Haltung des Rates und seine eigene Antwort dar, in der er dem Rat zwar die Kompetenz absprach, über die rechte Art, das Evangelium zu predigen, zu urteilen, sich gleichzeitig aber in dessen Entscheidung fügte, um stadtinterne Unruhen zu vermeiden.

Mit der Verkündung des Wormser Edikts und der Ablehnung Bugenhagens setzt die restriktive Politik des Rates ein, die in ihren vertexteten Manifestationen zu den prägenden Aspekten der zweiten Phase des Hamburger Reformationsdiskurses gehört.

---

[92] Gegen dieses Ansuchen setzte sich in zwei Schreiben Melanchthon ein, der „tam periculoso tempore" eine Freigabe Bugenhagens ablehnte. Vgl. Postel, S. 206.

Ihre Motive lagen zunächst nicht ausschließlich innerhalb des Diskurses. Die Ablehnung Bugenhagens kann als Betonung der eigenen Machtposition gesehen werden – das Nikolai-Kirchspiel war im Schulstreit zum eigentlichen Sieger des abschließenden Vergleichs geworden, fast gleichzeitig hatte es versucht, einen bedeutenden Mitstreiter Luthers für die Gemeinde zu gewinnen. Durch sein Eingreifen machte der Rat deutlich, daß das initiatorische Aktionspotential, wenn es denn nicht bei ihm lag, so doch von ihm kontrolliert wurde. Dafür spricht auch, daß er nach seiner erfolgreichen Intervention der Nikolai-Gemeinde die Pfarrerwahl freistellte – solange sie den Rat zuvor von ihren Plänen und Personalvorstellungen in Kenntnis setzte.

Andererseits ist ein Zusammenhang anzunehmen zwischen der 1524 erfolgten Ernennung Hinrich Salsborchs zum Bürgermeister der Stadt und der plötzlich offen antilutherischen Haltung des Rates.[94]

Oberstes Gebot der Ratspolitik war die Sicherung des Stadtfriedens, wozu die Wahrung des Ist-Zustandes angestrebt wurde. Kissenbrügge wurde zur Amtsfortführung überredet, an der Katharinenkirche übernahm Joachim Vischbeke nach längerer Vakanz der Stelle spätestens 1525 das Pfarramt. Er predigte seit 1522 lutherisch, kehrte aber mit der Übernahme seiner neuen Aufgabe zu altgläubiger Predigt zurück – ein Einfluß des Rates bleibt reine Hypothese, kann aber nicht ausgeschlossen werden.[95]

Das Domkapitel reagierte erst 1525 auf die Auseinandersetzungen um die Nikolaipfarre. Am 12.1. erkundigte es sich in Lübeck, ob das dortige Kapitel einen geeigneten Mann für das Amt des Pfarrherrn hätte. Weitere Nachrichten über die Sorge für die Pfarre fehlen.

Dieses Verhalten steht exemplarisch für die Kommunikation des Domkapitels während der Hamburger Reformationszeit. Es nahm Gefahrenpotentiale durchaus wahr, berichtete über sie an Verbündete aber zu einem Zeitpunkt, an dem die Entwicklung bereits

---

[93] Staphorst, Nikolaus: Historia Ecclesiae Hamburgensis diplomatica, das ist: Hamburgische Kirchen-Geschichte, aus Glaubwürdigen und mehrntheils noch ungedruckten Urkunden, ..., Gesammlet/ beschrieben und in Ordnung gebracht. T. 2, Bd. 1. Hamburg 1729, S. 99.
[94] Dieser Zusammenhang ergibt sich auch aus Vergleichen von Salsborchs persönlichem Briefstil mit dem der offiziellen Schreiben des Rates, vgl. Postel, S. 241/42.
[95] Als Ursache für Vischbekes Glaubenswechsel werden in der evangelischen Berichterstattung wirtschaftliche Gründe genannt. Es bleibt die Frage, ob bei der zum Teil desolaten finanziellen Versorgungslage der katholi-

einen Schritt weiter war als der betreffende Bericht. Tatsächliche Aktivitäten des Kapitels bleiben in der Folge aus, höchstens in einem weiteren Brief erscheint die Lage erneut verschärft, darüber hinausgehende Reaktionen fehlen.

Wie angemerkt verband die Politik des Rates eine aktiv antilutherische Linie mit bedächtiger Sorge um Ruhe und Ordnung in der Stadt. Dies wird deutlich in einem 1525 beschlossenen Hanserezeß,[96] in dem Hamburg die an das Wormser Edikt und den Nürnberger Reichstagsabschied angelehnten, scharf formulierten Artikel gegen die sich ausbreitende lutherische Lehre mittrug, nach dieser klaren, aber allgemeinen Stellungnahme die konkrete innenpolitische Anwendung jedoch auffallend sanfter ausfallen ließ. In einem im Frühjahr erlassenen Mandat ermahnte der Rat die Bürger, über die neuen Lehren nicht in Unfrieden untereinander und in Konflikt mit der geistlichen und weltlichen Obrigkeit zu geraten.

Auf außenpolitischer Ebene wandte sich der Rat im Juni an Friedrich von Dänemark. In dem abstrakt gehaltenen Schreiben warnte er vor den aufrührerischen Lehren entlaufener Mönche und den Gefahren von aufständischen Bewegungen innerhalb ihrer Anhängerschaft. Insgesamt hatte der Brief wohl einen ähnlich prophylaktischen Charakter wie der, den das Kapitel im Vorjahr an dieselbe Adresse gesandt hatte.[97]

Im folgenden Monat versuchte die Hamburger Delegation, dem Rezeß des nächsten Hansetages eine ebenso scharfe Form wie im Januar 1525 zu geben. Dies wurde von Lübeck unterstützt, doch Danzig und Bremen drangen auf eine letztlich zweideutig auslegbare Stellungnahme gegenüber *Martinischer lere*.[98]

Die Auswirkungen einer für das Luthertum eintretenden Bürgerschaft für ihre Stadt und deren Obrigkeit konnte eine weitere Hamburger Delegation im Herbst 1525 eben am

---

schen Geistlichen die Aussicht auf Pfründengelder zu einem Glaubenswechsel ausreichte oder ob nicht ein anderer Sachverhalt verschleiert werden sollte.
[96] Hanserezesse. Hrsg. v. Verein f. hansische Geschichte. Abt. 3. 1477-1530. Bearb. Dietrich Schäfer. Bd. 9. Leipzig 1913, S. 18f.
[97] Vgl. vorne S. 52.
[98] Hanserezesse a.a.O., S. 164f.

Beispiel Bremens studieren. Sie gehörte einer Kommission an, die vergeblich versuchte, zwischen Stadt und Erzbischof zu vermitteln.[99]

Dabei wurde auch die Bedeutung charismatischer Prediger – im Falle Bremens Heinrichs von Zütphen - beim Religionswechsel einer ganzen Stadt deutlich. Dies spiegelt sich in den Maßnahmen wider, die der Hamburger Rat nach dem Tod des Domlektors und Inhabers der Petri-Pfarre, Johann Engelin, ergriff. Am 23.11. 1525 legte er seinen Kollegen in Lüneburg die Bitte vor, den seit 1523 im Hamburger Dominikanerkloster wirkenden und für eine Predigerstelle in Lüneburg vorgesehenen Augustin von Getelen noch eine Weile in der Stadt behalten zu können. Die Lage erfordere die Anwesenheit eines fähigen und gelehrten Mannes, um *dat ghemene volck van erdom unde egener vorsate affthowendende*.[100]

Es fällt auf, daß der Rat sich um die vakante Domlektur und den Erhalt fähiger altgläubiger Prediger für die Stadt kümmerte, ohne das Kapitel zu kontaktieren. Dieses berichtete im Dezember den Lübecker Brüdern die Sorge, die Juraten des Petri-Kirchspiels könnten ihm Johann Fritze als neuen Pfarrherrn aufzwingen.[101] Die Entscheidung fiel allerdings zugunsten von Engelins Kaplan.

Zeitgleich verständigten sich Rat und Bürger auf die Wahrung der bisherigen Gottesdienstformen und kirchlichen Zeremonien - eine Anknüpfung an das Mandat vom Frühjahr 1525. Damit war es dem Rat wiederum gelungen, eine Radikalisierung reformatorischer Tendenzen zu unterdrücken, doch die Ereignisse des Folgejahres zerstörten das labile Gleichgewicht des bisher immer noch gewahrten Status quo.

Im November wie im Dezember 1525 hatte Kissenbrügge aus den gleichen Gründen wie im Vorjahr erneut um seine Entlassung nachgesucht, am 11.1. 1526 akzeptierten die Juraten und erbgesessenen Bürger des Nikolai-Kirchspiels endgültig die Amtsaufgabe ihres Pfarrers. Gleichzeitig beschlossen sie, daß künftig kein Pastor ohne das Wissen der Kirchspielherren, der Kirchgeschworenen und erbgesessenen Bürger des jeweiligen

---

[99] Protokoll vom 30.9.-7.10. Vgl. Postel, S. 216.
[100] Postel, S. 211. Die Antwort des Lüneburger Rates ist nicht überliefert, von Getelen läßt sich aber erst ab Mai 1526 sicher in Lüneburg nachweisen.
[101] Nach dem Scheitern seiner Bewerbung um die Nikolai-Pfarre hatte sich Fritze nun um die Petri-Pfarre bemüht.

Kirchspiels in sein Amt gelangen dürfte. Damit war es jetzt für den Rat unmöglich, ein zweites Mal eigenmächtig über die Amtsführung eines Pfarrers zu entscheiden.

Einen weiteren Schritt ging die Hamburger Bürgerschaft, als sie vier Tage später die Beratung über verschiedene Anträge des Rates vom Anfang des Monats dazu nutzte, ihre Zustimmung mit einem Katalog von Forderungen zu verbinden – die Geistlichkeit sollte ebenso wie die Bürgerschaft zur Sanierung der Stadtfinanzen herangezogen werden, die Bürger verlangten das alleinige Wahlrecht für ihre Pfarrer und für diese die Erlaubnis, „in der ganzen Stadt das Evangelium der Wahrheit ohne Einrede von Rat und Kapitel" predigen zu dürfen, eine Forderung, für die sie notfalls mit Leib und Blut eintreten wollten; den Rückfall geistlicher Lehen an die Erben des Stifters und, falls keine solchen vorhanden wären, an einen einzurichtenden gemeinsamen Kasten sowie schließlich die Ausweisung der Dominikaner aus der Stadt.[102]

In dieser Liste verband sich bereits seit langem Gefordertes wie ein Beitrag der Geistlichen zu den Stadtfinanzen, die Vorbehalte gegen die Dominikaner und ein Mitspracherecht der Gemeinde bei der Wahl ihrer Pfarrer mit spezifisch reformatorischen Grundsätzen wie dem nachdrücklichen Verlangen nach dem Recht der Gemeinde auf die Wahl ihres Seelsorgers und der Forderung, einen gemeinsamen Kasten als Gemeindekasse für Arme und Bedürftige einzurichten.

Sie zeigt die erstmalige Verbindung religiöser Belange mit politischen Forderungen von Seiten der Bürger und damit ein neues Stadium in deren Einsatz für reformatorisches Gedankengut. Außerdem ist sie ein Nachweis des guten Informationsflusses für reformatorische Belange, das Ansinnen auf die Einrichtung eines gemeinsamen Kastens kann nur auf die Lutherschrift von der „Ordnung eines gemeinsamen Kastens" zurückgeführt werden.[103]

Die Verbreitung von Luthers Schriften in der Bevölkerung illustriert das Geschehen im Londoner Stalhof. Ende Januar kam es im Zuge eines englischen Vorgehens gegen die Reformation zu einer Durchsuchung der dort residierenden Hansekaufleute. Im folgen-

---

[102] Postel, S.220.
[103] Vgl. Postel, S. 221.

den Verhör sahen sich verschiedene von ihnen gezwungen, den Besitz von Lutherschriften zuzugeben.[104]

Währenddessen tagten in Bergedorf Hamburger Ratsmitglieder mit Vertretern der übrigen wendischen Städte „in causa seu secta, ut nonnulli eam vocant, Lutteriana",[105] ohne daß Folgen dieses Treffens bekannt wurden. Umgekehrt zeigte das Kapitel bezüglich der seit Oktober des Vorjahres vakanten Domlektur endlich Handlungsbereitschaft und berief den schon einmal für diesen Posten vorgesehenen gebürtigen Hamburger und Rostocker Theologieprofessor, den Doktor beider Rechte Barthold Moller in das Amt des Lektors. Dies hatte bedeutende Auswirkungen auf den Fortgang des Hamburger Reformationsdiskurses.

Moller traf um den *Vastelauent* (12.2.1526) herum in Hamburg ein.[106] Bald danach suchte er das Gespräch mit seinem ehemaligen Schüler Kempe. Unter Zeugen tauschten sie sich über Grundlagen des christlichen Glaubens aus und verständigten sich darauf, bei möglichen Uneinigkeiten wieder miteinander zu reden.

Nach der Berufung Mollers fällt das Kapitel in weitgehende Inaktivität zurück. Erst im März 1526 findet sich in einem Brief an die Lübecker Brüder eine Reaktion auf die im Januar von der Bürgerschaft dem Rat gegenüber erhobenen Forderungen. Äußerst besorgt zeigte sich das Kapitel über den Plan, erledigte Stiftungen an den Erben des Stifters oder die Gemeinde zurückzugeben. Der Rat schien bereit, dem zuzustimmen, was für die Personalversorgung des Kapitels eine ernsthafte Bedrohung darstellte. Weiteres Handeln des Kapitels ist nicht bekannt.

Die Bürger trieben unterdessen ihre evangelischen Bestrebungen voran. Die Katharinen-Gemeinde berief, offenbar enttäuscht über den Gesinnungswandel ihres Pfarrers, einen Magdeburger Geistlichen als Praedikanten an ihre Kirche. Kurz vor Ostern traf Johannes Zegenhagen in der Stadt ein und fand Unterkunft bei einem der großen Fernhandelskaufleute.

---

[104] Vgl. Postel, S. 183.
[105] Postel, S. 223, Anm. 149.
[106] Dies und das folgende nach Kempe, S. 482f.

Ostern 1526 kam es zur ersten Konfrontation evangelischer und altgläubiger Orientierung. Moller reagierte in seiner Sonntagspredigt mit großer Schärfe auf Kempes Predigt vom Karfreitag, in der sich dieser für die Wiedereinführung des Abendmahls unter beiderlei Gestalt ausgesprochen hatte; Zegenhagen erteilte seiner Gemeinde die österliche Kommunion unter der Gestalt von Brot und Wein und wurde dafür vom Rat mit einem Predigtverbot belegt.

Am 13.4. 1526 kam es deswegen zu einer Versammlung der Juraten und Erbgesessenen sämtlicher Kirchspiele. Die Bürger folgten dabei dem Vereinigungsvertrag, der von ihnen im Zusammenhang mit dem Schulstreit am 2.9. 1522 verabschiedet worden war, indem sie ihn auf das neue Feld reformatorischer Belange übertrugen. Eine 22-köpfige Delegation wurde an den Rat gesandt, dem es zunächst gelang, die Abordnung zu beruhigen und aufzulösen.

Die Verzögerungstaktik hing vielleicht mit einem in Hamburg kursierenden Traktat zusammen, das Bugenhagen in der Form eines paulinischen Sendschreibens *An de ehrentrike stadt Ham-\borch* gerichtet hatte. In ihm zeigte er sich besorgt darüber, daß in Hamburg Prediger und Mönche das Wort Gottes lästerten,[107] unterstützte die Bürger in ihrem Streben nach der wahren evangelischen Lehre und fügte im zweiten Teil des Schreibens den Entwurf einer Kirchenordnung bei. Als Anhang folgte ein Brief an Augustin von Getelen, in dem Bugenhagen Stellung zu verschiedenen Anwürfen desselben bezog, die besonders das Hamburger Neue Testament trafen.[108]

Der Rat wollte nun davon gehört haben, *dat itlike unße borger van der lutterschen factien scholen Johannem Buckenhagen ... bynnen unße stadt tho kamende avermalß instendich vorscreven unde ghefordert hebben.*[109]

Nachdem der Rat sich mit der Bitte an seine Lüneburger Kollegen gewandt hatte, Bugenhagen keinesfalls durch ihr Herrschaftsgebiet reisen zu lassen, verfolgte er stadt-

---

[107] Womit er wohl auf Vischbeke und von Getelen anspielte.
[108] Der inzwischen in Lüneburg befindliche von Getelen antwortete Mitte Mai mit einer dem Hamburger Rat gewidmeten Gegenkritik, auf diesen Brief gab es wiederum 1528 eine Antwort Bugenhagens, die dem Hamburger Reformationsdiskurs aber nicht zugehörig ist. Es ist zu beachten, daß Bugenhagen seine Schrift an die Stadt Hamburg adressierte, während von Getelen seinen Gegenentwurf dem Hamburger Rat widmete.
[109] Postel, S. 215.

intern seine Zegenhagen betreffenden Pläne weiter. Anfang Mai wurde bekannt, daß dieser mit der Auflage entlassen worden war, Hamburg innerhalb dreier Tage zu verlassen. Die Reisemittel würden ihm gestellt werden, er sollte über den Vorgang Stillschweigen bewahren.

Am Sonntag, dem 6.5. 1526, kam es nach einer gut besuchten Predigt Kempes im Lektorium des Maria-Magdalenen-Klosters zu einer Bürgerversammlung, die den Absichten des Rates entgegen wohl informiert über Zegenhagens Entlassung eine Abordnung aus einem Vertreter je Kirchspiel an den wortführenden Bürgermeister abschickte. Sie forderte für den nächsten Tag das Zusammentreten des Rates und ließ sich nicht davon abschrecken, daß dies wegen der Prozession zur Himmelfahrtswoche bereits um sieben Uhr früh stattfinden mußte.

Zu diesem Zeitpunkt versammelte sich eine große Zahl Bürger auf dem Gemeinen Saal des Rathauses, deren Vertreter den Fall Zegenhagen mit dem Rat diskutierten. Dieser begründete die Entlassung damit, daß der Prediger *ene Lere hir inforede to Verdarf disser guden Stad*.[110] Er berief sich auf das Wormser Edikt und erhob Vorwürfe betreffend Zegenhagens Herkunft und Werdegang. Die Bürger unterstrichen Zegenhagens bibelkonforme Lehre und seine Bereitschaft, sich anhand der Autorität der heiligen Schrift belehren zu lassen. Solange ihm keine falschen Lehren nachzuweisen wären, sollte er die Stadt nicht verlassen müssen. Schließlich setzten die Bürger nicht nur Zegenhagens Bleiben durch, sondern erwirkten außerdem die Erlaubnis, ihn an jeder Kirche der Stadt predigen zu lassen.

Die Auseinandersetzung zeigt die Gründe für das beständige Fortschreiten des Reformationsprozesses im so entschlossenen wie regelkonformen Einsatz der Bürger für reformatorische Belange und der Schaukelpolitik des Rates, der sich einerseits für den Erhalt eines rein altgläubigen Christentums einsetzte, andererseits eine Erschütterung der Stadt durch Konflikte mit der Bürgerschaft verhindern wollte.

Das Kapitel verfolgte diese Entwicklung ohne eigene Stellungnahme. Allerdings war das Ergebnis der Verhandlungen bereits zwei Tage später den Lübecker Brüdern bekannt.

---

[110] Postel, S. 222.

Der Dekan notierte in seinen Tagebüchern, die Hamburger Bürger hätten ihrem Rat „multa mala" angedroht, hätte dieser nicht nachgegeben.[111] Unter dem Datum des 9.5. 1526 trug er weiter ein, daß sich der auf Reisen befindliche Hamburger Kaufmann Detlev Schuldorp in Lübeck als „impressor Lutheranus" betätigen und in engem Kontakt zu dort ansässigen Lutheranhängern stehen würde.[112]

Der Hamburger Rat setzte seine aktiv-antilutherischen Bemühungen unterdessen fort, indem er der Bürgerschaft fünf Artikel zur Regelung zukünftigen Verhaltens übergab.[113] Wichtigster Aspekt war die Einigung zwischen Rat und Bürgern, solange an den durch kaiserliche Mandate festgelegten kirchlichen Zeremonien festzuhalten, bis es zu einer reichsumfassenden Neuregelung käme.

Gleichzeitig ignorierte der Rat aktuelle Versuche, das Luthertum auf Reichsebene zu bekämpfen. Anfang Juli 1526 übersandte Herzog Heinrich d.J. von Braunschweig-Wolfenbüttel ein Anfang März von Karl V. in Sevilla ausgestelltes Rundschreiben an die Stände des niedersächsischen und des niederrheinisch-westfälischen Kreises. Es wandte sich gegen „die unewangelische verdampte ketzerische lere des Martini Lutters [,die] im hailigen Reiche teglichen zuneme, da durch vile mord, todtsleg, uncristliche gotslesterung und zurstorung lande und leute erfolgt und entstanden sein."[114] Das herzogliche Begleitschreiben drängte auf umgehende Auskunft über ein Vorgehen gegen lutherische Tendenzen, eine Antwort Hamburgs ist nicht überliefert.

Andererseits wurden pro-reformatorische Informationen von bürgerlicher Seite aus in der Stadt bekannt gemacht. Nachdem am 27.8. 1526 auf dem Speyerer Reichstag die sog. Verlegenheitsformel in Kraft gesetzt wurde, war das Wissen darum einen Monat später durch eine bei Wickradt d.Ä. gedruckte *Nyge tydynge* in Hamburg präsent.[115]

---

[111] Postel, S. 222, Anm. 142.
[112] Postel, S. 222, Anm. 140.
[113] Staphorst Nikolaus: Historia Ecclesiae Hamburgensis diplomatica, das ist: Hamburgische Kirchen-Geschichte, aus Glaubwürdigen und mehrentheils noch ungedruckten Urkunden, ...,Gesammlet/ beschrieben und in Ordnung gebracht. T. 2, Bd. 1. Hamburg 1729, S. 97. Der wörtliche Inhalt der Artikel ist nicht überliefert.
[114] Postel, S. 223.
[115] Kayser, Werner; Dehn, Claus (Hrsg.): Bibliographie der Hamburger Drucke des 16. Jahrhunderts. Hamburg 1968, S. 28. – Zur Verlegenheitsformel vgl. Schwaiger, Georg: Reformation. In: Eicher, Peter (Hrsg.): Neues Handbuch theologischer Grundbegriffe. Bd. 4. München 1991, S. 355. Sie besagt, daß sich die Stände bezüglich der Reformation und ihren Forderungen bis zu einem allgemeinen Konzil so verhalten sollten, „wie sie es ‚vor

Um diese Zeit erreichte die Auseinandersetzung um die Nikolai-Pfarre ihren Höhepunkt. Nachdem auch Kissenbrügges Kaplan sie verlassen hatte, war sie seit dem Sommer gänzlich verwaist.[116] Ende September versammelten deswegen die Juraten der Kirche ein Dutzend Bürger auf dem Einbeckschen Haus, die einen neuen Pfarrer bestimmen sollten. Die Bürger wiesen darauf hin, daß nach der Erklärung vom Januar des Jahres alle Erbgesessenen beteiligt werden müßten, zwei Tage später kamen die Juraten der Aufforderung nach, die versammelten Bürger überließen ihnen das Vorschlagsrecht. Es fielen die Namen Güstrow, des neuen Kaplans an St. Katharinen, Kempe und Zegenhagen, die Bürger empfahlen die Wahl Zegenhagens als des ungebundensten der Kandidaten. Zegenhagen wurde auf das Einbecksche Haus gebeten, wo Kirchgeschworene und Bürgervertreter ihn aufforderten, die Wahl zum Pfarrer von St. Nikolai anzunehmen.

Zegenhagen ließ sich zunächst einige Einwände und Bedenken entkräften,[117] dann nahm er die Wahl an. Als der Rat davon erfuhr, verbot er die Amtseinführung mit der Begründung, die Wahl sei ohne Zustimmung der Kirchspielherren erfolgt, außerdem plane Zegenhagen entgegen der Vereinbarungen von Rat und Bürgern, den größten Teil der geltenden Zeremonien abzuschaffen. Die Bürger beriefen sich auf die nach Bugenhagens Ablehnung gemachten Zusagen des Rates und betonten, daß Zegenhagen ganz dem kaiserlichen Mandat gemäß Gottes Wort predige. Fände sich ein Gelehrter, der ihn aus der Bibel widerlegen könnte, wollte er sich das gerne anhören. Weiter verpflichteten sie sich, über die Einhaltung der Zeremonien mit Zegenhagen zu sprechen.

Der Rat erklärte die Ungültigkeit seine Zusagen in diesem Falle, da die Kirchspielherren von der Pfarrerwahl nicht in Kenntnis gesetzt worden waren, machte den Bürgervertretern aber das Zugeständnis, daß Zegenhagen bis zum nächsten Osterfest im Amt bleiben solle – vorausgesetzt, er hielte sich tatsächlich an die vorgeschriebenen Zeremonien.

Gott und Kaiserlicher Majestät' glaubten, verantworten zu können." Aus dieser zweideutigen Formulierung leiteten Teile der Reichsstände ihr Reformationsrecht ab.
[116] Der Kaplan gab dafür Anfeindungen von Seiten der Gemeinde an – vgl.: Jensen, Wilhelm: Das Hamburger Domkapitel und die Reformation. Hamburg 1961, S. 55 – während ein evangelischer Zeitzeugenbericht seine Angst vor einer Pestepidemie als Grund nannte, vgl. Kempe, S. 484.
[117] Diese werden aufgeführt Postel, S. 225.

Der Amtseinführung Zegenhagens wohnten keine Ratsvertreter bei. Da die Bürger ihren neuen Pfarrer alleine gewählt hätten, ließ der Rat wissen, könnten sie ihn nun auch alleine einsetzen. Auf diese Weise wurde erstmals in Hamburg eine Pfarrerwahl ohne Mitwirken des Kapitels und ohne Zustimmung des Rates durchgeführt.

Allerdings ging es hier mehr um wechselseitige Machtdemonstrationen durch Bürger und Rat als um unüberbrückbare Differenzen theologischer Natur. Dies unterstreicht die nächste Wahl eines Hamburger Pfarrers. Ihr genaues Datum ist unbekannt, schon das deutet auf ihren unspektakulären Verlauf. Anstelle eines vom Kapitel vorgeschlagenen Geistlichen bestimmte die Gemeinde Johann Fritze zum neuen Pfarrherrn an St.Jacobi, dessen Bemühungen um ein solches Amt in der Stadt damit endlich erfolgreich waren. An seiner Amtseinführung nahmen diesmal Vertreter des Rates teil.

Brennpunkt reformatorischer Aktivitäten in der Stadt wurde immer deutlicher das Nikolai-Kirchspiel.

Um den neuen Pfarrer bei seiner Gemeinde zu diskreditieren, verabredeten die der Kirche zugehörigen altgläubigen Geistlichen einen Boykott der Weihnachtsgottesdienste. Zu ihrer Gestaltung sah sich Zegenhagen zu Improvisationen unter Zuhilfenahme der Lehrer und Schüler der Nikolai-Schule gezwungen. Dies stieß bei der Gemeinde nicht nur auf breite Zustimmung, sondern löste auch die Frage aus, wozu es vieler Geistlicher bedürfe, wenn die Laien ebenso feierlich die Gottesdienste mitgestalten könnten.[118] Die Vorkommnisse bewegten Zegenhagen zur wiederholten Austeilung des Abendmahles unter beiderlei Gestalt, außerdem untersagte er als besondere Pointe nun den altgläubigen Geistlichen den Zugang zu ihren Altären in der Nikolai-Kirche.

In dieses Umfeld ist die Predigt des Domherrn Nikolaus Bustorp einzuordnen, der in der Weihnachtsoktav 1526/27 unter den Gesichtspunkten von Sünde und Buße sowie der Ablehnung des Abendmahles unter beiderlei Gestalt scharf gegen lutherische Standpunkte polemisierte.

Auf die wachsende Spannung in der Stadt reagierte der Rat zum Jahresende 1526 mit einem Mandat, auf das er sämtliche Prediger der Stadt verpflichtete. Es lehnte sich an die Artikel des wendischen Städtetages vom Vorjahr an, verzichtete aber auf jede explizite Wendung gegen lutherische Strömungen. Dies führte dazu, daß dieses Mandat in Phase II B zum wichtigen Instrument der evangelischen gegen die altgläubige Geistlichkeit werden konnte.

Der Beginn der zweiten Phase im Reformationsdiskurs der Stadt Hamburg ist geprägt durch Auseinandersetzungen zwischen Rat und Bürgern, in denen es vordergründig um theologisch-religiöse Belange ging, die aber ebenfalls klar im Kontext von Unstimmigkeiten bezüglich der Macht- und Kompetenzverteilung zwischen diesen Gruppen zu sehen sind.

Innerhalb der Geistlichkeit kommt es (noch) nicht zur direkten Konfrontation, altgläubig wie evangelisch Orientierte nutzten die Predigt als Forum anti- bzw. prolutherischer Beeinflussung ihrer Zuhörer. Zwar nimmt die Bedeutung der Geistlichen im Geschehen beständig zu, treibende Kraft des Reformationsdiskurses ist jedoch das Mit- und Gegeneinander von Hamburger Rat und Bürgerschaft.

5 - 2 - 2 Typisches Textmaterial Phase II A

Als typisches Textmaterial der Phase II A sind die vom Rat ausgehenden appellativen Texte zu betrachten. Sie bilden im überlieferten Korpus die mengenmäßig größte Gruppe, verteilen sich gleichmäßig über den gesamten Verlauf der Teilphase und nehmen in der Kommunikation zwischen Rat und Bürgern neben den mündlich realisierten Verhandlungen eine entscheidende Rolle ein.

Vor allem in der Form des Mandats werden vom Rat aktuelles Geschehen aufnehmende und regelnde Anordnungen verabschiedet, die eine Ausbreitung evangelischer Lehre in der Stadt verhindern, gleichzeitig aber den Widerstand der Bürger als deren Träger nicht hervorrufen sollten, also entsprechend zurückhaltend formuliert waren.

---

[118] Vgl. dazu Kempe, S. 484.

Exemplarisch für diese Textgruppe soll im Folgenden das Ratsmandat vom 29.12. 1526 betrachtet werden.[119] Es umfaßt sechs Artikel, die sich alle an sämtliche in der Stadt Hamburg wirkende Prediger richten.

Im ersten Artikel wird von ihnen gefordert, sie mögen das rechte, reine, lautere, heilige Evangelium Gottes lehren, dies unter Zuhilfenahme der in den Schriften der heiligen Apostel enthaltenen Auslegungen und anderer bewährter Schriften.

Ihre Lehre soll gütlich, sanftmütig und christlich ausfallen und (damit den vorangegangenen Punkt wiederholend) nach der Lehre der bewährten und von der christlichen Kirche angenommenen Bücher erfolgen. Weiter soll sie (letztlich ebenfalls wiederholend) in einer Weise vermittelt werden, daß ein jeder durch sie gebessert und nicht geärgert werde.

Der zweite Artikel schreibt vor, daß kein Prediger bei einer öffentlichen Predigt vor der Gemeinde einen anderen im allgemeinen oder Besonderen schelten soll, ihn als Ketzer bezeichnen oder unschicklich über ihn lästern soll.

Wenn jemand den anderen mit der Wahrheit über einen Irrtum zu belehren weiß, dann gebrauche er in diesem Falle dazu die Lehre des Matthäus-Evangeliums, Kapitel 18 (wohl 15-17) und Lukas, Kapitel 17 (wohl 1-4). Man bespreche sich untereinander oder in der Gegenwart etlicher Schriftverständiger, so daß dem gemeinen Volk davon nichts anderes gepredigt wird, als was die Seligkeit seiner Seelen betrifft.

Der dritte Artikel bestimmt, daß sämtliche Themen, die zur Diskussion stehen und so verworren sind, daß das gemeine Volk daraus nichts lernen kann bzw. daß es gar kein Verständnis dafür aufbringt, oder auch solche, die dem gemeinen Mann weder notwendig noch nützlich zu wissen sind, nicht gepredigt werden sollen.

Viertens soll jeder Prediger eine rechte christliche Lehre vertreten, die der Seligkeit der Seele dient und dem Erhalt des gebührlichen Gehorsams gegen die Obrigkeit sowie der Friedfertigkeit der Christen untereinander nach der Lehre Römer 13 und 1.Petri, 2 (wohl 13-17); diese Lehre verfolge er mit der Schrift[auslegung], so daß er durch sein Predigen

---

[119] Der einer Archivhandschrift des Hamburger Rats entsprechende Text ist enthalten in Kempe, S. 485-487; vgl. zum Abdruck auch Kempe, S. 485, Anm. r.

Gottes Ehre und Gebot fördere und zwischen dem Volk Liebe und christliche Eintracht stifte.

Da es fünftens Anlaß gebe, von Übertretungen der Menschen in allen Ständen und Orten zu rede, ist es erforderlich, daß die Prediger ohne Ansehen und Beachtung des Standes eines Menschen dasjenige strafen, das wider Gottes Wort ist, und mit Sanftmut den gemeinen Mann belehren, sich nicht mit Gewalt gegen die Zeremonien der Kirche, die heiligen Bilder und den Gottesdienst zu wenden, sondern sich gefügig daran zu halten bis zu der Zeit, in der es Gott vom Himmel belieben will, dem Tun sein Maß zu geben.[120] Sollte sich schließlich ein Prediger frevelhaft dagegen wenden und Neid, Haß und Widerwillen predigen und aufwecken, soll dieser nicht wieder zum Predigtamt zugelassen, sondern aus der Stadt verwiesen werden.

Das Mandat bildet einerseits den Abschluß einer Kette von Vorgängern (April 1525, Jahreswechsel 1525/26, Frühjahr 1526), in der immer wieder die Geltung der herrschenden Zeremonien und Kirchendienste bis zu einer reichsweiten Neuregelung betont wurde, gleichzeitig läßt es sich auffassen als abschließende Stellungnahme des Rats sowohl zu den Auseinandersetzungen um die Pfarrerwahlen an St.Nikolai wie auch zu den sich verschärfenden Gegensätzen, was innerhalb der Stadt als rechter Glaube anzusehen sei.

In Hinblick auf die strittigen Pfarrerwahlen mußte dem Rat daran gelegen sein, seine Machtposition gegenüber der Bürgerschaft zu wahren. Es war ihm nicht gelungen, das Predigtverbot gegen Zegenhagen aufrechtzuerhalten, der Stadtverweis gegen den Prediger erwies sich als nicht durchführbar, schließlich wurde dieser gegen den offenen Widerstand des Rates Pfarrherr der wichtigsten Hamburger Kirche.

In diesem Zusammenhang erscheint das Mandat gerade nach den neuerlichen Unruhen zum Weihnachtsfest 1526 als Demonstration des Rats als gesetzgebender und diese durchsetzender Macht, die gegebenenfalls zuwiderhandelnde Prediger der Stadt verweisen würde.

---

[120] Es fällt auf, daß an dieser Stelle nicht auf die regelnde Macht eines Konzils verwiesen wird, wie z.B. im Speyerer Reichstagsabschied, sondern daß auf Gott selber als höchsten Lenker gehofft wurde.

Gleichzeitig erscheinen die Turbulenzen um die Weihnachtsgottesdienste an St.Nikolai als Hinweis auf Tendenzen in der Geistlichkeit, ihre Uneinigkeiten vor ihren Gemeinden und letztlich durch sie auszutragen. Eine Polarisation der Stadtgesellschaft war gleichzusetzen mit einer Gefährdung des Stadtfriedens, das Mandat sollte dem entgegenwirken.

Bedenkt man diese doppelte Motivation des Rats bei der Verabschiedung des besagten Mandats und zieht man weiter in Betracht, daß der Rat in seiner Funktion als öffentliche Institution sowie offizieller Machthaber in der Stadt und ihr Vertreter nach außen eine klar altgläubige Handlungslinie zu vertreten hatte, fällt die geradezu behutsame Formulierung der einzelnen Artikel auf.

Nirgends fallen eindeutig kennzeichnende Worte oder Wendungen prokatholischer oder antilutherischer Haltung auf, das Mandat ist viel weniger auf die Festschreibung oder gar Definition der verlangten reinen Lehre ausgerichtet als auf den Erhalt von Ruhe und Ordnung in der Stadt durch ein entsprechendes Einwirken der Prediger auf ihre Gemeinden bzw. ein angemessenes Verhalten vor diesen.

In seiner Formulierung und Gewichtung zeigt das Mandat beispielhaft die grundsätzlich altgläubig orientierte, aber durch und durch pragmatisch bestimmte Politik des Rats gegenüber der zunehmend durch Glaubensfragen gespaltenen Einwohnerschaft der Stadt. Dabei unterstreicht die geübte Vorsicht die Stellung und Einflußmöglichkeiten der Luther zugewandten Teile der Bürgerschaft.

Besonders auffällig ist das vollständige Fehlen von Aussagen bezüglich der Abendmahlsproblematik. Dieser wichtigste Punkt der Polemik der Geistlichen vor ihren Gemeinden wird durch die abstrakten Formulierungen des Mandats gänzlich verschleiert.

Neben dem Nahziel, das bestehende soziale Gefüge der Stadtbevölkerung in intakten, spannungsfreien Strukturen zu halten, kann als mögliches Fernziel des Rats die Überlegung angeführt werden, sich durch die vorsichtige und abstrakte Formulierung des Mandats die Option eines eigenen Positionswechsels zu sichern, um sich im Bedarfsfall an die Spitze einer lutherischen Stadt stellen zu können.

5 – 2 – 3 Phase II B – Abschluß der Auseinandersetzungen zwischen Altgläubigen und Lutheranern

Diese zweite Teilphase ist geprägt von der <u>direkten Konfrontation</u> pro- bzw. antilutherischer Gruppen in der Stadt.

Der Anfang vom Ende in der Auseinandersetzung um die Durchsetzung der Reformation begann, als im April 1527 die Juraten aller Kirchspiele den Rat zur Vorladung des Kapitels bewegen konnten. Es ging um die auf das Domkapitel bezogenen Forderungen der im Januar des Vorjahres von den Bürgern vorgebrachten Beschwerdeliste.

Anfang Mai kam es zu einer Verhandlung, in der die Bürger vom Kapitel innerhalb eines dreiwöchigen Ultimatums letztgültige Stellungnahmen verlangten zu

- der Überlassung der vier Pfarrkirchen an die Juraten,
- dem unbefristeten Patronatsrecht der Stifter an kirchlichen Pfründen und bei dessen Erlöschen die Wahrnehmung des Präsentationsrechts durch den Rat,
- einem Beitrag zum Ausgleich der Stadtverschuldung, die die Bürger sich weigerten, weiter allein zu tragen.

Das Kapitel lehnte diese Forderungen kategorisch ab, der Rat versuchte zu vermitteln, indem er Bürgern und Kapitel jeweils in Teilen Recht gab. Am 22.5. 1527 – drei Tage vor Ablauf des Ultimatums – wandte sich das Kapitel an die Lübecker Brüder, um dort nach gutem Rat zu fragen. Als Antwort kamen auf Verschleppung der Angelegenheit ausgerichtete Vorschläge, die dem Kapitel einen dreimonatigen Aufschub einbrachten.

Allerdings hatte sich die altgläubige Geistlichkeit in der gleichen Woche einer weiteren Verhandlung zu stellen. Seit Neujahr bemühten sich die evangelischen Prediger um eine Aussprache mit dem Domherrn Nikolaus Bustorp, um sich mit ihm über die häretischen Artikel seiner in der Weihnachtsoktav gehaltenen Predigt auseinanderzusetzen. Mandatskonform verzichteten sie auf eine öffentliche Widerlegung, stattdessen ließen sie Bustorp durch ihre Kapläne zum Gespräch auffordern. Zweimal stimmte dieser zu, erschien dann aber nicht zum vereinbarten Termin. Schließlich verfaßte er einen ausführlichen Brief in lateinischer Sprache, adressiert an Johannes Zegenhagen.[121] In ihm verteidigte er die fraglichen Artikel und machte deutlich, mit den reformatorisch gesinnten Geistlichen nichts mehr zu schaffen haben zu wollen.

Diese wandten sich an den Rat, um mit dem Hinweis auf dessen Mandat eine Vorladung Bustorps zu erreichen. Der Antrag wurde wegen wichtiger Geschäfte abgelehnt.

Die Verschleppungstaktik des Rats ließ die Affäre Burstorp bis in die Fastenzeit 1527 in der Schwebe bleiben. Angesichts des Osterfestes mit seinen Kernpunkten Beichte, Buße und Abendmahl, die genau mit den beanstandeten Artikeln in Bustorps Predigt korrelierten, widerlegten nun die evangelischen Geistlichen öffentlich vor ihren Gemeinden dessen Ansichten. Von altgläubiger Seite kam entsprechend öffentlich vorgetragener Widerspruch. Der Rat schwieg weiterhin, und das Osterfest 1527 wuchs sich zu einem neuen Höhepunkt der Kanzelpolemik aus.

In dieser Atmosphäre polemisierte ein evangelischer Kaplan während einer morgendlichen Gesindeandacht scharf gegen einen altgläubigen Geistlichen, als dieser mitten in der Predigt am Nebenaltar zur Messe läutete und damit die Aufmerksamkeit der Zuhörer auf sich zog.[122]

Auf diesen von evangelischer Seite aus initiierten Zwischenfall reagierte der Rat sofort. Seinem – bisher nicht angewandten Mandat entsprechend – lud er den Kaplan vor. Zegenhagen, in dessen Diensten der Mann stand, widersetzte sich der Anklage keineswegs, sorgte aber gemeinsam mit Kempe und Fritze dafür, daß in die Verhandlung auch ihre Vorwürfe gegen Bustorp mit aufgenommen wurden.

Das Verfahren entwickelte sich zu einem ersten Sieg der reformatorischen Kräfte. Übereinstimmend mußten dem beklagten Domherrn häretische Lehren bestätigt werden, was der altgläubigen Geistlichkeit in ihrer Gesamtheit auch dadurch schadete, daß Bustorp vom Rat zum Widerruf verurteilt diesen weiter verweigerte. Gleichzeitig markiert die Verhandlung das beginnende Umschwenken in der theologischen Orientierung des Stadt-

---

[121] Überliefert bei Kempe, S. 489-505.
[122] Kempe, S. 508.

rates. Insgesamt ging die evangelische Seite gestärkt und mit einer neuen Absicherung der Rechtmäßigkeit ihrer Standpunkte aus der Auseinandersetzung hervor.

Der Verlust an Ansehen, den die Altgläubigkeit Hamburgs nach den Ereignissen im Frühjahr 1527 erlitten hatte, zeigt sich beispielhaft in der Reaktion Peter Nypmanns, als sich die St.Annen-Bruderschaft der Islandfahrer im Mai aufgrund einer Testamentsauflage erkundigte, ob er Priester in ihrer Kapelle in St.Petri werden wollte. Trotz des damit verbundenen Verlustes der ausgesetzten Rente lehnte Nypmann ab *angeseen ßo de tith nü loept*.[123]

Den Lauf der Zeit, besonders die seit der Ratsverhandlung für sie weiter zugespitzten Verhältnisse bewerteten die Domherren als so ernsthafte Bedrohung ihrer Stellung und gesicherten Fortexistenz, daß sie im Zusammenhang mit dem Streit um die im Januar von der Bürgerschaft erhobenen Forderungen schon Anfang Juni (also in großer zeitlicher Nähe zu dem erst Ende Mai erreichten dreimonatigen Verhandlungsaufschub) nach Lübeck meldeten, *in wath gedrucke und marcklyken schaden und nadell uns, unßer kercken und clerisie, in der Lutterschen secten erwassen, gefallen ßynn, des wy myt unßer macht nycht ßeen vortokamen* und um ein persönliches Treffen baten.[124]

Ende Juni reiste daraufhin eine Delegation von Hamburg nach Lübeck, brachte aber nur Betrachtungen darüber mit zurück abzuwarten, „si illis commodius tempus offeretur."[125] Quintessenz war die Hoffnung: „Forsan tempora mutabuntur."[126] Das eigentliche Ergebnis der auf das Kapitel bezogenen Verhandlungen zwischen Bürgerschaft und Rat ist nicht überliefert.

Abgesichert scheint, daß weitere der 1526 von den Bürgern erhobenen und 1527 wiederholten Forderungen im Sommer 1527 vom Rat behandelt wurden, in dieser Zeit entstand ein vollständiges Inventar der Besitzungen und Vermögensverhältnisse der Dominikaner im St.Johannis-Kloster.

---

[123] Postel, S. 276.
[124] Postel, S. 274.
[125] Postel, S. 274, Anm. 108.
[126] Postel, a.a.O.

Trotz aller festgestellten Zugeständnisse des Stadtrates an die inzwischen offenbar mehrheitlich evangelische Bürgerschaft bemühte sich dieser um eine neue Stärkung altgläubiger Positionen. Dazu wandte er sich an Erzbischof Christoph, den er am 5.8. 1527 um die Einberufung eines Provinzialkonzils ersuchte. Der Rat betonte seine Bemühungen, *de lutersche inforinge unde secte bynnen unser stat nicht to gestadene*,[127] mußte aber gleichzeitig gestehen, daß in Hamburg inzwischen das Abendmahl unter beiderlei Gestalt vorkäme, die Taufe auf Deutsch durchgeführt würde, der Meßritus und das Stundengebet sich geändert hätten. Dringender Handlungsbedarf wurde angemeldet, der Ratsbote wartete Christophs am 10.8. erfolgende Antwort ab.

Der Erzbischof erklärte, man müsse „nicht allein mith vormoglicher darstreckung unßer substanz und guets, sunder auch biß zum ausgiesßen unßers leiblichen bluets" dem Fortgang hin zur Reformation wehren,[128] versprach, sich mit den Kapiteln seiner Erzdiözese in Verbindung zu setzen und wies den Rat an, auf weltlicher Ebene dasselbe zu tun.

Bereits am 13.8. 1527 gingen Briefe nach Lübeck und Lüneburg. Deren Ratsgremien wurden mit dem Hinweis auf eine beigefügte Kopie von Christophs Schreiben aufgefordert, den Hamburger Rat um der *gemeynen wolfart* willen bei der Organisation eines Provinzialkonzils zu unterstützen.[129]

Fast zeitgleich unternahm das Nikolai-Kirchspiel einen weiteren Schritt in Richtung einer reformatorischen Kirchenordnung. Am 16.8. 1527 wurde gemäß den im Januar des Vorjahres erhobenen Forderungen eine gemeinsame Kiste eingerichtet, aus der Arme und Bedürftige der Gemeinde fortan versorgt werden sollten.[130] Die Kistenordnung bietet ein erneutes Beispiel für die Verbindung reformationszugehörigen Geschehens mit genuin stadtinternem, denn sie zeigt in ihren organisatorischen Punkten Anlehnung an den Einigungsvertrag der vier Hamburger Kirchspiele von 1522 in Zusammenhang mit dem Schulstreit.

---

[127] Postel, S. 286.
[128] Postel, S. 286.
[129] Postel, S. 286.
[130] Der Inhalt der Ordnung ist nicht im Original erhalten, lediglich eine jüngere Abschrift im Zusammenhang mit dem Hauptkistenvertrag des Folgejahres ist überliefert.

Eine Reaktion ist weder vom Kapitel noch vom Rat nachweisbar. Ersteres zeigte seit Mollers Amtseinführung praktisch keine Regungen mehr, in den innerstädtischen Reformationsprozeß einzugreifen, letzterer – in der Kistenordnung ausdrücklich respektvoll behandelt – verhielt sich wohl um des Friedens in der Stadt willen ruhig. Außerdem wartete er auf die Antworten seiner Briefe, um im Falle einer gemeinsamen Organisation umso nachdrücklicher handeln zu können.

Ende August 1528 traf die Stellungnahme des Lübecker Rates ein, der höflich verklausuliert ein Provinzialkonzil klar ablehnte. Aus Lüneburg ist überhaupt keine Antwort auf das Anliegen bekannt.

Der Hamburger Rat sah damit seine Hoffnungen auf ein gemeinsames Handeln vernichtet und sich selber vor der Aufgabe, eigenverantwortlich die weitere Entwicklung zu lenken.

Diese führte Ende September dazu, daß auch St.Katharinen einen lutherischen Pfarrherrn bekam. Die Gemeinde hatte ihren aus ungeklärten Gründen zu altgläubiger Lehre zurückgekehrten Pfarrer zur Resignation bewegt und trug um Michaelis (29.9) herum Steffen Kempe das Amt an.[131] Damit besaßen nun drei der Hamburger Hauptkirchen evangelische Pfarrer, auch im Franziskanerkloster wurde Kempes Stelle durch einen lutherisch predigenden Geistlichen gefüllt.

Zum Jahresende ließ der Rat die Ausdehnung der Kistenordnung von St.Nikolai auf sämtliche Kirchspiele der Stadt zu. Dies geschah allerdings ohne jedwedes Aufsehen und ergibt sich lediglich aus einem Hinweis, den der Hauptkistenvertrag von 1528 enthält.

Ebenfalls finden sich von Ratsseite aus keine Proteste gegen die zu Beginn des neuen Jahres 1528 erfolgten Eheschließungen Fritzes und Zegenhagens. Diese programmatische Demonstration lutherischen Christentums wurde vom Rat – der zwei Jahre zuvor Bugenhagen als verheirateten Geistlichen als undenkbar abgewiesen hatte – stillschweigend hingenommen.

---

[131] Hierbei ist zu beachten, daß der Delegation neben sechs Bürgern des Kirchspiels auch die beiden Kirchspielherren, also Mitglieder des Rates angehörten.

Allerdings hatten zumindest Teile des Rats die Bemühungen um eine Rückkehr zur Altgläubigkeit noch nicht aufgegeben. Ad cathedram Petri führte das auf 17 Mitglieder zusammengeschrumpfte Gremium eine Ergänzung durch, in der auf Betreiben Bürgermeister Salsborchs hin vier streng altgläubige Männer zu neuen Ratsmitgliedern berufen wurden.

Was im Anschluß geschah, ist als der entscheidende Wendepunkt in der Politik des Rates zu sehen. Offenbar von rein pragmatischen Motiven bestimmt, sprach sich Bürgermeister vam Holte, ein persönlich überzeugt altgläubiger Mann, für eine Revision der Wahl aus.[132] Daraufhin wurden nun vier lutherisch orientierte Kandidaten in die Reihen des Rates aufgenommen.

Das augenfällige Umschwenken der Stadtführung auf eine pro-reformatorische Linie muß in der altgläubigen Minderheit der Bürgerschaft eine nicht geringe Verbitterung ausgelöst haben, die im Umfeld des Osterfestes 1528 ein geeignetes Ventil fand.

Wie schon 1526 und 1527 kam es zu polemischen Angriffen und offenen Anfeindungen evangelischer und altgläubiger Geistlicher. Allerdings kam dieses Mal die entscheidende Predigt von altgläubiger Seite. Aufgrund mangelnden Rückhaltes in der Stadtgesellschaft in die Offensive gedrängt sprach sich der Dominikaner Rensborch am Gründonnerstag scharf gegen die Austeilung des Abendmahles unter beiderlei Gestalt aus, ein klarer Verstoß gegen das Ratsmandat vom Dezember 1526. Die evangelische Seite sandte zunächst einen Boten an Rensborch, um mandatskonform das Problem mit ihm zu besprechen. Der Dominikaner empfing den Boten, anerkannte die ihm vorgelegten Artikel als von ihm so gepredigt an, verweigerte aber jedwede Form einer mündlichen Auseinandersetzung mit den evangelischen Geistlichen.

Wegen der Bedeutung gerade der österlichen Kommunion sahen sich die evangelischen Prediger zur öffentlichen Widerlegung gezwungen, die Kempe am Karfreitag 1528 leistete.

---

[132] Zur Person des Bürgermeisters vgl. Scheib, Otto: Die Reformationsdiskussionen in der Hansestadt Hamburg 1522-1528. Münster 1976, S. 206.

Das gewandelte Kräfteverhältnis in der Stadt spiegelt sich in besonderem Maße in dem Predigtverbot wider, das sich in der Folge gegen Rensborch und allein ihn richtete. Hier liegt verglichen mit den Ratsreaktionen der Vorjahre eine vollkommene Umkehrung der Sanktionsrichtung vor.

Der auf der Kanzel zum Schweigen verurteilte Dominikaner beklagte sich überall sonst über das ihm geschehene Unrecht. Dies führte zur Konstitution der nach ihrem Treffpunkt benannten Johannisleute. Ihre erste überlieferte Versammlung fand am 23.4. 1528 statt. Eine Delegation wurde an den Rat abgesandt, wohl mit der Forderung, die evangelischen Praedikanten zum Schweigen zu bringen. Wie vordem auf Forderungen der reformatorischen Seite reagierte der Rat nun auf das altgläubige Anliegen mit einer ausweichenden Antwort. Am 26.4. kam es daraufhin zu einer weiteren, gut besuchten Versammlung im St.Johannis-Kloster.[133]

Späteren evangelischen Berichten zufolge plante die altgläubige Minderheit der Bürger Schauerliches, die Nachrichten sprechen von Brandstiftung an allen vier Ecken der Stadt und einem Massaker an der evangelischen Bevölkerung in der durch die Feuersbrunst ausgelösten Verwirrung. Nur durch ein schweres Unwetter in der geplanten Tatnacht – und damit durch übernatürliches Eingreifen – wurde das Schlimmste verhindert.[134]

Die Verschwörungsgerüchte genügten dem evangelischen Teil der Bürgerschaft, um am Tag nach der zweiten Versammlung der Johannisleute, dem 27.4 1528, vor das Rathaus zu ziehen. Sie verlangten eine sofortige und rückhaltlose Aufklärung der Situation sowie eine Stellungnahme zur ratseigenen Position und Rolle im Geschehen. Letzteres erschien umso wichtiger, als eine Teilnahme Bürgermeister Salsborchs an den altgläubigen Versammlungen bekannt war, in denen er in radikal anti-reformatorischer Weise das Wort ergriffen haben sollte.[135]

Im Verlauf des Tages sah sich der Stadtrat außerstande, sämtliche Vorwürfe befriedigend zu verhandeln. Eine Fortsetzung für den nächsten Tag wurde beschlossen, zu der

---

[133] Dies und das Vorangehende nach Kempe, S. 521.
[134] Vgl. hierzu die Ausführungen in: *Eyn kort vttoch der Wendeschen cronicon van etliken scheften disser lande vnde stede* in: Lappenberg, Joh. Martin: Hamburgische Chroniken in niedersächsischer Sprache. Hamburg 1861, S. 278f.

die geistlichen Vertreter altgläubiger wie evangelischer Auslegung christlichen Glaubens hinzugezogen wurden.

Über die folgende, den Reformationsprozeß Hamburgs entscheidende Verhandlung existieren von lutherischer wie altgläubiger Seite aus Zeitzeugen-Berichte, deren Tatsachendarstellung grundsätzlich übereinstimmt.[136] Vor dem Rat kam es unter regem bürgerlichen Interesse zu einer Disputation der Geistlichen. Dabei gelang es der evangelischen Seite schnell, die zunächst vorgestellte Einmütigkeit ihrer altgläubigen Gegner aufzubrechen und die einzelnen Geistlichen argumentativ derart in die Defensive zu treiben, daß der Rat sich genötigt sah, die der lutherischen Orientierung am aktivsten entgegenwirkenden Prediger der Stadt zu verweisen und die evangelischen Pastoren als Sieger in der Auseinandersetzung um den wahren Glauben zu bestätigen.

Mit der Verhandlung vor dem Rat Ende April 1528 endet die Phase der direkten Konfrontation evangelischer und altgläubiger Gruppen in Hamburg mit der Einführung der Reformation in der Stadt.

5 – 2 – 4 Typisches Textmaterial Phase II B

Kennzeichnend für den zweiten Abschnitt der Phase II sind die beiden im Abstand eines Jahres stattgefundenen Disputationen evangelischer und altgläubiger Geistlicher vor dem Rat. Einerseits sind sie die entscheidenden Impulsgeber des Geschehens, andererseits zeigen sie exemplarisch die in den Reformationsdiskurs involvierten Gruppen in ihren Beziehungen zueinander.

Von der ersten Disputation besitzen wir im *Warhaftigen bericht* des Steffen Kempe eine detaillierte Schilderung im Stile eines Protokolls.[137] Natürlich kann diese Darstellung kein tatsächliches Abbild der Diskussion bieten, doch vermittelt sie einen Eindruck von Authentizität, der es gerechtfertigt erscheinen läßt, die genannte Schilderung zu einer Analyse dieses kommunikativen Ereignisses zu nutzen.

---

[135] Dies und das folgende nach Gyseke, S. 58.
[136] Kempe, S. 522-539; Moller, S. 543-550, 551-552, 556-558.
[137] Kempe, S. 508-519.

Sein Datum läßt sich aufgrund des Reformationsberichts der Gyseke-Chronik mit *vor den Pinxten bina dre weken* bestimmen, d.h. daß die Verhandlung in der Woche nach dem 19.5. 1527 stattfand.[138] Anwesend waren außer den Ratsmitgliedern die evangelischen Geistlichen Steffen Kempe, Johannes Zegenhagen und Johannes Fritze sowie der ungenannt bleibende angeklagte Kaplan, auf altgläubiger Seite Barthold Moller, der Dominikaner Hinrich Went, Henning Kissenbrügge, Jochim Ellerhoff, der Guardian des Franziskanerklosters, Friedrich Henninges, Pastor an St.Petri, Joachim Vischbeke sowie Hermann Langenbeck und Johann Moller, Laien, aber Doctores utriusque juris. Weiter nahmen die Kirchspielgeschworenen als Zuhörer teil.[139]

Die Verhandlung zerfällt in fünf abgrenzbare Abschnitte:

(1) Gutachten der altgläubigen Seite über die in der Weihnachtsoktav 1526/27 von Nikolaus Bustorp gehaltene Predigt.

(2) Gegengutachten der evangelischen Seite; Abschlußversuch: Bustorp hat zu widerrufen.

(3) Wiederaufnahme durch Moller soll Bustorp entlasten; Bustorps Brief bringt die Entscheidung.

(4) Bustorp wird vom Rat zum Widerruf verurteilt.

(5) Verhandlung gegen den evangelischen Kaplan.

Die Verhandlung beginnt nach einer Einleitung durch den wortführenden Bürgermeister mit einer Erklärung des Domherrn Bustorp, in der er deutlich macht, die gesamte Aufregung um seine Predigt in keiner Weise nachvollziehen zu können - er habe stets fromm gepredigt und gelebt. Weiter hebt er einen der strittigen Predigtartikel noch einmal ausdrücklich als rechtmäßig hervor: Christi Opfertod sühne nicht vorsätzlich begangene Verbrechen, z.B. geplanten Mord.

Die Praedikanten (damit sind in Kempes Bericht durchgängig die evangelischen Geistlichen gemeint) besprechen sich untereinander, weisen darauf hin, daß Lehrtätigkeit und

---

[138] Gyseke, S. 56.
[139] Ihre Zahl wird mit 12 Personen angegeben, was nicht den Tatsachen entsprechen dürfte, sondern den Verhältnissen im bereits reformatorischen Hamburg. Vgl. hierzu Anm. 247, S. 168.

Leben Bustorps im allgemeinen hier nicht zur Debatte stünden, er aber neben dem strikt abzulehnenden bereits genannten Artikel zusätzlich behauptet hätte, es sei verdammenswert, das Sakrament des Abendmahles unter beiderlei Gestalt zu empfangen. Beides sei wider Gott und die heilige Schrift, was sie nun und hier beweisen könnten, Bustorp wird aufgefordert, das gleiche zu leisten.

Dieser weicht aus, er sei kein Doktor, ungeübt zu disputieren und schlägt eine Disputation in Paris vor. Die Praedikanten reagieren spöttisch: Einem Domherrn stünde es schlecht an, auf der Kanzel große Worte zu geben und sie anschließend nicht verteidigen zu können. Eine ins Ausland verlegte Disputation sei aber nicht erforderlich, Bustorp solle die anwesenden Doktoren zu seiner Hilfe rufen. Er folgt dem Ratschlag und fordert die Genannten zu seiner Verteidigung auf. Diese ziehen sich zu einer Beratung zurück, in deren Anschluß Barthold Moller das Wort ergreift.

Er sieht den ersten strittigen Artikel als ad pietatem gepredigt an, den zweiten in vollständigem Einklang mit den Lehren der heiligen christlichen Kirche, der zuwiderhandeln möge, wer wolle, bei der er und die bei ihm Stehenden aber verbleiben wollten. Went schließt sich Mollers Meinung an. Ellerhoff bezieht sich auf einen von Kempe nur angedeuteten Exkurs Mollers, als er feststellt, jener habe mehr gesagt, als verabredet gewesen sei. Moller reagiert irritiert und verärgert, es kommt zu einem kurzen Schlagabtausch der beiden Geistlichen.[140] Kissenbrügge schließt sich der Auslegung Mollers zu Bustorps erstem Artikel an und weist bezüglich des zweiten auf die Gesetzeskraft der Konzilien hin. Langenbeck endlich nimmt in längerer gelehrter Ausführung Kissenbrügges Darstellung auf.

Mit dem Schweigen des Bürgermeisters, der nach diesen Sachverständigengutachten offenbar zufrieden keine weiteren Fragen hat, endet der erste Abschnitt der Verhandlung.

Der zweite beginnt mit einer Initiative der Praedikanten. Sie weisen betont höflich, aber nachdrücklich die Erläuterungen von altgläubiger Seite zurück. Speziell wenden sie sich an Barthold Moller – von ihnen durchgängig als der *werdige here doctor* bezeichnet – und machen mit in geschliffener Rhetorik vorgebrachter theologischer Kenntnis die Unhaltbarkeit seiner Argumentationsführung deutlich. Dabei betonen sie die Notwendigkeit, der von Bustorp in die Verwirrung geführten Gemeinde eine klare und richtige Darstellung des diskutierten Artikels zu bieten.

An dieser Stelle unterstützt der Bürgermeister die Ausführungen der Praedikanten durch einen nachdrücklich zustimmenden Kommentar. Dies wird von evangelischer Seite aus genutzt, um den gesamten Rat darauf hinzuweisen, nichts anderes als die biblisch und kirchlich einwandfreie Buß- und Sündenlehre klar verständlich verkünden zu wollen. Geschickt wird eine Gegendarstellung zu den Abendmahlskommentaren angeschlossen, wobei sowohl auf die von Moller geäußerten Ansichten eingegangen wird wie auch auf die von den übrigen betonte Bedeutung der Konzilien in dieser Beziehung.

Moller provoziert mit seinem als Gegenangriff gemeinten Hinweis auf die traditionelle Auffassung vom Blut im lebendigen Körper eine ausführliche Antwort der Praedikanten, die diese Sichtweise als nicht aus der Bibel ableitbar ablehnen. Beide Seiten betonen noch einmal ihr jeweils überzeugtes Festhalten an den Lehren der heiligen Kirche, dann wenden sich die evangelischen Geistlichen Langenbeck zu, indem sie dessen Begründung der Macht der Konzilien durch die Wache des heiligen Geistes über die jeweilige Entscheidung auf die gleiche gelehrte Art kritisieren, die Langenbeck selber seinen Ausführungen gab.

Wie mit einem abschließenden Urteil beenden die Praedikanten ihre Darlegungen mit der Schlußfolgerung, Bustorps Irrtum sei nicht verteidigt, es sei billig, daß er ihn widerrufe.

Barthold Moller reagiert sofort mit der Bemerkung, gleich wer was behaupte, der heiligen Kirche sei größerer Glauben zu schenken als den evangelischen Geistlichen. Dadurch ermutigt greift Bustorp selber wieder in das Verhandlungsgeschehen ein, indem er betont, Rechtmäßiges gepredigt zu haben und dies ausschließlich zu dem Zweck, die Zu-

---

[140] Moller stellt fest, er habe das von Ellerhoff Kritisierte doch nur nebenbei gesagt, ob Ellerhoff nicht bei der heiligen Kirche bleiben wolle? Ellerhoff antwortet, daß wolle er durchaus – bei der heiligen Kirche, zu der Gottes Wort

hörer zur Buße zu kehren. Moller unterstützt diese Aussagen mit einem eigenen Abschlußversuch.

Auch seine Bemühungen werden durch eine gegnerische Gesprächsfortsetzung zunichte gemacht. Die Praedikanten wenden sich mit dem Hinweis auf seinen an Zegenhagen gesandten Verteidigungsbrief an Bustorp. Sie erklären, ausreichend Latein zu verstehen, um die Inhalte des Schreibens zu begreifen und zu verurteilen. Der Bürgermeister versucht, diese erneute Initiative mit der Bemerkung zu stoppen, der Brief sei dem Rat bekannt.

Mit dem Bestehen auf das Verlesen des Briefes beginnt der dritte Abschnitt der Verhandlung. Der Vortrag geschieht durch Barthold Moller, anschließend erkundigen sich die Praedikanten, was er nun zu den strittigen Artikeln zu sagen hätte.

Moller bleibt kein Ausweg, als die Häresie des Artikels über Sünde und Buße zu erklären. In einer Wiederaufnahme ihrer Forderung bestehen die evangelischen Geistlichen erneut auf Bustorps Widerruf.

Der Betroffene mischt sich damit ein, daß er es – wie vor dem Rat ausgeführt – anders gemeint habe. Auf die Feststellung der Praedikanten, umso leichter müsse ihm dann die Richtigstellung fallen, zieht sich Bustorp darauf zurück, nichts Böses gesagt zu haben, was er also widerrufen solle?

Der Gesprächseintritt des Bürgermeisters leitet den vorletzten Abschnitt der Ratsverhandlung ein.

Aufgrund alles Gesagten fordert er eine Entscheidung Bustorps über einen Widerruf. Dieser versucht weiter zu argumentieren, wird jedoch vom Ratssecretarius in einem Gespräch unter vier Augen zur Zustimmung gebracht.

Damit war der erste Tagesordnungspunkt der Verhandlung von 1527 beendet.

In ihrem zweiten Teil, dem fünften Abschnitt der Gesamtverhandlung, geht es um die Vorwürfe gegen den evangelischen Kaplan. Ihre Untersuchung wird von Kempe nicht ausgeführt, lediglich das Ergebnis nennt er: Unter ausdrücklichem Hinweis auf die Zu-

---

ihn weise (Kempe, S. 512). Dabei ist zu beachten, daß sich Jochim Ellerhoff später dem Luthertum anschloß.

stimmung Zegenhagens, dessen Untergebener der Kaplan war, wurde der Mann seines Amtes entsetzt.

Die Ratsverhandlung erscheint in Kempes Schilderung als ein mit verbalen Mitteln durchgeführter Kampf altgläubiger und evangelischer Geistlicher um die Lehren des wahren Christentums. Neben dieser theologischen Ebene existiert eine weitere mit innenpolitischen Implikationen. Hier ging es um die Überzeugung des Rats als Stadtregierung, von der die Weiterentwicklung des bestehenden Konflikts entscheidend abhing.

Kempe gibt deswegen dem wohl eigentlich als Vergleichsverhandlung geplanten Geschehen[141] in der Retrospektive seines Berichts die Ausrichtung einer Grundsatzdebatte, die zum aktuellen Tatzeitpunkt lediglich von lutherischer Seite intendiert gewesen sein kann.

Betrachtet man die Themen der Verhandlung – Sünde und Sühne sowie das heilige Abendmahl - ist festzuhalten, daß sie auf grundsätzlich unterschiedlichen Ebenen angesiedelt sind. Die von Bustorp geäußerte Ansicht über den Opfertod Christi widerspricht christlicher Grundauffassung und ist von jedem Geistlichen als häretische Äußerung zu verurteilen, während über die Form, in der das Abendmahl zu spenden ist, bis heute gestritten wird. Indem die evangelischen Geistlichen in der Eröffnungsphase der Verhandlung beide Punkte als gleichberechtigte Hauptanklagemomente gegen Bustorp ansprechen und dies von altgläubiger Seite widerspruchslos akzeptiert wird, ist bereits an dieser Stelle deren Niederlage absehbar. Als sich die Verteidiger des Domherrn – besonders der allgemein anerkannte und geachtete Barthold Moller – dann nach dem Scheitern ihrer Rettungsbemühungen gezwungen sehen, Bustorps Darstellung von Sünde und Buße als häretisch zu identifizieren, fällt damit auch auf ihre vehemente Verteidigung des Abendmahls sub una specie der Schatten möglichen Zweifels.

Zusätzlich vermittelt die altgläubige Seite, einen der Ihren gegen besseres Wissen unter allen Umständen zu verteidigen – auch in diesem Punkt zeigen sich ihre Gegner in

---

[141] Vgl. hierzu Kempe, S. 509, die Verhandlungseinleitung des Bürgermeisters, der Rat wolle sich die Vorwürfe der evangelischen Seite anhören und versuchen, die streitenden Parteien miteinander zu versöhnen.

einem günstigeren Licht. Das Fehlverhalten des evangelischen Kaplans wird von Zegenhagen (dem aktivsten und energischsten Verfechter des Luthertums in Hamburg) akzeptiert, der Betroffene seines Amtes enthoben.

Verlauf und Ausgang der Verhandlung sind trotz der grundsätzlich für sie günstigen Voraussetzungen in besonderem Maße auf das Verhandlungsgeschick der Lutheraner zurückzuführen. Nachdem sie in der Eröffnung für die Aufnahme der wohl eigentlich nicht vorgesehenen Abendmahlsproblematik in die Verhandlung gesorgt hatten, initiieren sie deren Fortführung in ihren zweiten Abschnitt.

Den Aussagen der von Bustorp zu Hilfe gerufenen altgläubigen Doctores, vom Rat zunächst mit abschließender Urteilsmacht angenommen, wird durch die Reaktionen der evangelischen Geistlichen schließlich lediglich Gutachten-Charakter zugewiesen. Gleichzeitig betonen die Praedikanten, die Gegenseite versuche offenbar, den von ihr Verteidigten zu retten, indem sie Zweifelhaftes mit ebenso Zweifelhaftem zu rechtfertigen versuche.

In der Verhandlung nehmen damit die altgläubigen Geistlichen nicht mehr – wie vom Rat vorgesehen – die Position der übergeordneten Schiedsinstanz wahr, sondern sind als Anwälte des beklagten Domherrn selber Partei im Geschehen. Damit stehen altgläubig und lutherisch Gesinnte als grundsätzlich Gleichberechtigte vor dem Rat, der aufgrund der ihm dargelegten Argumente nun eigenständig über Recht und Unrecht zu entscheiden hat.

In der nachfolgenden Diskussion beweisen die Praedikanten ein hohes Maß an strategischem Weitblick. Vor allem zwei Taktiken führen sie zum Erfolg:

Durchgängig treten sie als einiges Kollektiv auf, wodurch sie sich bereits gegen die einzeln ihre Standpunkte vertretenden Altgläubigen abheben, gleichzeitig gewährleisten sie auf diese Weise eine durchlaufende, in ihren Gewichtungen klare Argumentationslinie gegenüber den deutlich unterscheidbare Schwerpunkte setzenden Angehörigen der Gegenseite.

Weiter lassen sich die Praedikanten von keiner Äußerung ihrer Gegner überraschen oder einschüchtern. Diese – auf einen solchen Widerstand weder vorbereitet, noch fähig, bei der angenommenen bekannten und anerkannten Richtigkeit des eigenen Standpunktes mit ihm angemessen umzugehen - stehen damit am Ende des zweiten Verhandlungsabschnittes an einem Punkt, an dem sie ausschließlich auf die Autorität der heiligen Kirche verweisen können, der unbedingter Gehorsam zu leisten sei. Hiergegen führen die Praedikanten nun ihren eigenen Anspruch, die heilige Kirche zu vertreten, ins Feld und lenken anschließend die in eine Sackgasse zu geraten drohende Verhandlung in ihren nächsten Abschnitt.

Sie beenden die Grundsatzdiskussion, indem sie zum Anlaß der Verhandlung zurückkehren und darauf hinweisen, daß die notwendige Entscheidung über Bustorps Predigt nach den erfolgten Stellungnahmen am leichtesten anhand des vom Beklagten selber verfaßten Rechtfertigungsschreiben zu treffen sei.

Erfolgreich bestehen die evangelischen Geistlichen dem zögernden Rat gegenüber auf der aktuellen Einsichtnahme in das bekannte Beweisstück. Auf der Grundlage des Briefes geht es nun nicht mehr um die – nicht lösbare – Frage der rechtmäßigen Vertretung der Kirche, sondern um eine konkrete Stellungnahme eines einzelnen Geistlichen zu einer von ihm gehaltenen Predigt.

Bustorps Anwälten – allen voran Barthold Moller – bleibt nichts anderes, als den häretischen Charakter des Vorgelesenen festzustellen. Nachdem damit die eigene Partei die Lehren des Domherrn verurteilt hatte, forderte der Rat Bustorp eindringlich zur Zusage eines Widerrufs auf, die dieser nur widerwillig gibt.

Die Ratsverhandlung von 1527 ist das erste Beispiel einer direkten Konfrontation altgläubiger und evangelischer Geistlicher. Ihr Verlauf nimmt wichtige Eigenheiten der nachfolgenden Entwicklung hin zur Reformation der Stadt vorweg. Kennzeichnend bleibt die zentrale Stellung der Abendmahlsproblematik im Diskurs sowie die Differenz im Auftreten evangelischer und altgläubiger Geistlicher – das mit einer Stimme sprechende Kollektiv versus eine Anzahl von Einzelkämpfern, die gerade in entscheidenden Augenblicken ihre untereinander existierenden Meinungsverschiedenheiten öffentlich austragen.[142]

Weiter fällt die Hilflosigkeit der altgläubigen Seite gegenüber sämtlichen evangelischen Argumentationstaktiken auf. Deren überlegener Sicherheit im Umgang mit der Bibel und deren lutherischen Lehren entsprechender Exegese sowie vor allen Dingen ihrer steten Aktionsbereitschaft und Flexibilität im Umgang mit ihren Gegner hat die Altgläubigkeit außer den Standardbibelstellen lediglich ihre sture Berufung auf die Tradition bzw. rundheraus die Gesprächsverweigerung entgegenzusetzen.

Vor diesem Hintergrund ist auch die Orientierung des durchaus einen konservativen Standpunkt einnehmenden Rates letztlich auf die massive Veränderung bedeutende evangelische Seite zu verstehen. Für den Stadtfrieden war es essentiell, in den sich verstärkenden Spannungen die Durchsetzungsvermögen und Erfolg versprechende Partei zu unterstützen – wie in den beiden Verhandlungen der Phase II geschehen.[143]

Ein letzter in Zusammenhang mit der Ratsverhandlung des Jahres 1527 anzusprechender Punkt ist die Auseinandersetzung mit einem terminologischen Phänomen. Altgläubige wie evangelische Geistliche beanspruchen für sich, Vertreter der einen heiligen christlichen Kirche zu sein.

Barthold Moller referiert damit auf die über Jahrhunderte institutionalisierte abendländische Kirche mit ihren aus der Tradition erwachsenen Lehren und Regeln. Die Praedikanten beziehen sich in ihren Äußerungen auf die biblische Darstellung der Urkirche, während der Guardian des Franziskanerklosters in seiner Auseinandersetzung mit Moller die Kirche als Träger und Verkünder des einen wahren christlichen Glaubens auffindbar in Gottes Wort versteht.

Der kommentar- und offenbar auch reflektionslose Gebrauch eines für das gesamte Christentum grundlegenden Begriffes für ganz unterschiedliche Sachverhalte unter-

---

[142] Bei der Verhandlung von 1527 der Schlagabtausch zwischen Ellerhoff und Moller; bei der Verhandlung von 1528 bricht Siffridi, Pfarrer zum Heiligen Geist, die unter Mollers Ägide beschlossene Aussagenverweigerung und schert mit dem, was er sagt, völlig aus der katholischen Linie aus (vgl. Kempe, S. 525f.).
[143] Bei beiden Verhandlungen darf der Druck der Öffentlichkeit nicht vergessen werden. 1528 kam die Verhandlung auf Forderung der Bürger zustande, während ihres gesamten Verlaufs bestand massive bürgerliche Präsenz. Aber auch 1527 waren zumindest die Geschworenen der vier Kirchspiele anwesend.

streicht – gerade an dieser exponierten Stelle im Verlauf des Hamburger Reformationsdiskurses – die Verständnisschwierigkeiten zwischen altgläubiger und evangelischer Seite. Auf der bestehenden Basis war die Möglichkeit einer echten Kommunikation der Gruppen und gleichzeitig damit eines selbst Weniges umfassenden Konsenses nicht (mehr) vorhanden, Sieger der Auseinandersetzung mußte die Partei mit der überlegeneren Gesamtstrategie und der situationsbedingt flexibelsten Taktik werden.

5 – 2 – 5 Zusammenfassung Phase II

Die zweite Phase des Hamburger Reformationsdiskurses zeigt sich als Zeit der <u>Konfrontation</u>. Der Integration reformatorischer Themen in die Stadtkommunikation folgten Auseinandersetzungen zwischen ihren Anhängern und Gegnern, die zunehmend mit anderen die Stadtgesellschaft beschäftigenden Belangen verknüpft wurden.

Schließlich bildete die Frage um die Einführung der Reformation eine unlösbare Einheit mit derjenigen nach der Machtverteilung zwischen Rat und Bürgerschaft, was die Durchführung der Reformation entsprechend zu einem Katalysator tiefgreifender innenpolitischer Veränderungen machte.

Im Hinblick auf die Umstände der Textentstehung und ~rezeption stellt sich Phase II als Zeitraum eigener **Interaktion** der Stadtgesellschaft dar – alle die entscheidenden Auseinandersetzungen der Jahre 1527 und 1528 tragenden Protagonisten integrierten sich bis 1526 fest in das Gefüge Hamburgs.

Anders als in Phase I sind mündliche wie schriftliche Textvermittlung nun gleichermaßen bedeutsam. Damit lassen sich voneinander differenzierbare Anwendungsbereiche beider Medien ausmachen.

Im stadtinternen Diskurs wurden die Verhandlungen zwischen Rat und Bürgern überwiegend ohne schriftlich fixierte Unterlagen durchgeführt, weiter ist die mündlich vorgetragene Predigt in den Auseinandersetzungen evangelischer und altgläubiger Geistlicher als deren wichtigster Träger zu nennen. Die Mündlichkeit wird also von sämtlichen Diskursteilnehmern genutzt, um in der ständigen Weiterentwicklung des Geschehens aktuell die eigenen Belange zu artikulieren und ihre Durchsetzung zu unterstützen.

Im Einsatz der Schriftlichkeit lassen sich bei Altgläubigen und Evangelischen unterschiedliche Zielrichtungen nachweisen. Einerseits soll sie die Konservierung bzw. Festlegung eines Status quo gewährleisten, so in den gerade für den ersten Teil der Phase typischen Ratsmandaten sowie in dem Rechtfertigungsschreiben des Domgeistlichen Bustorp, mit dem er den Streit um seine Predigt abschließend zu klären gedachte; andererseits sammelten die evangelischen Geistlichen für ihre Gegner kritische Äußerungen in schriftlicher Form, um sie zukünftig bei passender Gelegenheit einsetzen zu können und nahmen auch Texte altgläubiger Provenienz entsprechend auf. In dieser Weise gaben sie sowohl dem Ratsmandat vom Dezember 1526 wie auch dem Schreiben Bustorps eine neue Wirkungsrichtung, um jeweils die Fortführung und Entscheidung einer in der Schwebe befindlichen Entwicklung herbeizuführen.

Betrachtet man die Verortung des gesamten Reformationsdiskurses im System städtischer Kommunikation, fällt zunächst dessen Verlagerung in einen öffentlichen Handlungsraum auf und damit die Zunahme institutionalisierter Formen sozialer Interaktion. Daneben ist die Verbindung reformatorischer mit innenpolitischen Themen zu beachten, die von Seiten der Bürgergemeinde durchgeführt dieser dem Rat gegenüber ein beachtliches Drohpotential verschaffte.

Überhaupt tritt die Bürgerschaft gemeinsam mit dem Rat als die in dieser Phase des Diskurses dominierende Gruppe hervor. Beide standen nicht nur in ständigem wechselseitigen Austausch miteinander sowie mit weiteren zur Stadtgesellschaft gehörenden Gruppen, sondern verfügten jeweils über ausgedehnte stadtexterne Kontakte, die ihnen in der Durchsetzung ihrer entgegengesetzten Ziele hilfreich sein sollten.

Für das Hamburger Domkapitel läßt sich ein fast ausschließlich auf außerstädtische Kommunikationspartner ausgerichteter Diskursanteil feststellen, der darüber hinaus kaum mehr als anhaltende Klagen über die Situation enthält, ohne daß das Kapitel Anstrengungen zu einer Verbesserung seiner Lage unternahm.

Allgemein erweist sich für die altgläubigen Gruppierungen eine auf den eigenen Zirkel beschränkte Gesprächsbereitschaft. Diese Feststellung bleibt selbst vor dem Hintergrund der beiden Ratsverhandlungen 1527 und 1528 gültig – gerade die zweite Situation ist von dem Versuch einer offenen Gesprächsverweigerung der anwesenden altgläubigen Geistlichen geprägt. In ihrem Scheitern treten die Probleme der altgläubigen Seite nicht nur im Umgang mit ihren Gegnern, sondern auch in ihrer internen Kommunikation besonders deutlich zu Tage. Weder kam es unter dem Druck der Ereignisentwicklung zu einem vereinigenden Schulterschluß der Geistlichkeit, noch wurden getroffene Absprachen tatsächlich eingehalten. Dies führte dazu, daß Leitfiguren wie Barthold Moller oder dem Dominikaner Rensborch die Möglichkeiten genommen wurden, eine wirksame antireformatorische Tätigkeit zu entfalten, wie auch die Versuche des Hamburger Rates, einen auf Diözesanebene angesiedelten altgläubigen Widerstand zu organisieren, vom Erzbischof selber ins Leere geleitet wurden.

Gänzlich anders erscheint hier die evangelische Seite. Die Bürgerschaft reaktivierte bereits zu Beginn der zweiten Phase den aus dem Schulstreit stammenden Einigungsvertrag aller Kirchspiele, um dem Rat fortan einheitlich gegenüberzutreten und auch das Auftreten der evangelischen Geistlichen zeichnete sich in allen kritischen Situationen durch seine kollektive Form aus.

Dies ist besonders dadurch bemerkenswert, daß hier grundsätzlich unterschiedliche Männer der gemeinsamen Sache wegen zusammenwirkten. Hatte Steffen Kempe bereits ab 1523 die Grundlagen für eine Ausbreitung reformatorischen Gedankengutes durch seine Predigten geschaffen, so ist das energische Vorantreiben des Reformationsprozesses ab 1525 auf die nicht nur verbalen Aktivitäten von Johannes Zegenhagen zurückzuführen. In der Folgezeit erscheint die Nikolaigemeinde unter Zegenhagens Führung als steter Unruheherd der Stadt, der den Rat zu immer neuem schließlich scheiternden Widerstand gegen die Einführung der Reformation zwang, während Kempe das vermittelnde, beruhigende Element dieser Phase bildete, das jedwede Eskalation im Verhältnis zwischen Rat und Bürgerschaft verhindern konnte.

Betrachtet man das Textsortenaufkommen dieser Phase, so fällt zunächst das breitgefächerte Spektrum unterschiedlicher Textzeugen mit reformatorischer Thematik auf. Erscheint dieses auf den ersten Blick inhomogen, so läßt sich ein einigendes Element in der Zuordnung der existierenden Einzeltexte zu einer gemeinsamen Textklasse feststellen. Nach Kontextumständen verschieden realisiert ist ihnen allen eine Appellfunktion eigen.

Zwei Aspekte sind hierbei gesondert anzumerken. So ist im Falle der für die zweite Phase kennzeichnenden Ratsmandate eine auffallende Diskrepanz zwischen Textinhalten und Wirklichkeit zu konstatieren, eine tatsächliche Umsetzung der Mandatsbeschlüsse im Handeln des Rates läßt sich nicht nachweisen. Diese Texte verdeutlichen damit in besonderem Maße die vergeblichen Versuche des Stadtregiments, die Weiterentwicklung des Reformationsprozesses zu unterbinden.

In diesen Zusammenhang paßt sich die zweite Beobachtung ein, nach der eine unterschiedliche Wirkungsrichtung der Appellfunktion auszumachen ist, je nachdem ob sie von altgläubiger oder evangelischer Seite aus vertextet wurde. Liegt von ersterer durchgängig eine konservierende Absicht vor, mit der der Fortschritt des Geschehens hin zur Reformation der Stadt verhindert werden sollte, so findet der Appell auf evangelischer Seite eine konstituierende Anwendung, mit der das Geschehen progressiv vorangetrieben werden sollte.

In Hinblick auf die inhaltliche Formulierung der Texte läßt sich grundsätzlich eine Verschärfung des Tones feststellen, wobei im Verlauf der Phase aggressiv agitatorische Tendenzen vor allem in altgläubigen Äußerungen zunehmen. Auffallend ist hier die klare Neutralität der stadtinternen gesetzeskräftigen Ratstexte, in denen die Sorge um den Erhalt des Stadtfriedens auch bei einer vom Rat selber nicht gewünschten Entwicklung deutlich wird.

Die dem Reformationsdiskurs angehörenden Texte der Phase II lassen sich weitgehend einem bestehenden Textsortenrepertoire zuordnen. Als neuartig stellen sich die beiden den zweiten Abschnitt der Gesamtphase dominierenden Ratsverhandlungen dar. Beide erscheinen als evangelisch-altgläubige Streitgespräche um grundlegende Glaubenswahrheiten der christlichen Lehre vor dem Stadtrat als urteilsmächtiger Instanz.

Ebenso neu wie die Situation, in der die Disputationen stattfanden, stellen sich auch die angewandten Gesprächsmuster dar. In beiden Fällen disputierten in eine städtische Gemeinschaft eingebundene Geistliche vor einer weltlichen Instanz und in Anwesenheit zahlreicher aktiver Zuhörer aus dem Laienstand ganz überwiegend in deutscher Sprache – also für alle verständlich und damit verfolgbar – in einem durch Öffentlichkeit – und damit Transparenz – geprägten Rahmen christliche Glaubensauslegung und -ausführung mit dem Ziel, die religiöse Ausrichtung der Stadt festzulegen – einschließlich der Konsequenz einer Entscheidung für praktisch sämtliche Bereiche städtischer Organisation mit den ihr jeweils zugehörigen Institutionen.

Disputationen dieser Art wurden erst im Zuge der reformatorischen Bewegung möglich. Sie lassen sich den Religionsgesprächen zuordnen und stellen damit eine für die Reformationszeit genuine Textsorte dar, deren Auftreten charakteristisch ist für eine in die Entscheidungsphase für oder gegen die Kirchenreformation eingetretene Gesellschaftsentwicklung.[144]

Äußerst aufschlußreich ist eine Betrachtung der absoluten Textsortenfrequenz im Verhältnis zwischen erster und zweiter Phase des Hamburger Reformationsdiskurses. Lassen sich für Phase I A abgesehen von den Predigten des Praemonstratensers lediglich zwei Texte feststellen, sind es für Phase I B neben den Predigten des Steffen Kempe bereits 20. Vergleicht man dies mit den insgesamt 44 Texten der zweiten Phase,[145] so ist eine Verdoppelung der Zahl reformationsbezogener Texte festzustellen. In Verbindung mit der Tatsache einer nun vorwiegend stadtinternen Textproduktion zeigen diese Zahlen die Bedeutung, die dem Themenkreis der Kirchenreformation inzwischen beigemessen wurde sowie auch die Dynamik, die der reformatorischen Bewegung inne war.

Abschließend ist für die zweite Phase der sichere Nachweis von Benennungen für die reformatorische Lehre zu beachten. Die von altgläubiger Seite gebildeten Bezeich-

---

[144] Vgl.: Fuchs, Thomas: Konfession und Gespräch. Köln u.a. 1995, S. 502ff.
[145] Phase II A: 31 Texte; Phase II B: 13 Texte.

nungen arbeiten meistens mit der Kennzeichnung des Neuen über dessen Urheber. So finden sich: factio Lutherana, secta Lutteriana, *Martinische lere, luttersche factie,* lere des Martini Lutters, wobei in factio bzw. *factie* und *secta* die abwertende Einschätzung der Bewegung enthalten ist; ein Anhänger ist ein Martinianus bzw. ein Lutheranus. Es wird aber auch unspezifisch und kontextlos neutral die Existenz einer *nygen lere* festgestellt, während die Benennungen des Neuen als *erdom* oder *Lere ... to Verdarf disser guden Stad* den Sachverhalt wiederum klar negativ konnotieren.

Einerseits beweisen diese Begriffe, daß im altgläubigen Gesichtsfeld etwas in seinen Auswirkungen nicht länger Ignorierbares aufgetreten war, das im Umgang mit ihm einer Benennung bedurfte, andererseits wird mit ihnen gleichzeitig die Abwehrhaltung gegen diese Abweichung von der allgemeinen und das heißt katholischen Lehre deutlich.[146]

In ihren Namen wird die Verantwortung für die schädliche, bedrohliche Lehre ihrem Urheber zugewiesen. Damit kann die von ihr vertretene verdammungswürdige Ketzerei auf einen fehlgeleiteten Verstand zurückgeführt und eingeordnet werden in das in der Geschichte der einen heiligen katholischen Kirche immer wieder vorgekommene temporäre Auftreten von häretischen Bewegungen. Bisher hatten sich diese nach Verlust ihres Initiators und der Verfolgung seiner zu hartnäckigen Anhänger mehr oder minder vollständig in den Schoß der einen Kirche zurückführen lassen. Die Idee einer drohenden Spaltung dieser Kirche liegt mit den genannten Bezeichnungen also kaum vor, vielmehr die einer von vielen ketzerischen Bewegungen innerhalb der Kirche, deren erfolgreiche Bekämpfung nur eine Frage der Zeit war.

5 – 3 Phase III – Konsolidierung

Die letzte im Rahmen dieser Arbeit zu besprechende Phase des Hamburger Reformationsdiskurses stellt sich als Zeit der Sicherung und Etablierung des Erreichten dar.

---

[146] Auf der Reichsebene war dieser Prozeß bereits einen Schritt weiter, dem Luthertum war der Kampf angesagt. Die Lehre war „unewangelisch, verdampt, ketzerisch", verursachte „vile mord, todtsleg, uncristliche gotslesterung und zurstorung lande und leute". Sie war damit nicht nur auf theologisch-kirchlicher, sondern auch auf politischer Ebene energisch zu bekämpfen.

Sie zeichnet sich durch die Dominanz des Rates aus, der im durchgängigen Nebeneinander stadtexterner und -interner Kommunikationsprozesse jetzt evangelisch-lutherisch orientiert die Geschicke Hamburgs lenkte. Außerstädtisch hatte er sich mit der Klage des Domkapitels gegen Rat und Bürger der Stadt auseinanderzusetzen, intern waren Maßnahmen zur Stabilisierung des Glaubenswechsels zu treffen sowie dessen Auswirkungen auf das Gemeinwesen zu erfassen und zu regeln.

Kurz nach der Verhandlung 1528 waren Propst und Dekan des Kapitels nach Speyer gereist, um vor dem Reichskammergericht Anklage zu erheben. Bereits im Sommer lag eine niederdeutsch verfaßte, 39 Artikel umfassende Anklageschrift vor, der Prozeß wurde eröffnet.[147] Im September lehnten die Bevollmächtigten des Kapitels eine erste Version des kaiserlichen Restitutionsmandates wegen der zu geringen Strafandrohung ab, im Dezember, datiert 10.12. 1528, entstand daraufhin eine zweite Fassung, die am 16.12. 1528 in Hamburg eintraf. Allerdings verweigerte der Rat die Annahme der Urteilsschrift, einen Bericht über den Vorgang fügte der Gerichtsbote dem zurückgewiesenen Mandat an. Noch im Beisein des Boten unternahm der Rat einen scheiternden Vergleichsversuch mit den wenigen in der Stadt verbliebenen Domherren.[148]

Für den 9.4. 1529 wurde ein erster Verhandlungstermin im Verfahren Hamburger Domkapitel gegen Stadt Hamburg angesetzt. Er begann und endete damit, daß der vom Rat nach Speyer entsandte Anwalt erklärte, noch auf die Bevollmächtigung seiner Auftraggeber zu warten, zehn Tage später platzte aus demselben Grunde der nächste Termin.

Die Verschleppungstaktik im Kapitelsprozeß korrespondierte stadtintern mit der Absicherung reformatorischer Strukturen. Zunächst hatte die Initiative hierfür noch innerhalb der Bürgerschaft gelegen. Im Juni 1528 waren zu den zwölf Gotteskastenverwaltern jeden Kirchspiels je 24 Verordnete hinzugewählt worden. Auf diese Weise wurde das Kollegium der 144er geschaffen, als dessen Auftrag *alles, wat tho Eendracht und Wolfahrt düsser guden Stadt gereken mag, mit bestendiger Maneer [tho] handelnde* formuliert

---

[147] In diese Zeit fällt ein vom 30.6. 1528 datierter Brief Erzbischof Christophs an den Rat, in dem er gegen die dem Kapitel zugefügte Gewalt protestierte, die Beseitigung der Kapitelsaufsicht über die vier Hauptkirchen sowie die Registrierung der kirchlichen Einkünfte durch den Rat.
[148] Vgl. hierzu: Jensen, Wilhelm: Das Hamburger Domkapitel und die Reformation. Hamburg 1961, S. 27f.

wurde.[149] Seit seiner Konstitution hatte dieses Kollegium, ab September durch das Gremium der Oberalten als verhandlungsbevollmächtigtem Ausschuß, in ständiger Interaktion mit dem Rat gestanden und Vorbereitungsarbeiten für die neue Kirchenordnung geleistet.

Im Juli 1528 erhielt mit Johannes Boldewan auch St.Petri einen evangelischen Pfarrherrn. Er wurde nach seiner aus Alters- und Gesundheitsgründen bereits im Folgejahr eingereichten Resignation durch Johannes Aepin ersetzt, den späteren ersten Superintendenten Hamburgs. Zeitgleich mit der Berufung Boldewans wandte sich der Rat an Johannes Bugenhagen, der der Stadt eine reformatorische Kirchenordnung geben sollte und beschloß zusammen mit den Oberalten die Einrichtung einer allgemeinen Hauptkiste.

Im Herbst 1528 traf Bugenhagen in Hamburg ein und wurde im Hause Barthold Mollers untergebracht. Dieser hatte sich dem Exodus altgläubiger Geistlicher angeschlossen und war nach Rostock zurückgekehrt, während sein Bruder einen wachsamen Blick auf die Hamburger Besitzungen hatte.

Von Johann Moller sind in einer Sammelhandschrift antilutherische Lieder überliefert, die offenbar zu dieser Zeit in der Stadt kursierten. Sie stellten eine letzte Möglichkeit der altgläubigen Minorität dar, ihre Enttäuschung über den Glaubenswechsel und ihre massive Ablehnung desselben zum Ausdruck zu bringen.

Ebenfalls in dieser Sammelhandschrift enthalten sind zwei Berichte über die entscheidende Ratsverhandlung vom April, die eine zeitgenössische altgläubige Sichtweise auf ihren Verlauf geben, sowie eine von Moller selbst verfaßte Schilderung über Bugenhagens Aufenthalt von Oktober 1528 bis Juni 1529 in Hamburg.

Anfang 1529 griffen der Rat und das Kollegium der 144er eine in der Stadtgeschichte bewährte Form zur Festlegung und Regelung des gültigen Modus vivendi auf und verabschiedeten am 16.2. 1529 einen Rezeß, der infolge seines Umfanges von 132 Artikeln der Lange Rezeß genannt wurde. In ihm wurden Rechte und Pflichten, Macht- und Auf-

---

[149] Postel, Rainer: Reformation und Gegenreformation 1517-1618. In: Loose, Hans-Dieter (Hrsg.): Hamburg. Geschichte der Stadt und ihrer Bewohner. Hamburg 1982, S. 198.

gabenverteilung der städtischen Gruppen und Institutionen den gewandelten Verhältnissen entsprechend neu festgelegt. Auch die noch in Arbeit befindliche Kirchenordnung erhielt bereits Gesetzeskraft.[150]

Schon bevor diese Kirchenordnung im Mai 1529 offiziell angenommen und feierlich von allen Kanzeln der Stadt verkündet wurde, ließ Bugenhagen im April Luthers Kleinen Katechismus in einer niederdeutschen Fassung in Hamburg drucken. Damit war ein unmittelbarer Zugriff auf entscheidende Grundlagenliteratur evangelischen Christentums möglich.[151]

Die Kirchenordnung präsentiert sich nicht nur als eine Neuordnung unmittelbar kirchlicher Belange, sondern nimmt darüber hinaus Einfluß auf weite Bereiche des gesellschaftlichen Lebens. Um ihr Ziel erreichen zu können, nimmt sie in ihrer Darstellungsweise wie ihren Forderungen Rücksicht auf lokale Traditionen und Gegebenheiten[152] und beläßt auch mancher allgemeinen Gewohnheit zunächst ihre Gültigkeit.[153]

Der Erbarenn Stadt Hamborch Christlike Ordeninge tho denste dem Euangelio Christi, christliker leue, tucht, frede vnnd einicheit bietet über ihre Bedeutung für die Erfassung kirchlicher und gesellschaftlicher Organisation hinaus ein wichtiges Beispiel für die Verflechtung verschiedener Handlungsstränge und Kommunikationsprozesse in dieser letzten Phase des Hamburger Reformationsdiskurses sowie der Interaktion verschiedener seiner Teilnehmer.

Explizit weist sie mehrmals auf die Braunschweiger Kirchenordnung hin, die zu ihr in einem prototypischen Verhältnis steht, und nimmt stadtinterne Vorarbeiten auf wie die Gotteskastenordnung von St.Nikolai oder Bestimmungen des Langen Rezesses.[154] Weiter finden sich Hinweise auf die Auseinandersetzungen der Stadt Hamburg mit den in

---

[150] Entsprechend wurde in der Kirchenordnung Bezug auf den Rezeß genommen bzw. passende Artikel einfach aus ihm übernommen.
[151] In dieser Zeit fand auch William Tyndale Aufnahme und Unterkunft in Hamburg, als er England aufgrund seines Glaubens verlassen mußte, und vollendete hier seine lutherisch ausgerichtete Übersetzung des Pentateuch in seine Muttersprache.
[152] Vgl. hierzu: Bugenhagen, Johannes: Der Ehrbaren Stadt Hamburg Christliche Ordnung 1529. Hamburg 1991, S. 110ff.: *Van dem kinderdopende na ghewonheit by vnns*.
[153] Vgl. hierzu: Bugenhagen, a.a.O., S. 192 (*van der misszen*): Meßgewänder dürfen beibehalten werden.
[154] Der Bearbeiterkreis dieser Dokumente dürfte große Übereinstimmung zeigen, vgl. hierzu Bugenhagen, a.a.O., S. 288ff.

ihren Mauern verbliebenen Domherren, die sich beharrlich weigerten, Glauben und Gottesdienst im geforderten evangelischen Sinne zu ändern. Zweimal bemühte sich Bugenhagen in Disputationen um einen Ausgleich mit den widerspenstigen Kapitelherren, deren Ergebnisse sich ebenfalls in seiner Ordnung niederschlugen.

Exemplarisch spiegelt sich in Bugenhagens Regelung des christlichen Lebens die Situation in der dritten Phase des Reformationsdiskurses wider. Grundsätzlich befanden sich die Ereignisse im Stadium der Vollendung, praktisch wurde an der Umsetzung der Änderungen durchaus noch gearbeitet.

Beispiele hierfür bieten die Artikel über die Aufsicht auch von Ratsmitgliedern über den einzurichtenden Gotteskasten, für die in den ältesten Zeugnissen der Ordnung ein Freiraum im Manuskript gelassen wurde, da die Verhandlungen über diesen Punkt zwischen Bürgern und Rat noch nicht beendet waren, sowie in den Bestimmungen zur Wahl von Predigern die ausweichenden Formulierungen bezüglich eines evangelischen Geistlichen für das Nonnenkloster Harvestehude und in Zusammenhang damit für Eppendorf.

Besonders die Auseinandersetzungen mit den Harvestehuder Zisterzienserinnen sowie der Domkapitelsprozeß können als mögliche Begründungen der Tatsache dienen, daß die *Ordeninge Pomerani* entgegen den ursprünglichen Plänen nie gedruckt wurde.

Auf den erstgenannten Streitfall nahm Bugenhagen selbst direkten Einfluß, indem er bei Richolff d.J. die Schrift *Wat me van dem Closter levende holden schal, allermeyst vor den Nunnen unde Bagynen gheschreven* drucken ließ.[155] Das Kloster wurde schließlich auf den wachsenden Druck der Hamburger Bürger hin im Frühjahr 1530 aufgelöst und abgerissen.

Eine unmittelbar umgesetzte Vorgabe der Kirchenordnung war die nach ihrer allgemeinen Verkündung durchgeführte Einweihung einer Schule, in der der lateinische Elementarunterricht die Bildungsgrundlage darstellen sollte. Nachdem das St.Johannis-Kloster - wie auch St.Maria-Magdalenen - nach einem gemeinschaftlichen Beschluß von

---

[155] Von dieser Schrift erschien noch im selben Jahr eine hochdeutsche Übersetzung, die auf ihre überregionale Bedeutung hinweist. Vgl. Kayser, Werner; Hauswedell, Ernst u.a. (Hrsg.): Hamburger Bücher 1491-1850. Hamburg 1973, S. 30.

Rat und Bürgern aufgelöst worden war, wurde in seinen Räumlichkeiten das Johanneum eingerichtet.

Ende Juli 1529 bestallte der Stadtrat endlich offiziell seinen Anwalt zur Vertretung der Stadt vor dem Reichskammergericht. Dieser zögerte die Präsentation seiner Vollmachten noch einmal um fast einen Monat hinaus. Erst am 16.8. legte er sie tatsächlich dem Gericht vor.

Einen Tag zuvor, an Maria Himmelfahrt 1529, war in Hamburg ein weiterer wichtiger Schritt zum vollständigen Abschluß des Reformationsprozesses unternommen worden. Da sich die verbliebenen Kapitelherren weigerten, Kultus und Ritus im Dom der geltenden Kirchenordnung anzupassen, war die Kirche gesperrt worden, eine Maßnahme, gegen die die Domherren zunächst vergeblich protestierten. Im Dezember 1529 mußten Rat und Bürger die Entscheidung wohl aufgrund eines kaiserlichen Schutzbriefes revidieren, doch im Mai 1531 wurde der Hamburger Dom tatsächlich endgültig geschlossen.[156]

Im Verlauf des Domkapitelprozesses war inzwischen der lübische Rat vom Reichskammergericht mit der Bildung einer Kommission zur Anhörung der vom Kapitel benannten Zeugen betraut worden. Vom 21.5. bis zum 11.6. 1530 wurden auf dem Lübecker Rathaus von zwei zu „röm. Kayserl. Majestät subdeputierten Commissarien"[157] ernannten Ratsherren 25 der 27 vom Hamburger Kapitel benannten Zeugen zu von der Gegenpartei im Prozeß – hier also dem Hamburger Rat - ausgearbeiteten Fragen gehört.[158]

Während der Vernehmung ließ Aepin bei Richolff d.J. eine Streitschrift gegen das Kapitel erscheinen, das Pinacidion de Romane ecclesiae imposturis et papisticis sutelis adversus impudentem Hamburgensium canonicorum autonomiam. Es ist dem Hamburger Rat gewidmet und enthält eine umfassende Darstellung der lutherischen Lehre.[159]

---

[156] Sillem, Wilhelm: Die Einführung der Reformation in Hamburg. Halle 1886, S. 166.
[157] Jensen, Wilhelm: Das Hamburger Domkapitel und die Reformation. Hamburg 1961, S. 36.
[158] Die zwei fehlenden Zeugen verweigerten, da im Dienste der Stadt Hamburg stehend, die Aussage.
[159] Vgl. hierzu: Kayser, Werner; Dehn, Claus (Hrsg.): Bibliographie der Hamburger Drucke des 16. Jahrhunderts. Hamburg 1968, S. 19 sowie Jensen, Wilhelm: Das Hamburger Domkapitel und die Reformation. Hamburg 1961, S. 39, Anm. 79. Die Widmungsadresse des Aepinschen Werkes zeigt – gerade im Vergleich mit der vier Jahre

Beim selben Drucker erschien wenig später *Eyne korte underwisynghe van deme Sacramente* ebenfalls aus Aepins Feder, die sich mit der Form und Bedeutung des Abendmahles im reformatorischen Christentum auseinandersetzte und damit das Thema aufnahm, das im Verlauf des Hamburger Reformationsprozesses stets im Mittelpunkt gestanden hatte.

Ein halbes Jahr später fand vom 6.12. bis zum 19.12. 1530 die Vernehmung der 24 vom Rat und den Kirchspielen benannten Zeugen durch die „kaiserlichen Commissarien aus Rostock" auf dem Hamburger Rathaus statt.[160] Der Prozeß zog sich über die nächsten dreißig Jahre hin, bis es 1561 zu einer Einigung zwischen dem Hamburger Rat und den inzwischen längst ebenfalls der lutherischen Glaubensauffassung anhängenden letzten Vertretern des Hamburger Domkapitels kam.

Im Jahr nach der Zeugenbefragung sicherten besonders zwei Ereignisse die Reformation weiter ab. Zum einen wurde ein Folgerezeß des Langen Rezesses verabschiedet, der der Regelung kirchenpolitischer Angelegenheiten sowie bisher in der Schwebe gebliebener Forderungen diente. Zum anderen bewog der Rat Bürgermeister Hinrich Salsborch zum Rücktritt von seinem Amt und zum Austritt aus dem Ratsgremium.

Dieses Geschehen illustriert wie keine andere Handlung des Rates dessen grundsätzlich pragmatische Haltung in der Führung der Stadtgeschäfte. 1523 war Hinrich Salsborch widerrechtlich in den Rat und bereits ein Jahr später zum Bürgermeister gewählt worden, um in der Folge für die aggressiv anti-evangelische Außenpolitik des Rates verantwortlich zu zeichnen und auch innenpolitisch einen radikalen Standpunkt zu beziehen. Schon in Phase II stand er damit der in ihrer Zielrichtung auf eine Vermittlung ausgerichteten Politik der Ratsmehrheit entgegen. 1528 führten seine Verbindung mit den Johannis-Leuten sowie in diesem Umfeld gefallene Äußerungen über eine gewaltsame Lösung der entstandenen Spannungen zum Auflauf lutherischer Bürger vor dem Rat, die mit ihrer Forderung nach einer restlosen Aufklärung der Rolle des Rates im Zusammenhang mit

---

zuvor dem Hamburger Rat durch Augustin von Getelen gewidmeten überzeugt altgläubigen Schrift – noch einmal deutlich die vollständig gewandelte Rolle des Rates im Geschehen.

[160] Jensen, Wilhelm: Das Hamburger Domkapitel und die Reformation. Hamburg 1961, S. 39.

der Verschwörung der Johannis-Leute die nachfolgende Verhandlung provozierten, die dann die Durchsetzung der Reformation in der Stadt brachte.

Dies und das nachhaltige Verharren auf einem strikt altgläubigen Standpunkt machten Salsborch in der Folgeentwicklung für das Ratsgremium in einer Weise nicht länger tragbar, die schließlich zu der Trennung von dem einstmals so umworbenen und einflußreichen Ratsmitglied führte.

Nach dieser ‚Reinigung' des Rates wurde im Folgejahr 1532 eine noch ausstehende wichtige Forderung der neuen Kirchenordnung in die Tat umgesetzt und ein Superintendent bestimmt. Die überregional bedeutenden Reformatoren Bugenhagen und Urbanus Rhegius, denen das Amt zunächst angetragen wurde, lehnten ab, die Wahl fiel schließlich auf Johannes Aepin, den Pfarrherrn der Petri-Kirche, der bereits mit verschiedenen Schriften auf sich aufmerksam gemacht hatte. Um sein Amt vollständig ausfüllen zu können, fehlte ihm allerdings die Doktorwürde. Auf Initiative des Rates reiste Aepin daher nach Wittenberg und kehrte noch im selben Jahr mit dem angestrebten Titel zurück.

In Hamburg selber entstand im Umfeld des Jahres 1532 der *Warhaftige bericht* des Steffen Kempe. In ihm schildert dieser als involvierter, aber bemüht objektiver Geschehensbeteiligter den Prozeß der Reformation in einer durchgängig harmonisierten Retrospektive der Ereignisse. Dieser späteste und umfassendste Zeitzeugen-Bericht kann als Schlußpunkt des Hamburger Reformationsdiskurses betrachtet werden. Entsprechend endet dessen dritte und letzte Phase mit seiner Entstehung.

5 – 4 Zusammenfassung Phase III

Die letzte Phase im Verlauf des Hamburger Reformationsdiskurses diente der <u>Konsolidierung</u> der durch die Einführung der Reformation neu geschaffenen Verhältnisse.

Dies geschah durch eine in Zukunft und Vergangenheit gleichermaßen ausgerichtete **Konstruktion** von Texten und in ihnen von Ereignissen, die einerseits dem Aufbau eines neuen Anfanges diente, andererseits ein harmonisches – und das bedeutet zwangsläufig nachträglich harmonisiertes – Geschichtsbild gewährleisten sollte, das zur Erklärung und Etablierung des Neuanfanges unterstützend herangezogen werden konnte.

Betrachtet man das Verhältnis mündlichen und schriftlichen Informationsaustausches, so fallen gegenüber der vorangegangenen Phase veränderte Gewichtungen auf. Grundsätzlich besitzen schriftfixierte Dokumente nun eine höhere Bedeutung im Reformationsdiskurs und unterscheiden sich die beiden Transportmedien weniger in ihrer Verwendung. Mündlicher Kommunikation fällt in der dritten Phase des Geschehens vor allem eine vorbereitende Rolle zu, der eine Festlegung von Fakten und Absprachen in schriftlicher Form folgte.

Festzuhalten ist, daß ein regelndes und ordnendes Schrifttum jetzt auf evangelischer Seite zu beobachten ist. Es unterscheidet sich von den gleichermaßen ausgerichteten Texten der Vorgängerphase einerseits durch seine zukunftsorientierte Wirkungsrichtung, andererseits durch den Anspruch, eine langfristige Gültigkeit zu besitzen.

Auf der nach der Durchführung der Reformation endgültig in die Defensive gedrängten altgläubigen Seite läßt sich eine zu Dokumentationszwecken eingesetzte Schriftlichkeit feststellen, ihre Äußerungen bleiben damit weiterhin retrospektiv-konservierend und unterstreichen letztlich das Unvermögen, sich aktiv mit ihren evangelischen Gegnern auseinanderzusetzen.

In seiner Funktion zielt das Kommunikationsaufkommen der Phase III in die gleiche Richtung wie das der zweiten Phase. Die vorliegenden Textzeugnisse besitzen appellativen Charakter, Quellen mit einer direktiv-appellativen Intention stehen im Vordergrund. Sie unterscheiden sich von vorangegangenen Ordnungstexten allerdings grundlegend durch ihre Position(ierung) im Ereignisverlauf. Geben die altgläubigen Regeltexte in Phase II Zeugnis einer sich ihrem Ende zuneigenden Entwicklung, vor deren Änderungspotential sie schließlich ihre Gültigkeit verloren, stellen die in Phase III entstehenden evangelischen Ordnungstexte die Basis eines Neubeginns dar und werden in der Folgezeit entsprechend modifiziert und erweitert, um ihre Geltung in sich wandelnden Verhältnissen weiter zu bewahren.

Betrachtet man die in das Geschehen involvierten Gruppen und Personen, fällt die gänzlich neu definierte Rolle des Stadtrates ins Auge. Seine pragmatische, auf den Erhalt des Stadtfriedens, aber auch seiner eigenen Machtposition im Sozialgefüge ausgerichtete Politik ließ den Rat sich nun an die Spitze der reformatorische Bewegung stellen und wichtige Funktionen in der Organisation ihrer praktischen Umsetzung übernehmen.

In besonderer Weise kennzeichnend für diese neue Position des Rates ist die durch ihn erfolgte Berufung Bugenhagens nach Hamburg mit dem Ziel, der Stadt eine evangelische Kirchenordnung zu schaffen. Damit bat der Rat jenen Mann um sein Kommen, gegen dessen Wirken er sich in den vorangegangenen vier Jahren vehement verwahrt hatte.[161]

In den stadtexternen Kommunikationszusammenhängen gehörte die Vertretung Hamburgs im vom Domkapitel vor dem Reichskammergericht angestrengten Prozeß gegen die erfolgte Reformation der Stadt zu den Aufgaben des Rates, die er durch seine Verzögerungsstrategien durchaus zum Wohle Hamburgs löste.

Insgesamt präsentiert sich in dieser letzten Phase die Stadt als einiges Gebilde aus Rat und Bürgergemeinde, dem opponierend die Institution des Hamburger Domkapitels gegenüberstand. Dieses reagierte erst jetzt, da es tatsächlich zu spät war, aktiv auf die Entwicklung im Verlauf des Reformationsprozesses. Stadtintern geschah dies in zwei – ergebnislosen – Disputationen mit Bugenhagen und der Weigerung, die gottesdienstlichen Formen und Strukturen im Dom evangelischen Forderungen anzupassen. Indirekt spiegelt sich diese Weigerung in der zeitgleich entstehenden Kirchenordnung wider, es ist mit großer Sicherheit anzunehmen, daß der in ihr vorhandene Exkurs gegen Marien- und Heiligenkult auf das entschlossene Beharren der Domherren auf diese Bräuche zurückzuführen ist.[162] Erst die vom Rat verfügte Schließung des Doms sorgte für das endgültige Verschwinden öffentlich altgläubiger Glaubensausübung in Hamburg.

---

[161] In diesem Zusammenhang bemerkenswert sind Bugenhagens Unterbringung gerade in Barthold Mollers Haus und Hof und das Vorgehen gegen dessen Köchin wegen Anschuldigungen, für eine Totgeburt von Bugenhagens Frau mit verantwortlich gewesen zu sein. Vgl. Moller, S. 558-561.
[162] Bugenhagen, Johannes: Der Ehrbaren Stadt Hamburg Christliche Ordnung 1529. Hamburg 1991, S. 167, Anm. 205.

Betrachtet man das Textaufkommen der dritten Phase, ist festzuhalten, daß mit ca. 30 Texten die Frequenz reformationszugehöriger Quellen gegenüber der zweiten Phase zwar um ein Viertel abgenommen hat, das entspricht andererseits aber noch immer einem um die gleiche Größenordnung vermehrten Textbestand als in der ersten Phase. Dies weist einerseits auf die ungebrochene Bedeutung des Themenkreises innerhalb der Stadtkommunikation hin, andererseits aber auch darauf, daß der dynamische Höhepunkt der reformatorische Bewegung inzwischen überschritten war und das Geschehen sich nun nach einer auseinandersetzungsbetonten Phase in abgesicherten Verhältnissen befand, die es zu organisieren und zu dokumentieren galt.

Thematische Schwerpunkte des überlieferten Textmaterials sind neben dem in erster Linie stadttextern zu verortenden Domkapitelsprozeß die Festigung und Organisation der Reformation in der Stadt selber. Diese Vorgänge hatten den Import zweier neuer Textsorten nach Hamburg zur Folge. Gemeint sind der auf Bugenhagens Initiative hin gedruckte Katechismus Martin Luthers sowie die von Bugenhagen auf der Grundlage eigener Vorarbeiten selbst verfaßte Kirchenordnung.

Zwar existierte die Katechese als mündlich gefaßter Frage-Antwort-Katalog zum Memorieren grundlegender Glaubensaspekte seit den Anfängen christlicher Mission, erst ab dem 16. Jahrhundert allerdings lassen sich Katechismen in gedruckter Buchform nachweisen.[163]

Bezüglich der Hamburger Ausgabe des Kleinen Katechismus ist zu beachten, daß sie bereits im März 1529 erschien, zwei Monate vor der Wittenberger Ausgabe.[164] Offenbar brachte Bugenhagen einen Vorgänger in Form von Tafeldrucken mit nach Hamburg. Dort übersetzte er den Katechismus ins Niederdeutsche und ließ ihn in Buchform bei Richolff d.J. als *Catechismus efte underricht* drucken. Diesem Druck wurde nach Erscheinen der Wittenberger Mai-Fassung Luthers Vorrede als *Enchiridion. De klene Catechismus vor*

---

[163] Neben Luthers die Textsorte begründenden Großem und Kleinen Katechismus von 1529 der reformierte Heidelberger Katechismus, der sog. Genfer Katechismus Calvins sowie der katholische Catechismus Romanus 1566 für Pfarrer, daneben auch der große und kleine Katechismus des Petrus Canisius als „Summa doctrinae christianae" für Pfarrer und Laien.

[164] Vgl. hierzu und den folgenden Ausführungen: Kayser, Werner; Dehn, Klaus (Hrsg.): Bibliographie der Hamburger Drucke des 16. Jahrhunderts. Hamburg 1968, S. 20 bzw. Kayser, Werner; Hauswedell, Ernst u.a. (Hrsg.): Hamburger Bücher 1491-1850. Hamburg 1973, S. 30.

de gemeynen karckheren unde Predikere als Separatdruck hinzugefügt. Die genannten Drucke wiederum waren für die Verbreitung von Luthers Katechismus im gesamten niederdeutschen Sprachraum von entscheidender Bedeutung.

Für Hamburg muß der Katechismus in engem Zusammenhang mit den Bestimmungen der Kirchenordnung gesehen werden, die er durch detaillierte Erklärungen zu den entscheidenden Aspekten evangelisch-lutherischen christlichen Glaubens unterstützt und ergänzt. Die Kirchenordnung selber beruhte auf Bugenhagens Braunschweiger Ordnung, die wiederum auf in Wittenberg von ihm erarbeiteten Vorlagen basierte.

Im Ur- und Frühchristentum lassen sich zwar Vorbilder für die Textsorte der Kirchenordnung finden, doch ist in den reformatorischen Kirchenordnungen etwas genuin Eigenes zu sehen, das sich dem katholischen Corpus iuris canonici gegenüberstellte. Gemeinsames Merkmal dieser Ordnungen ist ihre Auffassung der Gemeinde als mündige, auch kirchlich selbstverantwortliche Einheit, deren innere wie äußere Verfassung es zu regeln galt. In diesem Sinne verweist Bugenhagen innerhalb der Hamburger Kirchenordnung des öfteren auf sein Braunschweiger Vorgängerwerk, schafft aber durchaus ein den spezifischen Zuständen in Hamburg angepaßtes Regelwerk.

Aus zeitgenössischer Sicht ist die Kirchenordnung wohl als der bedeutendste Einzeltext dieses auf Abschluß und Neuanfang ausgerichteten Abschnittes des Reformationsprozesses in Hamburg zu benennen. Aus einer erweiterten Retrospektive heraus erweist sich allerdings eine andere Textgruppe für die zeitgenössische Einschätzung und Wahrnehmung des beschriebenen Ereignisverbandes als mindestens ebenso bedeutsam. Hierbei handelt es sich um vier Texte, die als Ereignisberichte Ausschnitte aus dem Gesamtgeschehen der Kirchenreformation in Hamburg bieten und mit dieser Darstellung eine auswertende Bilanz des Geschilderten aus unmittelbar zeitgenössischer Sicht geben.

Eine Analyse dieser Berichte bietet die Möglichkeit, Wahrnehmung, Verständnis, Darstellung und Einschätzung der Reformation selbst in deren Ereignisgeschichte eingebundener Zeitzeugen zu untersuchen. Ihr soll daher in der vorliegenden Arbeit ein umfassender eigener Abschnitt eingeräumt werden.

6 Das textgestützte Phasenmodell - Zusammenfassung

Eine Rückbindung an die historischen Ansätze einer Phasengliederung reformatorischen Geschehens hat die Betrachtungen über den Verlauf des Hamburger Reformationsdiskurses von 1521 bis 1531 abzuschließen.

Zunächst ist festzustellen, daß auf der Grundlage sämtlicher der weiter oben aufgestellten linguistischen Kriterien anhand des diskurszugehörigen Textaufkommens durchaus klare Zäsuren im Verlauf des Ereigniskontinuums auszumachen waren, sich auf diese Weise also mit sprachwissenschaftlichen Methoden die Gliederung eines Geschehens leisten ließ, dem unter rein historischen Aspekten kaum Unterteilungsmerkmale zugesprochen wurden.

Weiter zeigt sich im Vergleich mit dem von Mörke für die von ihm behandelten welfischen Hansestädte aufgestellten Modell, daß eine grundsätzliche Verwandtschaft zu dem hier erarbeiteten Modell besteht, die Textbindung der in der vorliegenden Arbeit verwendeten Phaseneinteilung allerdings eine an Substanz reichere und detailliertere Phasencharakterisierung ermöglicht, als sie auf der Basis ausschließlich geschichtswissenschaftlicher Betrachtungsweise möglich gewesen ist.

Insgesamt hat sich der im Vorangegangenen gewählte bipolar ausgerichtete Zugriff auf historisches Geschehen unter Verwendung sprachwissenschaftlich begründeter Methoden als sehr erfolgreich erwiesen. Er unterstreicht die immense Bedeutung, die – eine entsprechende Quellenlage vorausgesetzt - der Beachtung und Anwendung linguistischer Kriterien zum Verständnis geschichtlicher Prozesse und ihrer Strukturierung zuzumessen ist.

Diese Tatsache wird auch die folgende Beschäftigung mit den zeitgenössischen Ereignisberichten zur Reformation unterstreichen, deren hier vorgenommene Analyse den bekannten, jeder Arbeit zum Thema zugrundeliegenden Quellentexten zur Reformationsgeschichte Hamburgs eine ganz neue Bewertung im und für das Geschehen zuweisen wird.

7 Zeitgenössische Ereignisberichte zur Reformation in Hamburg

7-1 Der Bericht als Textsorte und Erzählform

Wie im Titel der Arbeit deutlich gemacht, geht es in ihr nicht nur um die Untersuchung des einem Ereignis zugehörigen Text(sorten)aufkommens, sondern auch um die Erfassung der Ereignisdarstellung innerhalb der vorliegenden Quellenzeugnisse.

In diesem Zusammenhang läßt sich für den Reformationsdiskurs der Stadt Hamburg eine besonders für diesen Zweck geeignete Textsorte nachweisen, nämlich die des Berichts.

Als „sachliche, nicht ausgeschmückte Darstellung, Erzählung, Wiedergabe von Tatsachen in Wort oder Bild" bzw. „sachliche Wiedergabe eines Geschehens oder Sachverhalts; Mitteilung, Darstellung" definierbar,[165] läßt sich die Textsorte Bericht über ihre Funktion der Textklasse der Informationstexte zuordnen. Mit Hilfe einer deskriptiven Themenentfaltung vermittelt der Bericht Wissen, zu dem er in einem nachzeitigen Verhältnis steht, von ihm als Textsorte wird also sachbetonte Informationsvermittlung und die Intention, einen neutralen Standpunkt zu beziehen, gefordert.

Nun fallen in die Klasse der Informationstexte durchaus auch bewertende Textsorten, und es erscheint nicht nur als vorstellbar, sondern unter entsprechend motivierten situativen und/oder historischen Bedingungen sogar als wahrscheinlich, daß auch dem Bericht eine meinungsbetonte Darstellung zugrundeliegen (Auswahl des zu Berichtenden) und inne sein (Darstellung dessen, was er berichtet) kann.

Wer in eine Krisensituation involviert ist und noch in ihrem direkten Umfeld oder unter ihrem direkten Einfluß über den Ereignishergang berichtet, wird nicht umhin kommen, Stellung zu beziehen und seinen Standpunkt, der notwendig eine Bewertung der Ereignisse bedeutet, im Bericht zu vertreten. Die Begründung wird dann entweder mitgeteilt oder erscheint als derart selbstverständlich, daß dies gar nicht erforderlich ist, weil die zugrundeliegenden Werte und Maßstäbe der im Bericht vorgenommenen Bewertungen Allgemein'wissen' sind. Meist ist bei bewertenden Berichten letzteres der Fall, deswegen bleiben sie auch primär

---

[165] Wahrig, Gerhard (Hrsg.): Deutsches Wörterbuch. Gütersloh, München 1991, S. 254; die in: Möhn, Dieter (Hrsg.): Mittelniederdeutsches Handwörterbuch. Bd. 1. Neumünster 1956, Sp. 219 gegebene Definition von *bericht* zeigt keine beachtenswerten Abweichungen.

Informationstexte und keine der in ihnen vorgenommenen Bewertungen muß überhaupt appellativen Charakter haben, weil ihre Geltung eben allgemein anerkannt ist.[166]

Die Literaturwissenschaft umgeht die Klassifizierungsklippen textlinguistischer Herangehens- und Betrachtungsweise. Hier kommt dem Bericht als einem der Elementarbausteine des Erzählens eine zentrale Rolle zu, da er einerseits „den weitesten Spielraum zwischen Einlässigkeit und straffer Zusammenfassung großer Zeiträume" aufweist, andererseits „gleicherweise Mittel zur Handlungswiedergabe wie zur sachlich geordneten Zustandsschilderung" sein kann.[167]

Unter den Mitteln des Erzählens bedeutet der Bericht Fortschreiten und Entwicklung der Handlung, er ist der eigentliche Handlungsträger. Für ihn gelten die zwei Grundprinzipien jeden Erzählvorganges in besonderem Maße – die Auswahl dessen, was erzählt wird (und wie) sowie die Raffung und Ausbreitung des Ausgewählten.

Es entsteht damit zum einen ein Nebeneinander von erzähltem Vorgang und Erzählvorgang, in dem die Perspektive, die das Erzählte zu den Ereignissen einnimmt, greifbar wird; zum anderen stehen einander erzählte Zeit und Erzählzeit gegenüber, wobei der Kontrast zwischen tatsächlichem Zeitablauf und der Zeit, die im Erzählten auf die Schilderung oder Darstellung eines Vorganges verwendet wird, die Schwerpunkte in der Auswahl des erzählten Materials hervorhebt.

Dieser für fiktive Texte erarbeitete Zugriff auf die Form und das Wesen des Berichts läßt sich nun ohne größere Bedenken auch auf nicht-fiktive Gebrauchstexte übertragen. Die Differenzen zwischen vorliegendem und verarbeiteten Material sowie Abweichungen von der reinen Chronologie in Ausführung oder Verkürzung der Schilderung können beitragen zur genaueren Funktionsanalyse eines vorhandenen Berichts in seinem jeweiligen kommunikativen Umfeld.

In einer Synthese des linguistischen wie literaturwissenschaftlichen Ansatzes stellt sich der Bericht als Textsorte und Erzählform dar, in welchen nach einer grundsätzlichen Themen-

---

[166] Hier geht es um die Tatsache, daß bestimmte Wertungs- und Bewertungsmuster Folgen der Sozialisation eines Individuums sind. Aus diesem Grunde besitzt ihre Anwendung im Allgemeinbewußtsein nicht den Status von Wertung, sondern von Wissen. Man könnte hier von einem Prinzip des common sense sprechen.
[167] Lämmert, Eberhard: Bauformen des Erzählens. Stuttgart 1991, S. 87.

Selektion vor Beginn der Bearbeitung eine Vermittlung von in der Regel chronologisch geordneten Ereignissen, Handlungen und Handlungszusammenhängen erfolgt, die deskriptiv vor dem Rezipienten ausgebreitet werden.

Bei der inhaltlichen Erfassung und dem analysierenden Nachvollziehen der Themenentfaltung müssen besonders die Differenzen, die zwischen tatsächlicher Ereignisfolge (soweit diese als schlichte Sukzession von Geschehen rekonstruierbar ist) und den im Bericht aufgebauten Ereigniszusammenhängen (als Darbietung einer von Kausalität bestimmten Ereigniskette) bestehen, beachtet werden, sowohl was das Verhältnis von erzähltem Vorgang und Erzählvorgang als auch das von erzählter Zeit und Erzählzeit betrifft, um die Konstruktion des Berichts zu erfassen.

Hieraus ist der Standpunkt, den der Bericht gegenüber dem Berichteten einnimmt, zu erschließen und im Zusammenhang damit das diesem Standpunkt zugrundeliegende Wertungssystem mit seinen Kriterien und Maßstäben. Dabei ist zu fragen, ob die bewertenden Aspekte oder Passagen des Berichts sich in die Informationsfunktion des Textes einfügen, also allgemeine Haltungen und Meinungen widerspiegeln oder ob sich mit ihnen ein appellativer Zug in die Information mischt, also mit den Texten durch gezielte und gezielt kommentierte Information auch Überzeugungsarbeit gegenüber Andersdenkenden geleistet werden soll, womit nach dem Interpretationsumfang und der Interpretationsleistung des Berichts zu fragen ist.

7 – 2 Der Bericht als Quellentext

Die vorangegangene Begriffserfassung des Berichts unterstreicht seine Eignung, die Wahrnehmung und Verarbeitung eines historischen Ereignisses anhand einer dieser Textsorte zugehörigen Quelle zu untersuchen.

Das Verfassen eines Berichts setzt Zeugnisfähigkeit voraus. Der ideale Bericht wäre von einem nicht in das geschilderte Ereignis involvierten, aber über seine Hintergründe und Zusammenhänge vollständig informierten Augen- und Ohrenzeugen zu erwarten. Sowohl ein zunehmender räumlicher und/oder zeitlicher Abstand, als auch eine zunehmende persönliche Nähe zum Berichteten läßt den Grad an Glaubwürdigkeit, was Vollständigkeit und Objektivität des verfaßten Berichts angeht, in zunehmend kritischer Sicht erscheinen.

Ein Bericht bedeutet Retrospektive und Reflexion. Handelt es sich beim Verfasser um einen Zeitgenossen der Ereignisse und gehört er selber einer der in ihnen aufgetretenen oder entstandenen Gruppierungen oder Parteiungen an, ist die Retrospektive knapp und fällt die Reflexion direkt ereignisbezogen aus. Informationen gehen also in höchst geringem Maße durch den Filter des Vergessens in die Berichte ein, in hohem Maße aber über den Standpunkt und Blickwinkel des schreibenden Zeitzeugen. Die von ihm getroffene Informationsauswahl wird also auf Wissen und Wertung beruhen, nicht auf Verlust an Erinnerung.

Keine andere Textsorte besitzt die Qualitäten des zeitgenössischen Berichts: Die unmittelbare Nähe zu den Ereignissen und die gleichzeitige Erhabenheit über sie. Der Bericht ist nur an Ruhe- oder Endpunkten von Geschehnissen möglich. Er braucht den partiellen oder absoluten Abschluß von Ereignissen, gibt sie von einer nur oder erst jetzt möglichen wissenden und eventuell wertenden Warte aus wieder. Er ‚weiß', was passiert ist und gegebenenfalls wie dies zu bewerten ist. Daß die Mitteilung dessen wichtig ist, ist die schlichteste Grundmotivation seiner Entstehung.

7 – 3 Die Berichte

Vier Berichte, die in der Zeitspanne von 1528 bis 1532 in Hamburg entstanden, liegen vor. Es handelt sich um zwei kurze, anonyme, katholische Berichte, die das ausschlaggebende Moment der endgültigen Entscheidung für die Reformation, die Ratsverhandlung im April 1528 thematisieren und unter ihrem direkten Eindruck entstanden sein müssen, weiter um einen ebenfalls katholischen, aber namentlich zuordbaren Bericht – den des Hamburger Bürgers und Doktors beider Rechte, Johann Moller, der 1529 auf das Schicksal verschiedener im Vorjahr aus Hamburg vertriebener katholischer Geistlicher einging und im Anschluß daran Johannes Bugenhagens Wirken in der Stadt schilderte; schließlich um einen evangelischen Bericht, als dessen Autor sich der (ehemalige) Franziskaner Steffen Kempe identifizieren ließ. Er gibt einen Überblick über den Gesamtverlauf des Reformationsprozesses in der Stadt, der mit der Besetzung der Superintendentur 1532 endet und der noch vor 1533 abgeschlossen worden sein muß.

Sämtliche genannten Berichte liegen in einer Edition des im 19. Jahrhundert um die Erschließung der Stadtgeschichte Hamburgs hochgradig verdienten Archivars Johann Martin Lappenberg vor, Originale sind in keinem Falle erhalten geblieben.

7 – 3 – 1 Zur Forschungslage

Die katholischen Berichte erfuhren in der Folge ihrer Entstehung praktisch keine Resonanz. 1729 wurden sie – ins Hochdeutsche übersetzt – in den Material- bzw. Quellenteil des zum 200jährigen Jubiläum der Reformation in Hamburg erschienenen Bandes der Kirchengeschichte des Hamburger Pastors Nikolaus Staphorst aufgenommen, ehe sie in Lappenbergs Edition „Hamburgische[r] Chroniken in niedersächsischer Sprache" 1861 eine kritische Ausgabe fanden.

Der Bericht des Steffen Kempe hingegen bildete offenbar von seiner Entstehung an die Grundlage einer ‚offiziellen' Geschichtsschreibung für das bis ins letzte Jahrhundert hinein streng evangelisch-lutherische Hamburg.[168] Er wurde immer wieder und immer weiter fortgesetzt und stellt damit den Ausgangspunkt jeder Hamburger Kirchengeschichte vom 16. bis zum 18. Jahrhundert dar. Seine Bedeutung spiegelt sich auch darin wider, daß tatsächlich sämtliche Veröffentlichungen zur Geschichte der Hamburger Reformation ihn zur Grundlage ihrer Darstellungen machten.[169]

Im Umgang mit den Berichten fällt ein erstaunliches Vertrauen selbst der neuesten historischen Forschungen in diese Texte auf. Dabei werden die drei kurzen katholischen Berichte als in ihrer Schilderung zwar hochgradig parteiisch und polemisch, in ihrer Darstellung aber mit den Fakten des evangelischen Berichts übereinstimmend und daher glaubwürdig eingeschätzt, während dem deutlich umfassenderen evangelischen Bericht selber

---

[168] Reincke spricht ihm sogar einen „halbamtlichen Charakter" zu – vgl. Reincke, Heinrich: Untersuchungen über Hamburgs mittelalterliche Geschichtsschreibung. In: Zeitschrift des Vereins für Hamburgische Geschichte 24. Hamburg 1921, S. 21.
[169] Dies gilt konfessionsübergreifend und bis hin zur Habilitationsschrift Rainer Postels 1986.

infolge seiner sachlichen und für einen Zeitzeugen recht untendenziösen Darstellungsweise inhaltliche Verläßlichkeit zuerkannt wird.[170]

Eine genauere Untersuchung der Texte verspricht daher nicht nur Erkenntnisse zur zeitgenössischen textsortenabhängigen Ereignisdarstellung der Reformation in Hamburg, sondern auch ein tieferes Verständnis für die rezente Sicht der Berichte als bedeutender Quellen für das genannte Geschehen.

7 – 3 – 2 Überlieferung und Edition

Bei der Untersuchung der zeitgenössischen Ereignisberichte zur Reformation in Hamburg läßt sich in keinem Fall auf einen der Originaltexte zurückgreifen. Aus diesem Grunde ist eine kurze Diskussion der Überlieferung und Edition der Berichte erforderlich. Sie muß zu klären helfen, inwieweit die Texte in der Gestalt, in der sie die heutigen Ansprüchen genügende historische Forschung stets benutzt und ihren Fragen und Untersuchungen zugrundegelegt hat, überhaupt brauchbar und zuverlässig sind.

Für die katholischen Texte ist diese Arbeit rasch zu leisten. Sie sind sämtlich nur aus einer einzigen Quelle bekannt, einer 1522 begonnenen und um 1529 abgeschlossenen Sammelhandschrift des Hamburger Bürgers, Doktors beider Rechte und überzeugten Katholiken Johann Moller.

Der vollständige Inhalt dieser Sammelhandschrift ist nicht mehr rekonstruierbar. Lappenberg edierte aus ihr neben den Berichten auch katholische Lieder zur Kirchenreformation in Hamburg[171] und zog die in ihr enthaltene Fassung des Hamburger Stadtrechtes für seine Ausgabe der Hamburger Rechte mit heran.[172] Weitere Angaben zu ihrem Inhalt lassen sich nirgends finden. Ihre Zusammensetzung wird damit fraglich bleiben. Die Handschrift verbrannte 1842.

---

[170] Vgl. hierzu die quellenkritischen Anmerkungen Postel, S. 26f.
[171] Diese in: Lappenberg, Joh. Martin: Niedersächsische Lieder in Bezug auf die Kirchenreformation vom Jahre 1528 und 1529. In: Zeitschrift des Vereins für Hamburgische Geschichte 2. Hamburg 1847, S. 230-270.
[172] Vgl. hierzu: Lappenberg, Joh. Martin: Die ältesten Stadt-, Schiff- und Landrechte Hamburgs. Hamburg 1845, S. XCVIIIf., § J.

Die Berichte über die Reformation sollen in ihr in einem durchgängigen Text hintereinanderweg eingetragen gewesen sein. Beim Studium dieses Textes fiel Lappenberg eine so auffällige Wiederholung in der Schilderung der Ratsverhandlung von 1528 auf, daß er auf zwei getrennte, erst beim Eintrag in den Sammelband miteinander verbundene Berichte schloß. Infolge ihrer ganz unterschiedlichen Länge und Ausrichtung trennte er in seiner Edition von „Johannis Moller, J.U.D., Nachrichten von der Reformation zu Hamburg" einen Teil „A: Von den Artikeln über die Irrlehren der katholischen Geistlichen zu Hamburg" von einem zweiten Teil „B: Vorgänge bei der Durchführung der Kirchenreform".[173] Für den zweiten Teil nahm er Johann Moller als Autor an, während dieser für den ersten Bericht lediglich Kompilator gewesen wäre.

In seinen Bemühungen, einen formal ‚korrekten'[174] Text der Berichte aus Mollers Sammelhandschrift zu geben, griff Lappenberg neben dem Original auf eine spätere Abschrift zurück, deren Abweichungen in Orthographie und Grammatik er im Apparat seiner Textedition brachte, wenn sie ihm ‚richtiger' als die des ursprünglichen Textes schienen.[175] Im Text selber korrigierte er lediglich die Schreibung von Personennamen, die ihm in der vorgefundenen Schreibweise zu entstellt schienen.

Die Abweichungen vom Original sind im Falle der katholischen Berichte also offenbar als sehr gering zu veranschlagen und dem in Lappenbergs Edition gebrachten Text inhaltlich volles Vertrauen entgegenzubringen.

Fraglich bleibt die Einteilung des ehemals durchlaufenden Textes in separat entstandene und wohl auch unterschiedlichen Autoren zuzuschreibende Abschnitte. Da diese Einteilung an der Bewertung inhaltlicher Merkmale hängt und unabhängig ist von der Verläßlichkeit des in Lappenbergs Edition vorliegenden Gesamttextes aus Mollers Sammelhandschrift, soll sie erst im nächsten Abschnitt thematisiert werden.

---

[173] Moller A: S. 543-551; Moller B: S. 551-567.
[174] Bezüglich Orthographie und Grammatik galt hier nicht unbedingt das als richtig, was ein Autor des beginnenden 16. Jahrhunderts geschrieben hatte, sondern was er nach Rekonstruktion eines angeblichen Sprachstandards hätte schreiben sollen. Daher wurde korrigierend in den Quellentext eingegriffen, um dem geforderten Standard gerecht zu werden.
[175] Lappenberg, Joh. Martin: Hamburgische Chroniken in niedersächsischer Sprache. Hamburg 1861, S. XXXIV. Die von Lappenberg in seiner Einleitung zu Mollers Text nur mit einem andeutenden Hinweis genannte Abschrift wird nicht wirklich greifbar und konnte nicht ausfindig gemacht werden.

Deutlich komplexer ist die Überlieferungsgeschichte im Falle des Berichtes des ehemaligen Franziskanermönches, späteren Pfarrers der St.Katharinenkirche und Hamburgs durch die Zeiten bekanntesten Reformators Steffen Kempe.

Hier stehen wir nicht nur vor dem Problem, daß schon die älteste Überlieferung des Berichtes eine Bearbeitung und Fortsetzung des Originals darstellt, sondern auch vor der Frage, wie ein ursprünglicher Text zu erhalten sein soll, wie also aus den zahlreichen überlieferten Varianten auf den tatsächlich von Steffen Kempe verfaßten Bericht rückgeschlossen werden kann.

Geht eine Überlieferungskette von Handschriften nachweislich auf ein einziges Original zurück, ist es am sinnvollsten, die ältesten Textzeugen zu dessen Rekonstruktion heranzuziehen in der Hoffnung, daß sie inhaltlich und formal noch am ehesten ihre Vorlage wiedergeben. Läßt sich neben der zeitlichen Nähe zum Original auch noch eine nahe Verwandtschaft der ältesten überlieferten Abschriften feststellen, also eine hohe Ähnlichkeit bis hin zur völligen Übereinstimmung ganzer Textpassagen untereinander, steigt die Wahrscheinlichkeit, aus ihnen einen Text herstellen zu können, der dem verlorenen Original zumindest recht nahe kommen muß. Solchen Überlegungen folgend wählte Lappenberg sechs Handschriften aus, die er zur Rekonstruktion des Kempe-Berichtes heranzog.

Vier von ihnen stammen aus dem Ende des 16. Jahrhunderts und zeigen einen hohen Grad von Übereinstimmungen untereinander - sowohl bezüglich Inhalt und Formulierungen als auch der Tendenzen zu einer konservierenden Übernahme ungewöhnlich gewordener Sprachformen. Lappenberg ergänzte sie durch zwei spätere Handschriften, die er zur inhaltlichen Vervollständigung dessen heranzog, was die vier älteren Abschriften als Rekonstruktionsgrundlage erbracht hatten; sprachlich wies er diesen Handschriften eine jeweils zeitgemäße, also modernisierende Überarbeitung zu.

Eine weitere Bearbeitungstendenz wiegt sehr viel schwerer als das Angleichen an die jeweils geltenden sprachlichen Normen. Mit wachsendem zeitlichen Abstand zu dem von Steffen Kempe selbst verfaßten Bericht wird in den Texten ein Wechsel der Perspektive vorgenommen: Die ursprüngliche Ich-Form des Berichtenden wird durch den Namen des Autors ersetzt, das kollektive wir und uns durch *de predicanten*. Aus dem explizit von einem

Zeugen - und Teilnehmer! - des Geschehens verfaßten Bericht wurde durch diese Umarbeitung eine unpersönlich auktorial erzählte Schilderung der Ereignisse.

Lappenberg legte seiner Edition als Leitvariante die älteste der überlieferten Abschriften zugrunde, ergänzt durch die genannten drei nahen Verwandten und unter Berücksichtigung der zwei zeitlich, sprachlich und v.a. perspektivisch entfernteren Textzeugen, d.h. der von ihm rekonstruierte Bericht hält an der Ich-Form des Erzählten fest.[176] Der Apparat verzeichnet zum größten Teil lediglich leichte Varianten, so daß zunächst von einer befriedigenden Grundlage für die Arbeit auch mit diesem Text ausgegangen werden kann.

Allerdings muß auf zwei editorische Eingriffe hingewiesen werden. Kempe verarbeitete in seinem Bericht ihm vorliegendes oder bekanntes Material, den Brief eines Domherrn, ein Ratsmandat, die Artikel, die die evangelischen Geistlichen als Anklagepunkte aus den Predigten katholischer Geistlicher extrahiert hatten.

Der Brief findet sich in drei der ältesten Abschriften vom Lateinischen ins Niederdeutsche übersetzt, der letzte dieser Texte sowie die beiden jüngeren Textzeugen bringen lediglich den Anfang des Briefes im Original. Lappenberg vereinigte in seiner Edition beide Möglichkeiten und druckte zusätzlich parallel zur niederdeutschen Übersetzung das lateinische Original des Briefes ab. Diese Maßnahme, die den rekonstruierten Berichtstext lediglich erweitert, ist als durchaus positiv einzuschätzen. Durch das Vorhandensein von Original und Übersetzung besteht die Möglichkeit, letztere an ersterem zu überprüfen und auf Veränderungen zu befragen.

Im Falle des Ratsmandates allerdings griff Lappenberg geradezu unzulässig in den Text ein. In allen Abschriften stellte er für die Artikel dieses Mandates abgekürzte oder ungenaue Wiedergaben fest.[177] Dabei verfiel er nicht auf den Gedanken, daß diese Ungenauigkeiten beabsichtigt gewesen sein könnten, daß es Gründe gab, den genannten Text des Ratsmandates nicht zu zitieren, sondern referierend wiederzugeben - so wie man ihn verstand

---

[176] Ob die Abweichungen, die sich auch hier schon finden, Original oder schon Bearbeitung sind, ist dabei allerdings nicht mehr klärbar.
[177] Kempe, S.485, Anm. r.

bzw. verstanden haben wollte![178] Dies zu überprüfen, ist nun nicht mehr möglich, da Lappenberg den Mandatstext ausschließlich nach einer Archivhandschrift des Hamburger Rates abdruckte.

Wie angemerkt erstellte Lappenberg Kempes Bericht ausschließlich aus fortgesetzten Fassungen. Er mußte also die Frage beantworten, bis wohin der ursprüngliche Autograph Kempes gereicht habe. Gestützt auf entsprechende Bemerkungen in den ältesten Abschriften[179] und die Tatsache, daß Kempe im September 1540 starb, nahm Lappenberg Kempes Autorschaft bis zu der Eintragung Ostern 1540 an und ließ seine Edition folgerichtig damit schließen.

Nun beantwortet die Frage danach, bis zu welchem Zeitpunkt Kempe selber in der Lage war, sich schriftlich zu äußern, durchaus nicht gleichzeitig die, ob der von ihm verfaßte Bericht wirklich bis Ostern 1540 reichte oder ob sich ein bereits vorher abschließendes Konzept feststellen läßt, das nach einer späteren Weiterverwendung chronik- oder annalenartig fortgesetzt wurde.[180]

Hier gilt dasselbe wie für die katholischen Berichte: eine Einteilung der Texte ist unabhängig von der Zuverlässigkeit ihrer edierten Version, basiert auf der Interpretation inhaltlicher Merkmale und soll erst im folgenden Abschnitt besprochen werden.

Für die reine Edition läßt sich feststellen, daß Lappenberg bis auf die bedauerliche ‚Verbesserung' bezüglich des Ratsmandates wohl einen Text wiedergibt, der dem tatsächlich von Steffen Kempe verfaßten Bericht nahe genug kommt, um ihn zu einer der Grundlagen für die Untersuchung der zeitgenössischen Ereignisberichte zur Reformation in Hamburg zu machen.

---

[178] Daß dies nämlich offenbar so intendiert war, beweisen spätere Rückgriffe in Kempes Text auf das Ratsmandat, die einen Eindruck von seiner ursprünglichen Darstellung geben.
[179] Lappenberg, Joh. Martin: Hamburgische Chroniken in niedersächsischer Sprache. Hamburg 1861, S. XXIXf.
[180] Und damit einem Funktionswechsel unterworfen wurde, der das ursprüngliche, inzwischen unzeitgemäß gewordene Konzept überlagerte.

7 – 4 Zur Einrichtung der Texte (Umfang und Inhalt)

7 – 4 – 1 Der Bericht des Steffen Kempe

Bietet die Edition Lappenbergs sprachlich und inhaltlich eine zufriedenstellende Textgrundlage für die Arbeit mit den Berichten zur Reformation in Hamburg, ist deren formale Einteilung noch zu diskutieren.

Für den evangelischen Bericht läßt sich diese Aufgabe ohne größere Komplikationen lösen. Sein im Titel selbstgenannter Anspruch ist die Darstellung von Aufkommen und Annahme einer neuen Regelung von Ritus, Kultus und Liturgie der Kirche, dies unter dem Aspekt, Zeugnis der vollkommenen Friedfertigkeit dieses Prozesses zu sein.

Titel und laut Abschriftkommentaren von Kempe verfaßter Gesamttext passen am besten zusammen, nimmt man für den eigentlichen Bericht einen Umfang von elf Jahren an - den Zeitraum von 1521 bis 1532 - und wertet alle sich anschließenden Nachrichten nicht als Nachträge, sondern bereits als Fortsetzungen einer Darstellung, deren apologetische Tendenzen zunehmend überlagert wurden zugunsten ihrer Rolle als Chronik, als schriftgewordenes Gedächtnis der Stadt erinnerungswerter Ereignisse.

Gestützt wird diese Titel-Inhalt-Korrelation durch den Aufbau des Textes. Ein Bogen aus temporalen und kausalen Verbindungen spannt sich über den Nachrichten der Jahre von 1521 bis 1532. Unter diesem Bogen vermitteln zahlreiche Bezüge eine Zusammengehörigkeit des Geschilderten, eine Vernetzung aller Einzelereignisse, kurz, ein in sich schlüssiges Konzept.

Von den sich noch anschließenden sechs Nachrichten setzt jede mit dem annalentypischen ‚anno xy' ein, enthält in kürzester Form Todesfälle, Postenumbesetzungen, stellt keine Bezüge zu anderem her.

Schon diese ganz kurze und oberflächliche Sichtung des unter Kempes Namen überlieferten Textes erlaubt die oben vorgebrachte Annahme, der eigentliche Bericht Steffen Kempes ende mit der Schilderung der drei Ereignisse, die den im Titel genannten Wandlungsprozeß abschlossen: der Annahme einer neuen evangelisch-lutherischen Kirchenordnung, der Besetzung aller vier Hauptpfarren mit ebensolchen Geistlichen und der Ernennung des Superintendenten, eines Postens vergleichbar dem heutiger evangelischer Landesbischöfe.

Nimmt man die Nachrichten von den ersten reformatorischen Regungen in Hamburg bis zu der vollständigen Durchsetzung der neuen Lehre als Eckpfeiler des Kempeschen Berichtes, fällt eines seiner Bauprinzipien sofort ins Auge. Der Bericht umschließt zwar elf Jahre, sein Herzstück dagegen umfaßt elf Stunden, den 28.4.1528 von sieben Uhr früh bis sechs Uhr abends. Ebenfalls ausführliche Schilderungen erfahren die Ereignisse, die auf diese entscheidenden elf Stunden hinführten: die Ankunft des katholischen Theologen Barthold Moller Mitte Februar 1526, Streitigkeiten zwischen evangelischem Pfarrer und untergeordneten katholischen Klerikern der St.Nikolaikirche Weihnachten 1526, die Predigt eines Domherren eben zu dieser Zeit, eine erste Verhandlung evangelischer und katholischer Geistlicher vor dem Rat in der Fastenzeit 1527, die verbalen Auseinandersetzungen der evangelischen und katholischen Gruppierungen ein Jahr später, deren gerüchteweise verlauteter Übergang in Tätlichkeiten zur Verhandlung am 28.4.1528 führte - der Verhandlung, in der sich Bürger und Rat der Stadt auf die endgültige und vollständige Durchführung der Reformation in Hamburg verständigten

Alle weiteren von Kempe in seinen Berichtszusammenhang aufgenommenen Ereignisse werden sehr viel kürzer und knapper erzählt, vor 1526 und nach April 1528 wirken sie wie der notwendig aufzubauende Rahmen, der das zentrale Stück zu dessen vollständigem Verständnis umschließen muß; Geschehnisse der Jahre 1526 bis 1528, die nicht zu den oben aufgezählten gehören, bilden Zusatzinformationen, Mitteilungen, die den unaufhaltsamen Ablauf der Ereignisse hin zur Reformation der Stadt durchsichtiger machen, indem einzelne seiner Stationen genannt werden.

Wird im folgenden also der Bericht des Steffen Kempe zu untersuchen sein, wird damit stets der die Jahre 1521 bis 1532 umfassende, in sich zusammenhängende Text gemeint sein, die anschließenden sechs annalenartigen Nachrichten sollen nicht mehr zum eigentlichen Bericht gerechnet werden.

7 – 4 – 2 Die Berichte aus Johann Mollers Sammelhandschrift

Wie bereits angemerkt, teilte schon Lappenberg den in Johann Mollers Sammelhandschrift überlieferten Text in zwei einzelne Berichte, die beide eine Schilderung der Ratsverhandlung vom 28.4.1528 enthalten.[181]

Während diese im ersten Bericht ergänzt wird durch die Klageartikel, die die evangelischen Geistlichen gegen die katholischen Prediger aus deren Homilien gezogen hatten, sowie durch eine lateinisch verfaßte Gegendarstellung Barthold Mollers bezüglich der ihm vorgeworfenen Artikel, baut die zweite eine Retrospektive auf die ein Jahr vorher stattgefundene Ratsverhandlung ein.

An diese Retrospektive schließt sich eine Auflistung katholischer Geistlicher an, die in Folge der Verhandlung von 1528 die Stadt gezwungen oder freiwillig verließen.

Der letzte der acht dabei Genannten ist Barthold Moller und aus der seiner Namensnennung beigegebenen Apposition *min broder* schloß Lappenberg auf Johann Moller als Verfasser des von ihm ausgemachten zweiten Berichtes.

Nun existieren aber einige, von Lappenberg offenbar anders eingeschätzte oder vielleicht nicht wahrgenommene Indizien, die eine Teilung seines Berichtes B in zwei einzelne Texte implizieren und so zwei lediglich von Moller in seiner Sammelhandschrift übernommenen Berichten einen dritten, allerdings von Johann Moller selbst verfaßten Text an die Seite stellen.

Die Grenze zwischen dem von Lappenberg bereits so bezeichneten Bericht B und einem dritten, in logischer Fortführung der Reihe C zu nennenden Bericht befindet sich dabei zwischen dem die Retrospektive abschließenden Kommentar und dem Beginn der Aufzählung der katholischen Geistlichen.[182] Ihre Lage ist selbst ohne genauere Kenntnis der Texte begründbar.

Bericht B nennt von fünf der Stadt verwiesenen katholischen Geistlichen die drei namentlich, die bei der dem Urteil vorangegangenen Verhandlung nicht anwesend waren und sich daher nicht verteidigen konnten. Anhand ihrer Behandlung wird die Unrechtmäßigkeit der

---

[181] Vgl. Anm. 173, S. 109: Moller A: S. 543-551; Moller B: S. 551-567.
[182] Moller, S. 554.

Verhandlung, die im Mittelpunkt der Schilderung von Bericht B steht, noch einmal abschließend betont.

Bericht C hingegen setzt mit der Aufzählung aller in der Verhandlung beklagten Geistlichen ein, die er mit einer Ausnahme nennt. Zusätzlich wird ein weiterer Prediger in die Liste aufgenommen. Auch diese Liste nennt fünf Namen als die von Verwiesenen. Gerade bei der einzigen expliziten Übereinstimmung mit B fällt allerdings eine ganz andere Charakteristik für den Betreffenden auf, als sie in B gegeben wurde. Bei den übrigen vier stimmen B und C nur in zwei der Genannten überein, da C bis auf die eine Ausnahme, den explizit mit B übereinstimmenden Geistlichen, sich ausschließlich mit den bei der Verhandlung 1528 Beklagten beschäftigt. Von ihnen wurden aber im anschließenden Urteil nur zwei verwiesen, die drei anderen wurden in dieses Urteil eingeschlossen, ohne daß sie überhaupt angeklagt gewesen wären.[183] Außerdem teilt C die Verurteilung jeweils nur als eine unter anderen Informationen bei den betreffenden Geistlichen mit, die Aufzählung verfolgt eine andere Ausrichtung und beschäftigt sich vor allem damit, wie die betroffenen Geistlichen auf die an sie ergangene Aufforderung zum Widerruf ihrer Lehrsätze reagierten (über diese Motivierung der Liste paßt im übrigen auch die eine, nicht direkt beklagte Ausnahme in den Kontext, dieser Geistliche war bereits 1527 zu einem Widerruf verurteilt worden).

Im Anschluß an die Auflistung und über die Person des letzten in ihr behandelten Geistlichen mit ihr verbunden, folgt eine dritte Schilderung der Ratsverhandlung vom 28.4.1528. Sie zeigt in ihren Schwerpunkten und der Art ihrer Darstellung deutliche Unterschiede zu den beiden vorangegangenen Mitteilungen dieses Geschehens und ist als ebenso eigenständig anzusprechen wie die beiden anderen, auch wenn sie nicht deren exponierte Stellung im Rahmen ihres Berichtszusammenhanges besitzt.

Schließlich fällt selbst bei nur oberflächlicher Lektüre des gesamten in Mollers Sammelhandschrift vereinigten Textaufkommens an Reformationsberichten ein zweimaliger Wechsel im Darstellungs- und Bewertungssystem auf, zwischen A und B ist dieser Wechsel lediglich von auffallenderen formalen Merkmalen begleitet als zwischen B und C, inhaltlich al-

---

[183] Eine Tatsache, auf die B im übrigen nicht hinweist und die für C überhaupt nicht interessiert, da eben nur die in die Verhandlung involvierten Geistlichen Erwähnung finden.

lerdings ist er in beiden Fällen ähnlich klar ausgeprägt. Die folgenden Einzelanalysen der Berichte werden dies deutlich machen. An dieser Stelle ist zunächst festzuhalten, daß die Sammelhandschrift Mollers offensichtlich drei Berichte über Ereignisse des Reformationsprozesses in Hamburg enthält: A und B, die die Ratsverhandlung von 1528 thematisieren, und C, der ihre Folgen für wichtige Vertreter der katholischen Geistlichkeit behandelt und daran anschließend vor allem Johannes Bugenhagens Wirken in der Stadt thematisiert.

7 – 5 Einzelanalysen der Berichte

Nachdem in den vorangegangenen Abschnitten Gestalt und Umfang der Berichte diskutiert wurden, hat nun eine separate Untersuchung jeden der Texte zu erfolgen.

Diese soll sich an den eingangs vorgestellten Stichworten orientieren, also die Berichte befragen hinsichtlich ihrer <u>Selektion</u>, d.h. der Auswahl der in ihnen behandelten Themen bzw. der einzelnen Aspekte eines zugrundegelegten Themas; ihrer <u>Konstruktion</u>, d.h. der Entfaltung der in den Bericht aufgenommen Themen bzw. Themenaspekte und des in ihnen aufgebauten Verhältnisses von erzähltem Vorgang und erzähler Zeit zu Erzählvorgang und Erzählzeit; ihrer <u>Interpretation</u>, d.h. des Werte- bzw. Wertungssystems, das dem in ihnen Berichteten zugrundeliegt und seine Darstellung und Vermittlung prägt; ihrer <u>Funktion</u>, d.h. der Rolle, die sie im Prozeß der Reformation in Hamburg gespielt haben, dem Zweck, den sie verfolgten und der mit ihnen verfolgt wurde.

Die Berichte sollen hierbei in der Reihenfolge ihrer Entstehung untersucht werden, d.h. zunächst die beiden anonymen Berichte, dann der Bericht Johann Mollers und schließlich der Bericht Steffen Kempes. Der Einfachheit halber sollen sie im Folgenden mit den Buchstaben A bis D bezeichnet werden. Bericht A ist dabei der auch von Lappenberg so bezeichnete aus Mollers Sammelhandschrift, B stellt den Beginn des von Lappenberg so benannten Textes bis zur in 4.5.2. ausgemachten Grenze dar, C umfaßt das Verbleibende und D ist der Bericht Steffen Kempes, in den in 4.5.1. deutlich gemachten Abgrenzungen.

7 – 5 – 1   Bericht A

7 – 5 – 1 – 1   Überblick

Bericht A thematisiert die Ratsverhandlung vom 28.4.1528, in deren Verlauf und Ergebnis die endgültige und offizielle Durchsetzung und Annahme der Reformation in der Stadt vorbereitet und festgelegt wurde.

Der gesamte Text zerfällt in mehrere Teile. Der Bericht setzt ein mit einer das Wann, Wo, Wer und Was enthaltenden Einleitung. Ihre Wendung auf die Person und das Verhalten Barthold Mollers motiviert den Einbau zweier aus offensichtlich anderem Kontext stammender Texte: der Artikel, die Barthold Moller von evangelischer Seite als wider die heilige Schrift gepredigt vorgeworfen wurden (A1) und einer lateinisch abgefaßten und z.T. gekürzt wiedergegebenen Confessio Barthold Mollers, in der er darlegt, was er gepredigt hat (A2). Hieran schließt sich eine Fortsetzung des Teiles A1 an, in dem die ihnen von evangelischer Seite aus vorgeworfenen Artikel anderer katholischer Geistlicher aufgelistet werden. Die Herkunft von A1 aus evangelischen Kreisen beweist ein diesen Teil abschließender Satz, der die genannten Geistlichen dazu auffordert, entweder ihre gegen die göttliche Wahrheit verstoßenden Artikel aus der Schrift zu belegen und, gelingt dies nicht, zu widerrufen oder gänzlich von solchen Predigten zu lassen.

Dies zeigt auch ein wiederum lateinisch abgefaßter Teil A3, der das Vorangegangene als Werk „maledictae sectae Martinianae"[184] beschreibt und einen Stoßseufzer nach Besserung der Situation folgen läßt.

Anschließend setzt der eigentliche Bericht A mit einer niederdeutschen Wiederaufnahme von A3 ein und schließt mit einer Einschätzung der nach der und durch die Verhandlung in Hamburg herrschenden Situation sowie mit allgemeinen Betrachtungen zur Lage im heiligen römischen Reich den Rahmen dieses ersten Berichtes.

---

[184] Moller, S. 549.

7 – 5 – 1 – 2 Themenauswahl und -verknüpfung des Berichts

Expositionsartig bringt gleich der erste Satz des Berichtes die für eine Ereignisschilderung notwendigen Basisinformationen - das Datum, den Ort, das Personal und seine grundsätzlichen Beziehungen zueinander - *alle predigers* sind *dorch undersettinge itliker vorlopen mönneken und anderer lantlöpers* auf das Rathaus *vorbadet worden* (543). Hieran schließt sich eine Spezifizierung dieser entlaufenen Mönche und Vagabunden an: Die drei Köpfe der evangelischen Seite werden namentlich genannt und mit kurzen, negativen Charakteristiken näher beschrieben. Es folgt die noch ausstehende Begründung der Vorladung auf das Rathaus. Die *vorbenömede frame lude* (543), eine explizite Wiederaufnahme für *alle predigers*, sind mit *falschen artikelen* (543) angeklagt worden, die *de anderen predicanten* - also offensichtlich die genannten drei evangelischen Prediger - *bovetliken aver se gedichtet* (544) haben. Durch eine Verkehrung der Worte (*der framen lude wort vorkeret* (544)) ihrer Gegner *so de natur der ketters is* (544), ist den evangelischen Predigern und ihrem Anhang diese Anklage gelungen - mit Erfolg! Der Bericht geht jetzt nämlich von der Ursachenerläuterung der Verhandlung auf die Nennung ihrer Folgen über. Ein namentlich genannter Domherr *mit den anderen predicanten, de hir beschreven stan bi eren artikelen, de se schollen geprediget hebben* sind der Stadt verwiesen worden, weil sie sich weigerten, *dusse falsche artikelen* (544) zu widerrufen.

Hiermit ist bereits die oben so genannte Fortsetzung des Teiles A1 motiviert, und es werden sich noch weitere Indizien für eine durchgängige, eigenes und aus anderen Quellen stammendes Material verbindende Anlage des gesamten Textes finden.

Zunächst allerdings führt der Bericht exemplarisch die Verteidigungstaktik der katholischen Prediger vor - am Beispiel ihres bedeutendsten Kopfes, Barthold Moller, der den Versuch unternahm, die ihm vorgeworfenen Artikel zu besprechen und zu rechtfertigen.

Anstelle einer möglichen Nacherzählung dieses Vorganges treten nun zwei größere Fremdmaterial-Passagen. Beide werden im laufenden Text von A vorbereitet. Bis auf den letzten der ihm vorgeworfenen Artikel hat Moller alle als klärbar anerkannt, seine Darlegung

---

Im Nachfolgenden gilt die Herkunft aller Zitate aus Lappenbergs Textedition der Berichte Mollers und Kempes (vgl. Anm. 10, S. 13). Ihr Nachweis erfolgt als in Klammern gesetzte Zahl hinter dem betreffenden Zitat im Fließtext der

dessen, was er tatsächlich sagte und woraus seine Gegner die ‚falschen Artikel' formulierten *soll hir up latin ... mit kortheit beröret* werden, *alse hir na sine artikelen beschreven is* (544).

Mit dem nächsten Satz wird das folgende noch einmal zusammengefaßt und zueinander in Beziehung gesetzt. Die Artikel werden zeigen, was Moller gepredigt haben soll; daß sie eine Verkehrung seiner Worte sind, wird dann *ut siner bekantnisse klarliken* (544) erscheinen, wobei *bekantnisse* (544) bereits das „confessio"(545) aus dem Titel der lateinischen Verteidigung Mollers vorwegnimmt.

Wie bereits angekündigt, schließen sich an Artikel und Confessio Mollers die Artikel weiterer katholischer Geistlicher, insgesamt von sechs Personen, an.

Sie werden in einem zusammenfassenden Schußsatz als *ane warheit der götliken schrift* (549) gelehrt bezeichnet und die Geistlichen, die sie gepredigt haben, dazu aufgefordert, sie *mit Gades worde [to] beweren unde [to] wedderropen* (549) oder aber von ihren Predigten abzulassen. Ein deutlicher Hinweis darauf, daß die gesamte Auflistung aus einer evangelisch ausgerichteten Quelle stammen muß, denn eine solche Einschätzung ist für einen katholischen Autor undenkbar.

Dies beweist auch der an die Artikel-Aufzählung anschließende, wie angemerkt auf Latein abgefaßte Kommentar, der seiner Herkunft nach gewiß aus katholischer Feder stammt, wegen seiner Sprache aber ebenfalls als in den Bericht A übernommene Passage gelten soll. Darauf deutet außerdem die leicht abgewandelte und abgeschwächte Wiederaufnahme im nach A3 wieder niederdeutsch einsetzenden Berichtstext hin, die „De sententia secretariorum Magistri Johannis Wetken et Joachimi Somervelt cum ceteris complicibus et huic maledictae sectae Martinianae adhaerentibus" (549) übernimmt als *Dit is gewest de sententie der Martinisten* (549).

Daran anschließend wird noch einmal auf das Verhandlungsergebnis eingegangen, dieses Mal unter dem Aspekt der Unrechtmäßigkeit des Ausweisungsurteils über die katholischen Geistlichen. Wie am Beispiel Mollers ausgeführt und hier noch einmal als kollektiver Anspruch thematisiert, forderten die angeklagten Geistlichen eine Prüfung der ihnen vorge-

---

Arbeit, die die Seitenzahl bezogen auf Lappenbergs Edition angibt, auf der das entsprechende Zitat zu finden ist.

worfenen Artikel durch unvoreingenommene Richter (*to erkentnisse der unvordechtliken richteren* (550)), sie sollte *bi christliken doctoren der christliken universitäten* (550) liegen. Doch auf Veranlassung (*dorch underichtinge* (550)) der oben Genannten, deren bereits angesprochene negative Charakteristik hier noch einmal aufgelegt wird, wurde dieser Forderung nicht stattgegeben, die Genannten *wolden sin klegers unde richters* (550), was ihnen auch gelang und zu der Verurteilung der katholischen Geistlichen führte.

Die Wendung auf die zu Beginn eingeführten evangelischen Geistlichen, die für die in Hamburg stattgefundene Verhandlung und ihren Verlauf nochmals als verantwortlich bezeichnet werden, leitet über zum Schlußteil des Berichtes, in dem das bisher Mitgeteilte zum Anlaß wird, über die allgemeinen Verhältnisse der Zeit und ihre bedrohliche Entwicklung zu handeln. Hiermit wird das, was in Hamburg geschah, auf einen reichsumfassenden Kontext bezogen, um noch einmal die Ablehnung und Verurteilung dessen, was sich in der Stadt ereignete, zu begründen.

Personen, die so handeln wie die drei Hamburger evangelischen Geistlichen, sind *de warhaftigen vorleiders framer lüden* (550), das wird aus ihren Taten ganz deutlich, sie wollen die heiligen Sakramente nach ihrer eigenen Sicht der Dinge auslegen, obwohl nicht einmal der Papst dazu in der Lage wäre, eigenmächtig etwas in der heiligen christlichen Kirche zu verändern. Ausschließlich ein allgemeines Konzil wäre in der Lage *eindrechtliken to beslutende, wes men holden schal und wes men vormiden schal* (550). Ein solches Konzil ist anzustreben, solange der Urheber der herrschenden Uneinigkeiten innerhalb der Kirche noch am Leben ist - solange Martin Luther noch lebt, scheint die Möglichkeit gegeben, die Abtrünnigen wieder mit der Kirche zu vereinen, *uppe dat de leste erdom nicht groter mochte errisen, alse de erste suß lank gelopen heft dorch verweckinge veler ketterie dorch Martinum in de werelt verkündiget und vorbredet* (550). Mit einem anschließenden Segenswunsch endet der Bericht A.

7 – 5 – 1 – 3 Konstruktion des Berichtszusammenhanges

In seiner Schilderung bleibt der Bericht oberflächlich und immer wieder ungenau. Grundsätzlich wird eine Gegenüberstellung von katholischen und evangelischen Geistlichen vermittelt. Im gesamten ersten Teil von A finden sich als Handlungsträger des geschilderten Ereignisses ausschließlich Angehörige der gegeneinander arbeitenden Lager von Geistlichen.

Der unmittelbare Initiator der anberaumten Verhandlung auf dem Rathaus - nämlich der Rat der Stadt Hamburg - wird mit einer Passivkonstruktion elegant aus dem Spiel gelassen. Die katholischen Geistlichen wurden vorgeladen. Das notwendige Präpositionalobjekt bringt jetzt nicht die auslösende(n) Person(en) - durch wen, sondern eine Begründung - auf Veranlassung. Das Genitiv-Attribut gibt dann die eigentlichen Verantwortlichen als etliche entlaufene Mönche und andere Vagabunden. Erst in der folgenden, mit *benömelik* (543) einsetzenden Spezifizierung verengt sich der Personenkreis von undifferenzierten *itliken* (543) auf konkrete drei - die drei evangelischen Pastoren der Stadt.

Auch in der nach einer Charakteristik dieser drei gelieferten näheren Begründung für die Vorladung bleibt die genannte Grundkonstellation gewahrt. Diesmal bilden *de anderen predicanten ut anderen karken* (543/44), eine explizite Wiederaufnahme der entlaufenen Mönche und Vagabunden, bzw. Kempes, Zegenhagens und Fritzes, das Subjekt, dessen aktive Tätigkeit darin bestand, *dusse vorbenömde frame lude* (543) angeklagt zu haben. Die dabei nach Art der Ketzer aus einer Verfälschung der Wahrheit entstandenen Artikel, die für die Anklage benutzt wurden, hätten sie bei Strafe der Ausweisung aus der Stadt widerrufen müssen; *so leider den framen luden gescheen is* (544). Wieder verdeckt das Passiv, daß es nur eine Instanz gab, in deren Kompetenz ein solches Urteil fallen konnte - den Rat der Stadt. Im Folgesatz wird dieses verschleiernde Passiv aufrechterhalten - eine Anzahl katholischer Geistlicher ist der Stadt verwiesen worden. Der Grund ist die Verweigerung des Widerrufs der ihnen vorgeworfenen Artikel. In einem äußerst schnellen Übergang von ihrem Kollektiv zu einem herausragenden Beispiel geht ein *itlik* (544) anstelle „aller", die diese Weigerung mittrugen, ebenfalls sehr schnell am Leser vorbei. *Unde hebben nicht willen itlike van den wedderropen dusse valsche artikelen, sünder doctor*

Barteld Moller heft do vort ... bespraken alle sine artikelen (544), die er zu verteidigen bereit war.

Dies ist beachtenswert, da es in der Reihe der Katholiken einen gab, der in der Ratsverhandlung das ihm Vorgeworfene zurücknahm und anschließend öffentlich widerrief, um in der Stadt bleiben zu können. Beides übergeht Bericht A im Zusammenhang mit der betreffenden Person, Jodocus Siffridi, Domherr und Prediger am Heiligen-Geist-Hospital. Der Bericht erwähnt Siffridi überhaupt nur nebenbei. In A1 wird er im Anschluß an die Johannes Rensborch vorgeworfenen Artikel genannt als einer derjenigen, die wie Rensborch Lk. 24, 13-35[185] dahingehend auslegten, daß den Laien die Kommunion nur sub una specie, nämlich der des Brotes, zukäme. Interessanterweise wird hier auf eine Zurücknahme dieser Auslegung durch Siffridi bereits am 23.4. hingewiesen[186] und daraus gefolgert, daß die Vorladung ihm gegenüber jeder rechtlichen Grundlage entbehrte und nicht hätte erfolgen dürfen.

Noch einmal zurück zur behandelten Gegenüberstellung von katholischen und evangelischen Geistlichen. Im Wiedereinsatz von A nach A3 wird sie in ihrer Tendenz, einen Konflikt ausschließlich zwischen diesen beiden Gruppen aufzubauen, abermals sehr deutlich. Spricht A3 von zwei Ratssekretären, deren Komplizen und denen, die der Sekte der Martinianer anhingen als Urhebern des vorangegangenen Teiles A1, so nimmt A diese Beurteilung auf als *sententie der Martinisten* (549). Diese in ihrer Zusammensetzung diffus bleibende Gruppierung hat den Stadtverweis der katholischen Geistlichen zu verantworten, die sich doch *in jegenwardicheit des ersamen rades und etliker hundert borgeren* (550) zu einer Diskussion bereit erklärt hätten, wären die Richter Unparteiische gewesen. Daß diese Voraussetzung nicht geschaffen wurde, wird in bereits bekanntem Muster berichtet. Eine Passivkonstruktion - *dit is den framen heren leider nicht gegünnet* (550) - die ihre Erklärung in einem Präpositionalobjekt mit Genitiv-Attribut findet: *dorch underrichtinge ... der verlopen boven, wo baven bescreven und genömet sint* (550). Mit diesen oben Genannten, also den drei evangelischen Geistlichen, läßt sich dann auch *Martinisten* als Vorverweis füllen und

---

[185] Emmausjünger; Perikope zu Ostermontag.
[186] Lappenberg irrt im Datum.

damit ist das Zwei-Gruppen-Schema durchgehalten, Rat und Bürger werden in die ausschließliche Rolle von passiven Beobachtern gerückt.

Die deutlich gemachte Zwei-Parteien-Konstellation stützt die Beobachtung der Oberflächlichkeit und Knappheit des Berichtes. Auf dieser Grundlage wird eine Schwarz-Weiß-Malerei ohne jeden Grauton aufgebaut. Sie ermöglicht es, mit einem Minimum an Erläuterungen, Zusammenhängen, Ursachen, Verbindungen, Verhältnissen auszukommen. Eine Gruppe von ‚Bösen' greift eine Gruppe von ‚Guten' an, die lediglich im Versuch ihrer Verteidigung aktiv wird, in diesem Versuch infolge der Übermacht der ‚Bösen' aber scheitert und verdrängt wird.

Der Bericht A vereinfacht also einen komplexen Vorgang, indem er auf dessen Vorgeschichte völlig verzichtet und auch den eigentlichen Verlauf des Ereignisses lediglich im oben genannten Sinne skizziert. Dementsprechend findet sich außer der sorgfältigen Datierung der Verhandlung - *anno 1528, kort na Paschen, benömeliken am dinxtedage na dem sondage Misericordia Domini genömet* (543) - im Verlauf des Berichtes lediglich noch eine klare Zeitangabe, der im Zusammenhang mit Siffridi genannte Georgstag 1528, d.h. der 23.4.[187] Alles andere bleibt in der zeitlosen Sphäre einer an sich kritischen Situation. Die Entwicklung hin zur Krise ist unbedeutend, was zählt, sind Zustand und Stellung der Involvierten im Augenblick des Ereigniseintritts. Dies zeigt z.B. die Charakteristik der evangelischen Geistlichen. Kempe ist ein entlaufener Franziskaner (seit wann? und warum?) und Pastor der St.Katharinenkirche; Zegenhagen aus Magdeburg vertrieben (wie und wann kam er nach Hamburg?), Pastor von St.Nikolai und verheiratet mit einer ehemaligen Nonne; Fritze, aus Lübeck verwiesen, hat ebenfalls eine Nonne geheiratet (warum? wann?). Es geht hier nicht um kausale und chronologische Zusammenhänge, sondern darum klarzumachen, daß ‚die Bösen' in ihrem Wesen ihrer Rolle entsprechen.

Auch die Schilderung der Verhandlung hat mit ihrem Dreischritt mehr statische als dynamische Elemente. Eine Anklage ist erfolgt, eine Verteidigung verhindert, ein Urteil ausgesprochen und umgesetzt worden.

---

[187] Zwar finden sich auch in A2 genaue Datierungen, doch da es sich bei Mollers Confessio um in den eigentlichen Bericht eingebrachtes Fremdmaterial handelt, sollen sie hier vernachlässigt werden.

Damit stellt sich die Frage nach dem, was Bericht A in seiner Tatsachenauswahl und -darstellung an Standpunkt, Blickwinkel und Wertungen vermittelt.

7 – 5 – 1 – 4 Konzept und Perspektive des Berichts

Wie bereits im vorangegangenen Abschnitt angesprochen, ist der Bericht beherrscht und geprägt durch eine klare Schwarz-Weiß-Malerei, ein Entweder-Oder, das differenzierte Bewertungen weder kennt - noch braucht!

Bericht A geht in seiner gesamten Schilderung von zwei bereits bekannten Fronten aus. Er befindet sich keinesfalls in der Lage, definieren zu müssen, von wem er spricht; es genügen jeweils wenige treffende Worte, die auf vorliegendes Wissen referieren, bei den Rezipienten ein vorhandenes Assoziationsfeld zu aktivieren. So stehen einander gegenüber:

1. *alle predigers*   *vorlopen monneken und andere ... lantlöpers* (543)
2. *vorbenömde frame lude*   *de anderen predicanten ut anderen karken* (543/44)
3. *frame lude*   *ketters* (544)
4. *vorgescreven heren*   *Martinisten* (549)
5. *frame heren*   *gripenwülve, verlopen boven* (550)
6. *frame lüde*   *vorleiders; seigers alles venins* (550)

Am treffendsten stellt dabei Paar 3 die Antagonisten dar. Auf der einen Seite stehen fromme Leute, ehrbare tüchtige, redliche, rechtschaffene, gottesfürchtige Personen;[188] auf der anderen Ketzer, Häretiker, deren Vergehen darin besteht, von der offiziellen Lehre der Kirche abgewichen zu sein.[189] Es sind entlaufene Mönche, Verführer, Giftsäer, aber auch Vagabunden, *gripenwülve* (550), *verlopen boven* (550), also Menschen, die nicht nur gegen

---

[188] Paraphrase von *vrome* in Überblick seines zeitgemäßen Bedeutungsspektrums nach: Möhn, Dieter (Hrsg.): Mittelniederdeutsches Wörterbuch. Neumünster 1956ff., Bd. 1, Sp. 1005.
[189] Möhn, Dieter (Hrsg.): Mittelniederdeutsches Handwörterbuch. Neumünster 1956ff., Bd. 2, Sp. 555 weist für *ketter* neben Häretiker und Sektierer außerdem ‚überhaupt außerhalb des Rechts lebender, lasterhafter Mensch' nach; eine Einschätzung, die die Gegenposition zum frommen Menschen über die religiöse Komponente hinaus stützt.

die geltende Kirchenlehre stehen, sondern auch gegen herrschendes Recht, die eine Gefahr für Glaube und Gesellschaft in Personalunion darstellen.

Dies wird ebenfalls deutlich an der Charakteristik der drei Anführer der Ketzerbewegung der ‚Sekte der Martinisten' in Hamburg. Kempe hat das Kloster verlassen, obwohl die Profeß unlösbar ist, unwiderruflich wie die Priesterweihe. Von den Kirchgeschworenen des Katharinenkirchspiels ist er mit Zustimmung und Hilfe von dessen Bürgern zum Pfarrer der Kirche gemacht worden - unter Mißachtung der Instanz, in deren Händen die Berufung der Pastoren der Kirche lag, des Domkapitels. Dies ist besonders zu betonen, da um die Modi der Pfarrerwahlen in Hamburg seit geraumer Zeit ein Streit zwischen den Bürgern der Kirchspiele und dem Domkapitel bestand, in dem das Kapitel das Recht der Pfarrerwahl und -einsetzung zu verteidigen und die Bürger es zu erringen versuchten.

Zegenhagen wird als Davongejagter eingeführt, der in Magdeburg aus den Toren gewiesen, in Hamburg den Posten des Pfarrers von St.Nikolai bekleidet, auf den er ebenso wie Kempe unter Umgehung des Kapitels gelangt war. Muß schon diese Tatsache den Pastor in den Augen ‚Rechtgläubiger' bedenklich erscheinen lassen, macht ihn eine weitere völlig unmöglich: Der Priester ist verheiratet, wobei seine Frau auch noch eine ehemalige Nonne ist.

Auch Fritze ist ein Ausgewiesener (aus Lübeck), auch er hat eine Nonne zur Frau genommen. Doch in seinem Falle sind das nicht die Hauptargumente. Fritze nämlich ist jemand, den es offiziell gar nicht geben darf, der Sohn eines Geistlichen, ein *papenkint* (543).[190]

Der große Hintergrund für die Ereignisse in Hamburg sind die Auseinandersetzungen um die Person und ständig wachsende Anhängerschar Martin Luthers auf der Reichsebene. Wie erwähnt werden auch in der Stadt Laien und Geistliche als Martinisten bezeichnet. Eine Kennung, deren erläuterndes Beiwerk ganz deutlich macht, um welche Sorte Mensch es sich bei den so Genannten handelt: Die Bürger des Katharinenkirchspiels, die Kempe zu ihrem Seelsorger ernannten, sind *begrepen unde beseten ... mit der vermaledigeden secte Martini Lutters* (543). Luther selber wird, um das Urteil gegen seine Anhänger auf eine ver-

---

[190] Was das für die katholische Seite bedeutet (Bruch des Zölibats etc.), wird nicht bedacht!

ständliche Grundlage zu stellen, in einer das Zitat fortsetzenden Apposition mit anschließendem Relativsatz charakterisiert als *vorlopen mönnik, dede leider de ganze werlde vorgiftet heft mit sinem venin und bedregerie alse sine schriften vormelden* (543). Hier ist also die Quelle genannt, aus der die im weiteren Textverlauf als *seigers alles venins* (550) genannten Geistlichen in Hamburg ihr Gift gezogen haben.

In dem bereits bekannten lateinischen Kommentar A3 taucht abermals die „maledicta secta Martiniana" (549) als Herkunftsbezeichnung bzw. Orientierungsgrundlage derjenigen Bürger auf, die die Anliegen der ketzerischen Geistlichen in der Stadt unterstützen. Waren es im ersten Falle die mit ihren Namen genannten Leichnamsgeschworenen des Katharinen-kirchspiels und weitere Bürger, sind es hier zwei namentlich aufgeführte Ratssekretäre samt verbündeten Bürgern, die sich ganz offen zur Sache der Martinianer bekennen. Die jeweils gewählte Form, über ihren Namen einwandfrei identifizierte Amtsträger mit weiteren Parteigängern vorzustellen, macht deutlich, wie weit die Infiltration Hamburgs mit ‚vergifteten Lehren' schon gediehen ist. Vor den Kirchentüren konnte sie infolge ihrer Herkunft nicht gestoppt werden - aber selbst der Rat der Stadt ist nicht mehr frei von ketzerischen Elementen - eine Gefahr für Ruhe und Ordnung, Sicherheit und Frieden ist damit nicht mehr auszuschließen, die bröckelnde Einheit des Rates spiegelt die verlorene Einheit der Stadt. Es ist der Zeitpunkt erreicht, zu dem etwas geschehen muß. Auch auf Reichsebene ist dringender Handlungsbedarf gefordert. Nachdem die Frage der kirchlichen Reformen durch Luther unausweichlich auf eine Antwort drängt, ist die Einberufung eines Konzils erforderlich. Dieses Konzil hat noch zu Lebzeiten des Aufrührers Luther stattzufinden, um dessen Irrtümer aus der Welt schaffen zu können und die Eintracht der heiligen christlichen Kirche wieder herzustellen und insgesamt zu retten.

Bei den Ausführungen zu dem gewünschten Konzil fällt das klare Bekenntnis zum Konziliarismus auf, das den Bericht an dieser Stelle prägt. Der Papst allein hat nicht die Macht, auch nur das Allergeringste in der Kirche zu reformieren. Dazu bedarf es eines Konzils, das der Kaiser in nächster Zukunft hoffentlich zusammenrufen lassen werde. Ganz offensichtlich wirkt hier der Eindruck nach, den die beiden großen vorangegangenen Konzilien (Konstanz 1414-1418; Basel 1431-1449) hinterlassen hatten - v.a. da es in ihrem Rahmen ebenfalls um den Grenzbereich zwischen Reformvorhaben und Ketzerei gegangen war und in Zusammenhang mit dem Prozeß gegen Jan Hus (der mit seinem Tod auf dem Scheiterhaufen in Konstanz endete) vieles angeklungen war, was mit dem Auftreten Luthers nun wiederum hochaktuell wurde (hier vor allem Problem der communio sub sola bzw. utraque specie).[191]

Die heilige christliche Kirche darf also keinem Einzelwillen unterworfen sein, sondern konstituiert sich erst durch Einheit und Eintracht ihrer Angehörigen untereinander. Wer sich aus dieser - als existent angenommenen - Einigkeit löst, eigenmächtig eine Reformbewegung initiiert und durchzusetzen gewillt ist, muß als außerhalb der Kirche stehend gesehen werden, als gegen sie agierend, ist Außenseiter und Ketzer.

Diese Sichtweise zeigt sich auch auf der Lokalebene der Stadt sehr gut in den beiden ersten oben aufgeführten Gegensatzpaaren. Alle Prediger sind auf das Rathaus geladen worden, wo den genannten frommen Leuten *de anderen predicanten ut anderen karken* (543/44) falsche Artikel vorgeworfen haben. Obwohl das Kollektiv *alle predigers* (543) tatsächlich alle Prediger Hamburgs umfassen müßte, werden ihm andere Prediger aus anderen Kirchen gegenübergestellt. Die Separierung der Abweichler und Ketzer von der einen heiligen christlichen Kirche läßt sich schwerlich auffallender demonstrieren.

7 – 5 – 1 – 5 Funktion und Datierung des Berichts

Bericht A muß als direkte Folge der Ratsverhandlung von 1528 entstanden sein. Er beschäftigt sich ausschließlich mit diesem Ereignis, dessen Auswirkungen er noch nicht kennt;[192] will über die Artikel informieren, die den katholischen Geistlichen vorgeworfen wurden, ihre Wahrheitswidrigkeit beweisen, ihre Urheber als Ketzer und Aufrührer - nicht entlarven, denn daß sie es sind, wird als bekannt vorausgesetzt, sondern noch einmal in aller Deutlichkeit zeigen und von den ‚frommen' Geistlichen der Stadt absondern.

---

[191] Vgl. hierzu besonders Helmrath, Johannes: Das Basler Konzil 1431-1449. Köln, Wien 1987, S. 327-372 und Brandmüller, Walter: Das Konzil von Konstanz 1414 - 1418. Bd. 1. Paderborn u.a. 1991, S. 323-370.
[192] Außerdem: Wetken noch kommentarlos Ratsekretär, obwohl seit 1 ½ Monaten Ratsherr.

Die Funktion des Berichtes ist soweit nachvollziehbar und belegbar - er stellt eine Informationsquelle für Gleichgesinnte, und d.h. die Neuerer und ihre Anhänger Ablehnende, dar, die durch den Einbau von Originalmaterial zusätzlich an Glaubwürdigkeit und damit an Gewicht gewinnt, deren stark wertende Tendenzen weit weniger Ablehnung suggerieren (womit sie appellativen Charakter hätten) als eine vorhandene Meinung transportieren (und damit im Rahmen der informativen Textfunktion bleiben).

Ein abschließender Gedanke ist auf die erklärte Absicht des Berichtes zu verwenden, die Falschheit der von den evangelischen den katholischen Geistlichen vorgeworfenen Artikel zu beweisen. Ein Vergleich der Barthold Moller vorgeworfenen Artikel mit seiner Confessio bietet sich hierzu an und führt zu einer äußerst interessanten Entdeckung: Die ‚falschen Artikel' und die Confessio widersprechen sich nicht! Mollers Bekenntnis ist gegenüber den Artikeln ausführlicher und differenzierter formuliert, die Artikel weisen gegenüber der Confessio markante Kürze auf, doch in ihren Aussagen stimmen beide Texte objektiv gesehen überein.[193]

Was das ihm Vorgeworfene falsch macht, scheint allein das Fehlen von Begründungen, der Verweis auf die Tradition zu sein - wobei im Falle der Begründung der communio sub sola specie nicht einmal dieses zutrifft: Sowohl Artikel als auch Confessio verweisen auf die Entscheidungen von Konstanz und Basel hierzu. Allein auf der Basis des Textes ist nicht nachvollziehbar, worin die ‚Verkehrung der Worte' Mollers durch die evangelischen Geistlichen bestand - eine Feststellung, die ein bezeichnendes Licht wirft auf die Situation, in der der Bericht entstand.

Diese war offensichtlich nicht geeignet, ‚richtig' und ‚falsch' auf einer sachlichen und vor allem gemeinsamen Basis zu ermitteln und gegebenenfalls zu diskutieren, sondern war wie die gesamte Auseinandersetzung um die Reformation beherrscht vom Gedanken einer gegen die Kirche opponierenden Ketzerbewegung, die per definitionem falsch war und damit auch alles, was ihre Anhänger gegen die Träger der wahren (d.h. geltenden kirchlichen) Lehre vorbrachten - auch wenn es der Wahrheit entsprach.

---

[193] Vgl. hierzu besonders die Ausführungen über die Darreichung des Abendmahls und den Charakter des Ave Maria!

7 – 5 – 2   Bericht B

7 – 5 – 2 – 1   Überblick

Bericht B thematisiert die Ratsverhandlung vom 28.4.1528 sowie in einer Retrospektive eine im Vorjahr stattgefundene Verhandlung vor derselben Instanz und über ein ganz ähnliches Thema. Waren 1528 alle katholischen Prediger dazu angehalten, vor dem Rat ihre Lehren zu beweisen und zu rechtfertigen, war es ein Jahr zuvor nur erst um einen von ihnen gegangen. Der Domherr Nikolaus Bustorp wurde als Ergebnis der Verhandlung 1527 zum Widerruf verurteilt. Da er ihn zum Zeitpunkt der Urteilsfindung der Verhandlung 1528 noch immer nicht geleistet hatte, wurde er auf Verlangen der Bürger aus der Stadt gewiesen, obwohl er nicht zu den aktuell Beklagten gehört hatte. In diesem Zusammenhang steht auch die Retrospektive des Berichtes B. Nachdem Bustorps Verweis aus der Stadt mitgeteilt wurde, folgt sie als dieses Urteil erklärende Passage. Der Bericht teilt sich auf diese Weise in zwei umfangmäßig fast gleich lange Blöcke, die auch in der Ausführlichkeit ihrer Schilderung miteinander vergleichbar sind.

7 – 5 – 2 – 2 Themenauswahl und ~verknüpfung des Berichts

Der erste Teil, in dem es wie bemerkt um dieselbe Verhandlung geht, die auch Bericht A zu seinem Thema machte, setzt nach der Jahresnennung *anno 1528* (551) mit einer kaum überbietbaren Variationsbreite der Datumsbestimmung ein. Der Tag, an dem das interessierende Ereignis stattfand, wird definiert über seine Stellung im Osterfestkreis, *am dinxtedage na dem sondage, Misericordia Domini genömet*, den Tagesheiligen, *dede was de dach Vitalis martelers* und die ganz profane Bestimmung *de 28. dach de mantes Aprilis* (551). An diese sorgfältige Datierung schließt sich die Nennung des Ereignisses - die Vorladung aller Prediger in Hamburg - und seiner Verantwortlichen an. Drei *verlopen boven* sind es, *wor ok vorbenömet sin* (551). Mit dieser Bemerkung wird ganz offensichtlich eine intertextuelle Kohärenz zu dem direkt vorausgegangenen Bericht A hergestellt, an den sich

Bericht B in unserer einzigen Quelle dieser Berichte, Johann Mollers Sammelhandschrift, nahtlos anschloß.[194]

Im Nachfolgenden werden Kempe, Zegenhagen und Fritze als Urheber der Vorladung genannt. Einige, die bloße Namensnennung ergänzende Informationen sind vorhanden, fallen bei der Vorstellung der drei allerdings äußerst kurz aus. Im Kollektiv werden sie weiter als *boven* bezeichnet, deretwegen *sik do vorhevet [heft] ein grot rumor unde uplop binnen Hamborch* (551). Im Zuge dieser Unruhen versammelte sich eine große Anzahl von Bürgern - von *itliken dusent* (551) ist die Rede - auf dem Neuen Saal hinter dem Einbeckschen Haus, in diesem Gebäude selber, auf dem Rathaus und dem *roden tollen* (551). Waren die übrigen der genannten Orte Versammlungsräume der interessierten Bürger, die durch ihre massive Präsenz auf diese Weise in der Lage waren, im Bedarfsfalle ein Mitspracherecht bei der Urteilsfindung zu erzwingen, fand die eigentliche Verhandlung im Rathaus statt.

Ihren Initiatoren wird in einer nochmaligen Wiederholung - *dorch undersettinge der vorbenömeden boven* (551) - ein vierter Mittäter an die Seite gestellt: Johann Wetken, ehemaliger Sekretär des Rates und *in der Vasten vorgangen am dage Gregorii* (12.3.) *in den rat gekaren* (551). *vorgangen* bezieht sich hier auf die gerade erst beendete Fastenzeit des Jahres 1528, Wetken ist also erst seit einigen Wochen in seinem neuen Amt.

Diese vier *hebben weldichliken geredet und gehandelt mit den vorgeschreven predicanten* (551), also rechtswidrig, entgegen der geltenden Regeln, eine Verhandlung oder gar einen Prozeß durchzuführen, die genannten Geistlichen gezwungen, auf etliche Artikel zu antworten. Diese Artikel waren *ut hetticheit bofliken* (551) aufgestellt worden und den in eine Stellungnahme getriebenen Geistlichen wurden *öre worde verkeret und gedichtet na eren* [der Evangelischen] *vornemende* (551). Die Motivation zu diesem Vorgehen wird gleich in einem Finalsatz angeschlossen *uppe dat se mochten alleine dat regiment beholden in erer ketterie binnen Hamborch* (551).

---

[194] Beweis für Redaktionstätigkeit Mollers, als er die Berichte in seiner Handschrift kompilierte, und ein Hinweis darauf, daß er die Texte bewußt und überlegt zusammenstellte und verband. Vgl. unten, Kap. 7.5.4.

Rat und Bürger werden als machtlos gegen die Umtriebe der evangelischen Geistlichen und ihres Anhanges dargestellt, hilflos sahen sie mit an, wie den katholischen Geistlichen ihre Forderung abgeschlagen wurde, alle in der Stadt kursierenden Lehrmeinungen *in christliken universiteten, dar unvordechtlike richtere weren* (552), prüfen zu lassen. Was die *vorbenömeden boven* (551) wollten, das geschah, *de anderen gelerden doctoren und heren worden in allen eren worden vorlecht* (552). Infolge dieses Vorgehens mußten am nächsten Tag fünf Prediger die Stadt verlassen. Dies wird besonders verurteilt, da zwei der Ausgewiesenen weder bei der Verhandlung noch bei der anschließenden Urteilsverkündung anwesend waren - ein eklatanter Rechtsverstoß. Die zwei Prediger werden anschließend mit kurzen Amtsbezeichnungen genannt. Trotz der knappen Form fallen sie auf, da sie beide Geistlichen - als Kempes Vorgänger auf dem Posten des Kirchherren von St.Katharinen bzw. als Vikar an St.Katharinen und als Kommendist an St.Nikolai - in eine Beziehung zu zweien der Köpfe der Aufrührer setzen. Ihre ohne direkte Anklage unrechtmäßig erfolgte Verweisung der Stadt ist so gerade wegen ihrer vollkommen unkommentierten Mitteilung leicht als schlichte Abschiebung Ungelittener zu lesen.[195]

An dieser Stelle setzt der zweite Block, das zweite Thema von Bericht B ein. *Darna vort des andern dages* (552) bekam der Domherr Nikolaus Bustorp die Nachricht, ebenfalls der Stadt verwiesen zu sein.[196] Er war bei der Verhandlung nicht direkt beklagt gewesen, hatte *in vortiden ... sik vorredet uppe dem predigstole* (552), eine Anklage gegen ihn war damals *vor dem ersamen rade in jegenwardicheit aller predicanten und aller kerkswaren* durch die genannten *boven* (552) angestrengt und verhandelt worden. *Dar do up bespreken sik de jegenwardigen predicanten* (553), mit dieser Einleitung setzt die Retrospektive ein. Der Zeitsprung ergibt sich dabei lediglich aus dem Inhalt dessen, was folgt, nämlich einer Hergangsschilderung der Verhandlung von 1527 gegen Nikolaus Bustorp.

---

[195] Man vergleiche damit, wie breit die Ereignisse im Zusammenhang mit dem Verweis des Domherren Nikolaus Bustorp geschildert werden, der den Stadtverweis seinem eigenen Stolz und Hochmut zuzuschreiben hatte.
[196] Lappenberg datiert dieses Ereignis auf den 29.4., bezieht das ‚anderntags' damit auf den eingangs genannten 28.4. Er beachtet dabei nicht, daß im Erzählverlauf bereits ein *do fort des andern dages* (552) im Zusammenhang der Ausweisung der verurteilten katholischen Geistlichen gefallen ist und das *darna vort des andern dages* (552), an dem Bustorp dieselbe Nachricht erhält, bereits der 30.4. ist.

In ihrem Verlauf diskutierten eine Anzahl namentlich genannter Personen geistlichen und weltlichen Standes *samt den anderen predicanten ut anderen klöstern und karken und capellen* (553) mit Bustorp dessen Predigtinhalte. Die Genannten waren *in fründschop* (553) auf das Rathaus geladen worden, um Bustorp von der Unzulässigkeit des von ihm Gepredigten in *reden und underwisinge* (553) zu überzeugen. Da dieser sich jedoch sperrte, er *wolde ... nicht erkennen sinen erdom und sik bekeren laten, woranne he sik vorredet hadde* (553), forderten Rat und Bürger Barthold Moller als den bedeutendsten katholischen Geistlichen der Stadt auf, er *scholde erkennen und apenbar en* [Bustorp] *strafen in güdicheit und underrichten, welkere artikel, dorch öme gepredigel, ketterlik weren* (553). Diese sollten widerrufen werden, weitere Folgen sollte es für Bustorp nicht geben. Der Widerruf sollte dabei nicht einmal öffentlich erfolgen, womit Bustorp der Gefahr ausgesetzt gewesen wäre, *van dem gemeinen volk uppe dem predigstole ofte anders uppe der straten angekreigeret [to] werden* (553), wie es die genannten *boven* (553) geplant hatten, sondern er sollte auf dem Rathaus vor den *in fründschop* (553) Versammelten geleistet werden. Bustorp jedoch weigerte sich hartnäckig. Er wollte sich nicht *vorotmödigen*, antwortete *homödigliken und begerde nicht de güde, de öme gegünnet und vorgestellet wart* (553). Aus diesem Grunde wurde er verurteilt, den Widerruf öffentlich im Dom zu leisten, an der Stelle, an der er seine Irrtümer gepredigt hatte. Bustorp nahm dieses Urteil auch an, ließ dann allerdings den vereinbarten Tag vorübergehen, ohne es erfüllt zu haben.

Mit dieser Feststellung endet die Retrospektive und in einem Sprung zurück in die Gegenwart Ende April 1528 wird Bustorp die Schuld an seiner Ausweisung infolge seines Hochmutes selbst zugeschrieben. Mit dieser Bemerkung schließt der Bericht.

7 – 5 – 2 – 3 Konstruktion des Berichtszusammenhanges

Bericht B faßt sich in seiner Darstellung äußerst kurz. Die Ereignisse folgen einander ‚Schlag auf Schlag' in direkt beschriebener Abhängigkeit voneinander. Auffallend sind die dominierenden Satzanfänge mit Demonstrativpronomen, gefolgt von solchen mit Temporalkonjunktionen bzw. ~adverbien und Personalpronomen. Auf diese Weise hängt jeder Satz am vorhergehenden, die Kohärenz des Textes ist kaum dichter vorstellbar. Entsprechend ist die Syntax von Relativsätzen geprägt; sind die Gesamtsätze parataktisch gebaut, ist „und" die meistverwendete Konjunktion. Bei der Schlichtheit der Ereignisschilderung fällt eine Vorliebe für Doppelformen auf.[197]

Die genannten Elemente lassen den Bericht ‚atemlos heruntererzählt' erscheinen, wobei zu bemerken ist, daß das Strukturelement, das die schnelle Abfolge der Ereignisse dabei gliedert, nicht die Chronologie ist - B ist kein Und-dann-Bericht - , sondern eine teleologische Ausrichtung - es ist ein Und-so-Bericht, der seine Dynamik nicht aus dem schlichten Ablauf von Zeit schöpft, sondern aus der Zweckausrichtung der in ihr stattfindenden Handlungen.

Eine Bewegung von Ketzern plant, sich zu Alleinherrschern der Stadt aufzuschwingen, und Bericht B schildert, welcher tyrannischen Methoden sie sich dabei bedient, um sie desto verständlicher und nachvollziehbarer abzulehnen. Er ist bestimmt durch eine klar juristische Sichtweise der behandelten zwei Verhandlungen. Im Kern stehen einander ein unrechtmäßiger und ein rechtmäßiger Prozeßverlauf gegenüber, was am jeweils verwendeten Vokabular sehr deutlich wird. Gleichzeitig ist dabei die Schilderung der zeitlich ersten Verhandlung notwendig, um das Ergebnis der zweiten zu verstehen, das teleologische Grundkonzept des Berichtes wird also ebenso gewahrt wie seine ablehnende Haltung dessen Ziel gegenüber.

In beiden Verfahren geht es um den Vorwurf, ketzerische Lehren verbreitet zu haben. Im ersten Falle, der Verhandlung gegen Bustorp vor Ostern 1527, wird die predigende Geistlichkeit sowie zwei wegen ihrer Promotion in beiden Rechten als kompetent angesehene Laien *in frünschop* (553) auf das Rathaus geladen, um sich dort zu besprechen - also die Rolle eines Gutachter-Gremiums zu übernehmen - und mit Bustorp seine Predigtinhalte zu verhandeln.

Wichtig ist, daß unter den geladenen Predigern ausschließlich Katholiken zu verstehen sind. Ihre Aufzählung beginnt nach dem einführenden Kollektiv *bespreken sik de jegenwardigen predicanten* (553) mit einer namentlichen Nennung seiner wichtigsten Vertre-

---

[197] *Ein grot rumor unde uplop; weldichliken geredet und gehandelt; öre worde verkeret und gedichtet; bekümmeren unde beangsten den ersamen rat; ere predigen und rede; gelerden doctoren unde heren; vorgegeven und angeklaget; reden und underwisinge; spreken und bekennen; verklenet und gescheldet werden.* Doppelformen: Kennzeichen schneller, intensiver Rede.

ter - Barthold Moller, Johannes Went, Henning Kissenbrügge, alle mit ihren Doktortiteln und einer Amts- bzw. Herkunftsbezeichnung versehen: Lesemeister und Domherr; Dominikaner aus St.Johannis; ehemaliger Pfarrer von St.Nikolai. Die Doktorwürde der zwei Laien - Hermann Langenbeck jr. und Johann Moller - hat offenbar zu ihrer Aufnahme in die Auflistung geführt, die eigentlich nur Prediger, also Geistliche, umfassen dürfte und auch fortsetzt *samt den anderen predicanten ut anderen klöstern und karken und capellen* (553). Ist schon mit den namentlich Genannten die Variationsbreite der Gutachter deutlich, suggeriert der Abschluß der Liste die Anwesenheit sämtlicher Prediger des Welt- und Ordensklerus in der Stadt.

Alle besprechen sich also miteinander und daran anschließend mit dem Beschuldigten, den sie mit *velen reden und underwisinge* (553) von seinen Irrtümern zu überzeugen und abzubringen versuchen. Bustorp zeigt sich uneinsichtig, will seine Fehler nicht erkennen. An dieser Stelle greifen Bürger und Rat ein, die als Synonym für die weltlichen Bewohner der Stadt das Pendant zur versammelten Geistlichkeit darstellen. Sie fordern, daß Barthold Moller *erkennen und apenbar en* [Bustorp] *strafen in güdicheit und underrichten, welkere artikel, dorch öme* [Bustorp] *geprediget ketterlik weren* (553). Damit beläßt die weltliche Gerichtsinstanz Hamburgs den Prozeß dort, wo er hingehört, nämlich im Rahmen geistlicher Gerichtsbarkeit. <u>Doktor</u> Moller verurteilt also <u>Magister</u> Bustorp zum Widerruf der häretischen Anteile seiner Lehren und zum Bekenntnis, diese leichtfertig, aus Übereilung und Unbedachtsamkeit heraus gepredigt zu haben - wohlgemerkt aus einem Mangel an Überlegung, nicht als ein Ergebnis derselben. Die Artikel erscheinen damit verunglückt, aus Versehen häretisch geraten, nicht aus ketzerischer Absicht und damit problemlos zurücknehmbar.

Noch einmal treten Rat und Bürger aus ihrer Beobachterrolle heraus, geben *in fründschop* (553) zu, daß Bustorp seinen Widerruf auf der Stelle leiste, nicht öffentlich im Dom, wie es eigentlich hätte geschehen müssen. Dies geschieht, um ihn vor Anfeindungen des *gemeinen volkes* (553) zu schützen, eine Bezeichnung, die hier eindeutig negativ konnotiert ist, da sie in Beziehung gesetzt wird zu den *vorbenömeden boven* (553), also den evangelischen Geistlichen, die genau diese Reaktion des *gemeinen volkes* geplant hatten.[198]

Doch Bustorp *begerde nicht de güde, de öme gegünnet und vorgestellet wart* (553), hochmütig lehnt er einen Widerruf ab, nimmt das Urteil an, das ihn zur öffentlichen Rücknahme der von ihm gepredigten ketzerischen Lehren verpflichtet - läßt dann aber den vereinbarten Tag tatenlos vergehen. Noch im Folgejahr wartete die Stadt vergeblich auf seinen Widerruf, so daß er sich die Ausweisung im Anschluß an die zweite Verhandlung - auch wenn sie gegen geltendes Recht erfolgte - *dorch sinen hochmödigen herten und sinne* (554) selbst zuzuschreiben hat.

Schon dieses erste Verfahren wurde *dorch düsse vorbenömede boven* (552) initiiert. Sie waren es, die den predigterfahrenen Domherren (*welkere hadde geprediget baven dortich jaren* (552)) *vor dem ersamen rade in jegenwardicheit aller predicanten und aller kerkswaren* (552) verklagt hatten. Ausdrücklich fallen sie mit dieser Formulierung aus der Gruppe der Prediger heraus, sind lediglich Unruhestifter, die aber 1527 mit ihren Plänen, die Bevölkerung der Stadt gegen die Geistlichen aufzuhetzen, noch scheitern.

Ganz anders stellt sich die Situation im Folgejahr dar. Wieder sind *alle de predigers binnen Hamborch* (551) auf dem Rathaus versammelt worden, wieder sind die Urheber die *verlopen boven* (551) Kempe, Zegenhagen und Fritze, verstärkt noch durch den Ratsherrn Johann Wetken. Doch dieses Mal ist es ihnen gelungen, die Volksmassen in aufruhrähnliche Bewegung zu bringen. Sie haben sich zu *itliken dusent* (551) versammelt und auf Veranlassung der genannten vier Rädelsführer Anklage erhoben; Anklage gegen *de vorgeschreven predicanten* (551), die mit wortverdrehenden und erdichteten Artikeln allesamt in der Richtigkeit ihrer Lehren angegriffen wurden.

Wie vorher die evangelischen Geistlichen aus der Gruppe der Prediger ausgeschlossen wurden, so werden hier die sie unterstützenden Laien aus der Menge der Bürger gestrichen - Rat und Bürger werden durch das rechtlose Vorgehen der Aufrührer in Angst und Schrecken versetzt, das darin gipfelt, daß die Angeklagten tatsächlich durch *walt baven*

---

[198] Außerdem vorher vom *gemeinen hupen* (552) die Rede - *gemein* in beiden Fällen negativ und nicht neutral konnotiert.

recht (552) verurteilt werden und zwar durch einen *gemeinen hupen* (552) und gegen den Willen des Rates und vieler frommer Leute. Der Plan ist aufgegangen, die Aufrührer haben ihre Ziel erreicht, *alleine dat regiment [to] beholden in erer ketterie binnen Hamborch* (551).

Mit seiner Reihenfolge des Erzählens verdeutlicht Bericht B zunächst die Entwicklung der aktuellen Ereignisse und zeigt in der Retrospektive den sich bereits ein Jahr zuvor abzeichnenden Weg hin zu dem, was 1528 in der Stadt geschah. Als Übergang wird dafür die Person und das Schicksal Nikolaus Bustorps gewählt. Dies bietet sich dadurch an, daß die Schilderung der Verhandlung 1528 mit der Nennung der beiden Geistlichen endet, die ohne persönliche Anwesenheit und damit die Möglichkeit der Rechtfertigung unter Anklage gestellt und verurteilt wurden. Bustorp ist der dritte, dem dieses Schicksal widerfährt, und die folgende Retrospektive enthält einerseits die Gründe für seinen Verweis und stellt andererseits die Vorgeschichte der für 1528 geschilderten Ereignisse dar.

7 – 5 – 2 – 4 Konzept und Perspektive des Berichts

Ist die Sichtweise von Bericht B und damit seine Wertungsbasis durch ihren rein juristischen und streng katholischen Standpunkt markiert, fallen in der Art seiner Tatsachenvermittlung einige charakteristische Züge auf, die das dem Bericht zugrundeliegende Werte- und Wertungssystem zusätzlich erhellen.

Als erstes ist hier der verbale Ausschluß der evangelischen Geistlichen und ihrer Anhänger aus der Stadtgesellschaft zu nennen. Die durchgehende Bezeichnung ersterer ist wie erwähnt *boven*, letztere verbleiben in einem diffusen sie, das in den Benennungen als gemeiner Haufen bzw. als gemeines Volk nur an negativer Einschätzung und nicht an Greifbarkeit gewinnt.

Zwar muß der Bericht die Stellung der drei Anführer der Unruhestifter als Priester und Pastoren zugeben, doch das macht ihre Einschätzung als Rechtsbrecher nur deutlicher. Ein dem Kloster entlaufener Mönch ist Kirchherr von St.Katharinen (Kempe), eine ehemaliger, aus Lübeck ausgewiesener Kaplan bekleidet diesen Posten an St.Jacobi (Fritze). Noch sehr viel schwerer wiegt, daß die Pastoren von St.Jacobi und St.Nikolai, also Fritze und Zegenhagen, sich verheiratet hatten. Mit diesem Verstoß gegen das Zölibat waren sie automatisch dem Kirchenbann verfallen; daß es sich bei ihren Frauen zudem um ehemalige Nonnen handelte, konnte den Tatbestand für den rechtgläubigen Katholiken nur widerwärtiger machen. In einer gekonnten Formulierung wird darauf hingewiesen, daß Zegenhagen und Fritze *sik [hebben] vertruwen laten itlik eine junkfrouwe, dede sik ermals Gade vortruwet hadden* (551). Das geschah *in dem winter vorgangen* (551), ein Zeichen dafür, daß in Hamburg die Ketzer bereits die Überhand haben.[199] Folgerichtig werden Rat und Bürger als macht- und hilflos dargestellt und die *predigers* (551) bzw. *predicanten* (552) - worunter wie bemerkt ausschließlich katholische Geistliche zu verstehen sind - als Opfer der Willkürjustiz der neuen Machthaber der Stadt.

Dies leitet über zu einer weiteren Eigenheit des Berichtes. Seine Darstellung entspricht schlicht nicht den Tatsachen. Bezüglich der Schilderung der Verhandlung von 1527 ist das zunächst weitgehend als Behauptung festzuhalten, die erst im Vergleich mit einem zweiten Bericht ihres Herganges geprüft werden kann. Allerdings fällt schon bei der Untersuchung von B allein auf, daß die Schilderung logische Brüche aufweist. Die evangelischen Geistlichen verklagen einen katholischen Prediger vor dem Rat - und spielen anschließend keine Rolle mehr? Die katholischen Geistlichen mußten sich von Ketzern darauf hinweisen lassen, daß einer der ihren häretisch gepredigt hatte. Warum kam die Initiative nicht von ihnen? Der auffälligste Bruch findet bezüglich der Instanzen der Verhandlung und ihrer Rollen statt. Die evangelischen Geistlichen hatten Bustorp vor dem Rat verklagt *in jegenwardicheit aller predicanten und aller kerkswaren* (552), also von Geistlichen und Bürgervertretern. Im weiteren Verlauf des Berichtes werden Rat und Bürger dann aber in eine bloße Beobachterrolle gedrängt, die Verhandlung läuft hier unter Geistlichen unter sich ab, die zugleich als Gutachter und Richter agieren.[200]

Auch für die Verhandlung von 1528 bezieht sich der Bruch der Erzähllogik, mit dem der Bericht seine konstruierende Darstellung der Geschehnisse verrät, auf die Rolle von Rat und Bürgern der Stadt. So wird zwar einerseits der Ratsherr Wetken als namentlich genannter

---

[199] Und ein Verrat von Tatsachen aus Empörung, der den aufgebauten Schein von aktuellem Aufruhr bricht, vgl. die folgenden Ausführungen im Text.

[200] Daß ein Jahr später eine scheinbar gleiche Situation - Geistliche werfen Geistlichen Häresie vor und handeln dabei als Bewertungs- und Schiedsinstanz zugleich - gänzlich anders bewertet wird, wird verständlich, wenn man berücksichtigt, daß die anklagenden evangelischen Geistlichen als Ketzer und Aufrührer definiert sind.

Angehöriger der Aufrührer aus den Reihen des Rates herausgehoben, andererseits machen seine Benennung als Angehöriger dieses Gremiums und die Erwähnung seiner erst ganz kürzlich erfolgten Wahl genau hierzu klar, daß es nicht nur um <u>einen</u> Abtrünnigen gehen kann, sondern daß der Rat der Stadt als Gesamtheit die Linie der evangelischen Partei in der Stadt stützen muß, zumindest in seiner handelnden Mehrheit.

Ein ganz ähnliches Bild ergibt sich bei einem Blick auf den ‚gemeinen Haufen', das diffuse und undefinierte ‚sie' der Anhänger der ketzerischen und aufrührerischen Geistlichen: Nach ihren Versammlungsorten ist völlig deutlich, daß es sich um Bürger aller Schichten handeln muß - die Vornehmsten, und hierbei ist vor allem an die Kirchgeschworenen zu denken, die 1527 explizit unter den Anwesenden genannt werden, auf dem Rathaus, die weniger Bedeutsamen in Gebäuden in unmittelbarer Nähe. Nach ihrer Anzahl ist ebenso klar, daß die Mehrzahl dieser Bürger am Morgen des 28.4.1528 auf den Beinen war, um an einem der genannten Versammlungsorte den Gang der anberaumten Verhandlung abzuwarten.[201]

Werden im Fortgang des Berichtes Rat und Bürger als durch die Ereignisse Bekümmerte, in Angst Gesetzte und offensichtlich Machtlose bezeichnet, so muß dies entweder als Versuch einer Ehrenrettung gelesen werden, einer Ausweitung der Gegenwehr der Teile von Rat und Bürgerschaft, die gegen ihre jeweils evangelische Mehrheit waren, auf die Gesamtheit der Gruppen oder aber die Unfähigkeit, die neuen Verhältnisse in der Stadt anzuerkennen. Gleich, ob es um die Wahrung eines Scheins geht oder dieser - durchschaubare - Schein für die Wirklichkeit genommen wird, ist festzustellen, daß die Darstellung der tatsächlichen Lage nicht entsprach, was ihr bei allen Bemühungen nicht zu verschleiern gelang.

---

[201] Allerdings muß die im Bericht genannte Anzahl als deutliche Übertreibung gewertet werden. Bei ca. 14 000 Einwohnern - über alle gerechnet - etliche 1000 Bürger, das ist wohl etwas zu hoch gegriffen.

7 – 5 – 2 – 5 Funktion und Datierung des Berichts

Als beherrschende Züge des Berichts B müssen seine ausschließlich juristische Sichtweise der Ereignisse genannt werden - der theologische Grund und Hintergrund des Geschehens wird völlig ausgeblendet - und seine Tendenzen, Wirklichkeit zu konstruieren. Dieser Versuch scheitert allerdings daran, daß der Bericht immer wieder die in der Stadt aktuell zu beobachtenden Tatsachen und ihre Hintergründe mitteilt, wodurch deren Umbewertung für den kritischen Rezipienten durchschaubar wird.[202]

Für diesen Bericht ist im hohen Maße zu bedauern, daß nichts über seinen ursprünglichen Entstehungs- und Wirkungskontext bekannt ist. Festzuhalten ist lediglich seine Entstehung unmittelbar nach der Verhandlung von 1528 unter deren direktem Eindruck. Ebenfalls ist sein mögliches Publikum ausschließlich unter den überzeugten Katholiken der Stadt zu suchen, Argumentationsaufbau und Wertungen sind nur für die Rezeption Gleichgesinnter sinnvoll. Unentschieden bleiben muß die Frage, wie die Brüche in der Logik des Berichtes zu bewerten sind. Offensichtlich sind sie Zeugnis einer Überzeugungsarbeit einer grundsätzlich gleichdenkenden, aber durch die Entwicklung der Ereignisse verunsicherten Gruppe gegenüber. Unklar muß aber bleiben, ob der Autor des Berichtes dieser Gruppe zuzurechnen ist, sich also auch selber etwas vormachte, was nicht mehr mit der Realität in der Stadt vereinbar war, oder aber, ob er als Tröster seiner Glaubensgenossen schrieb, der einerseits verdeutlicht ‚so mußte es kommen', andererseits aber klarstellt ‚das ist noch nicht das Ende, nur ein vorübergehendes Aufbegehren von Gesetzesbrechern. Das Recht und Bürger und Rat sind auf unserer Seite'.

Der juristische Blickwinkel ist mit beiden Annahmen kompatibel - eine immer mit unberechenbarem Veränderungspotential ausgestattete Diskussion um theologische Belange wird ausgeschlossen zugunsten einer Darstellung, die auf der Basis des geltendes Rechtssystems und seinen Gesetzen fußt und damit einen unzweifelhaften Wertungsrahmen bietet.

---

[202] Problem ist hier, daß der Autor seiner Empörung Luft macht und nicht bedenkt, daß er durch dieses Nachgeben sein Konstrukt selbst zum Einsturz bringt.

7 – 5 – 3 Bericht C

7 – 5 – 3 – 1 Überblick

Bericht C ist der umfassendste der katholischen zeitgenössischen Ereignisberichte zur Reformation in Hamburg. Er setzt in Bericht B fortschreibender Weise ein. Nannte dieser von fünf als Folge der Verhandlung von 1528 der Stadt verwiesenen katholischen Predigern drei namentlich, geht Bericht C das Schicksal von acht Geistlichen durch. Die Gestalt Bustorps ist hierbei die einzige explizite Wiederholung.

Die Aufzählung endet mit der Person Barthold Mollers. Hier wird nun einerseits Johann Moller als Autor dieses dritten katholischen Berichtes über die Ansprache Barthold Mollers als *min broder* (557) faßbar, andererseits leiten Person und Handlungsweise Barthold Mollers in den Glaubensauseinandersetzungen über zu einer dritten Schilderung der Verhandlung vom 28.4.1528, diesmal fokussiert eben auf seine Gestalt und Rolle, die mit Mollers Ablehnung des ihm angebotenen Vergleichs[203] und seiner Abreise aus Hamburg schließt.

Der Bericht fährt dann mit der Berufung des evangelischen Kirchenreformers Johannes Bugenhagen und dessen Aufenthalt in Hamburg fort. Über beides ist der Autor gut unterrichtet, da Bugenhagen für die Dauer seines Aufenthaltes das verlassene Haus Barthold Mollers zur Verfügung gestellt wurde, auf das der in der Stadt zurückgebliebene Bruder des letzteren ein stets wachsames Auge hatte.

Mit dem Datum des 5. Juni 1528 beginnt unter Beibehaltung der Thematik - Bugenhagen in Hamburg - ein fünf Einzelabschnitte umfassender Berichtsteil, der sich durch Datumsnennung am Anfang und Segenswunsch bzw. Bekräftigungsformel am Ende auszeichnet[204] und in seiner Form einen tagebuchähnlichen Charakter aufweist. In diesem Teil fällt ein wegen seines jeweils mit den Tagesdaten einleitenden Aufbaus sofort ins Auge springender Bruch der Chronologie auf, indem zwischen den Einträgen zum 27. und 29. Juni noch ein-

---

[203] Widerruf, Predigtzensur, dafür Bleiberecht in der Stadt.
[204] *Got alweldich möge it beteren na sinem götliken willen! / Gade alweldich iß alle dink bekannt; de mag uns vorlenen sine gnade nu und hirnamals na siner grundlosen barmherticheit! Amen. / Got alweldich will behülplik sin den rechtferdigen! Amen. / Got will alle ding schicken na sinem götliken willen und vorlenen uns sinen freden! Amen. / Got alweldich wil stüren der welt na sinem götliken willen, dede is ein bekerer aller harten! Amen.*

mal auf Ende Mai zurückgesprungen wird. Ausgangspunkt hierfür sind die verschiedenen Regelungen der zwei Tage vor Peter und Paul (27.6.) offiziell verkündeten Kirchenordnung, von denen zurückgesprungen wird auf den durch Bugenhagen angeregten Umgang mit den beiden Hamburger Klöstern sowie die Einrichtung einer neuen - evangelischen Kriterien entsprechenden - Schule im Dominikanerkloster St.Johannis.

Im Anschluß an die Nachricht von der Verkündung der Kirchenordnung und den hierdurch angeregten Rückblick schließt der Bericht mit dem Tag Peter und Paul (29.6.), an dem Folgeentscheidungen der Kirchenordnung im nun offiziell evangelisch-lutherischen Hamburg getroffen wurden.

7 – 5 – 3 – 2 Themenauswahl und ~verknüpfung des Berichts

Bericht C beginnt mit einem *Item*, also wie in einer bereits begonnenen Aufzählung befindlich. Anlaß hierfür gibt offensichtlich Bericht B, der von fünf der Stadt verwiesenen katholischen Geistlichen berichtet, von denen er drei namentlich aufführt. Bericht C setzt ein mit *Item broder Johannes Rensborch* (554). Daß dieser Satz unvollständig ist - ihm fehlt das Prädikat, das aussagte, was mit diesem Johannes Rensborch sei - verstärkt den Fortsetzungscharakter: verwiesen werden fünf Geistliche (Bericht B) - *Item Johannes Rensborch* (Bericht C).

Die Aufzählung, die hiermit eingeleitet wird, umfaßt mit Rensborch, Johannes[205] Went, Hinrich Schröder, Frederik Vulgreve, Nikolaus Bustorp, Matthäus Vischer, Jodocus Siffridi und Barthold Moller alle bei der Verhandlung vom April 1528 vorgeladenen katholischen Geistlichen bis auf Fabian Hoffmann zusätzlich zu der Gestalt Nikolaus Bustorps; sie nennt zunächst die Ordensgeistlichen, dann die Domherren, mit deren bedeutendstem, Barthold Moller, sie abschließt.

Alle acht Unterpunkte der Liste folgen einem einfachen Grundmuster, das vor allem in der Fülle der jeweils mitgeteilten Details von Person zu Person variiert. Die katholischen Geistlichen verweigern einen Widerruf ihnen vorgeworfener Artikel, die ihnen *angedichtet und*

---

[205] Sein Vorname ist Hinrich; vgl. Scheib, Otto: Die Reformationsdiskussionen in der Hansestadt Hamburg 1522-28. Münster 1976, S. 217.

togesecht wurden *ut haticheit* und nicht *na evangelischer lere* (554) im Zuge eines gegen geltendes Recht geführten Verfahrens; sie verlassen die Stadt, um anderwärtig zurück zu Amt und Würden zu gelangen, die ihnen in Hamburg durch die *Martinisten* (555) aberkannt wurden und ein jeder von ihnen *wil darto trachtende sin dorch sine fründe und fründschop bi heren unde försten* (556), Wiedergutmachung für das erlittene Unrecht und den ihm erwachsenen Schaden zu erlangen. Einzige Ausnahme im aufgezeigten Schema ist der an vorletzter Stelle aufgelistete Jodocus Siffridi. Er *heft gedan alse ein grot dor, uppe dat he möchte bliven binnen Hamborch; heft ... weddergeropen sine worde, unde darnamals nicht mer to predigen* (556).[206]

Ganz anders reagierte Moller, er *heft sik vorbaden apenbar van dem predigesstole und darna vor deme ganzen sittenstole des ersamen rades, in biwesent veler hundert der börgeren, alle sine worde und rede ... christliken mit vasten schriften to beverende ... bi penen des schwerdes ofte des vüres* (556). Neben der Möglichkeit, ein Beispiel auch in Bedrängnis standhaften Verhaltens nach dem angeführten, höchst bedauerlichen Fehltritt von Geistlichen in Person und Verhalten Siffridis anzuführen, gab es einen weiteren Grund, den ranghohen und für Hamburg bedeutendsten Domherren in die Schlußlichtposition der Liste zu setzen. Er und das ihm zugeschriebene Verhalten bilden die Überleitung zum folgenden Abschnitt des Berichtes. Dieser setzt ein mit *Düsse protestation und beropinge is ok gescheen uppe dem rathuse (wo vor beröret is) in biwesent der dren vorbenömeden boven und meineders* (556) - als da sind Kempe, Fritze und Zegenhagen, wie der Text gleich darauf mitteilt. Mit der angeführten Bemerkung und ihren zwei Rückverweisen auf bereits Geschildertes bzw. eingeführte Personen wird eine dritte Schilderung der Ratsverhandlung vom 28.4.1528 eingeleitet. Sie wird fast ausschließlich auf Moller und seine drei evangelischen Antagonisten hin ausgerichtet mitgeteilt. Moller nimmt dabei alle ihm vorgeworfenen Artikel einschließlich des letzten, den er allerdings einer Korrektur unterwirft, an, erklärt sich bereit, schriftlich Stellung zu nehmen und fordert dies auch von seinen Gegnern für deren Lehrsätze, um alles vor Unparteiischen prüfen zu lassen. Die *boven und meineders* (556), unter ihnen Fritze, dessen persönliche Dankesschuld Moller gegenüber betont

---

[206] Wobei die genannten Gründe noch schwerer wiegen als die bloße Entscheidung. Siffridi widerrief danach, um in

herausgestrichen wird,[207] verweigern dieses Verfahren. Stattdessen handeln sie als *klägers und richters* (557) zugleich und haben *dat gemene volk* (557) hinter sich, als sie die *heren und doctoren* (557) (hier einmal ein Hinweis auf die übrigen Beklagten der Verhandlung) widerlegen und deren Widerruf fordern, welches *was ser barmlik to hörende van allen verstendigen und framen lüden, so dane walt to brukende* (557). Der ebenfalls zum Widerruf verurteilte Barthold Moller läßt sich auch *dorch anreisinge veler Martinisten* (557) keinesfalls dazu bewegen, vielmehr tut er, was ihm von *framen lüden* (557) nahegelegt wird, er verläßt die Stadt und reist auf Anraten seines Bruders am 19.5.1528 nach Rostock ab, *dar he doch vaken und dat ganze jar aver was schriftliken wedder geeschet dorch de hochgebaren heren und försten und van deme ersamen rade und der ganzen universitäten und kleresige der karken to sunte Jacob* (558).

In Hamburg treiben indessen die Ketzer ihr Werk voran. *So heft sik dat begeven, dat dorch undersettinge düsser vorbenömeden boven samt erem anhang* (558) Johannes Bugenhagen nach Hamburg gerufen wurde, um hier, wie er es zuvor in Braunschweig getan hatte, für eine Neuordnung von Gottesdienst und Gemeinde zu sorgen. Aus diesem Anlaß schickt der Rat eine Höflichkeitsadresse an Barthold Moller in Rostock, in der er ihm einerseits versichert, ihn sehr gerne wieder in der Stadt zu sehen, andererseits aber anfragt, ob er nicht Bugenhagen für die Dauer von dessen Hamburger Aufenthalt, *to einer korten tit, to dem lengesten to twen manten* (558),[208] sein Haus zur Verfügung stellen könnte. Sollte sich Moller doch zu einer Rückkehr entschließen, würde *sin hof eme apen sin und vorheget sin, ane jenige vorkleninge siner güderen* (559). Gegen Michaelis (29.9.) wird der Schriftwechsel mit der Zustimmung Mollers beendet, Bugenhagen seinen Hamburger Wohnsitz zu überlassen. Für ihn stand eine Rückkehr zu diesem Zeitpunkt überhaupt nicht zur Debatte *aldewil Bugenhagen is to Hamborg gewesen* (559).

Hamburg bei seiner Geliebten bleiben zu können.
[207] Obwohl *hoerkind* von Moller als Schüler angenommen, er hat ihm *in der universität to Rostock de frige kost umme Gades willen gegeven* (556/7).
[208] Vgl. Bugenhagen, Johannes: Der Ehrbaren Stadt Hamburg Christliche Ordnung 1529. Hamburg 1991, S. 282-284. Es war auch die Zeitspanne, die Bugenhagens Landesherr ihm ursprünglich Urlaub einzuräumen bereit gewesen war. Daß sein Aufenthalt in Hamburg soviel länger dauerte, war also nicht vorsätzlich geplant worden.

Am 9.10. wird Bugenhagen, wie Johann Moller berichtet, *in mines broders have mit sineme willen ingewiset* (559). Der Wochentag - ein Freitag - gab Johann Moller Anlaß, das Begrüßungsszenario zu beschreiben und seine Teilnehmer als Verächter des wahren Glaubens bloßzustellen, indem er mitteilt, daß sie *mit öme [Bugenhagen] triumpheret und frölik gewesen* seien und *fleesch braden und saden, rebraden, ossenbraden mit andern dürbaren spisen an fleesch und fischen* (559) gespeist hätten. Am nächsten Tag wird Bugenhagen offiziell von den Bürgermeistern mit der Übergabe eines Willkommensgeschenkes in Naturalien begrüßt und am Folgetag macht Johann Moller selber seine Bekanntschaft, er tritt als Bruder des eigentlichen Hofbesitzers als dessen Verwalter auf. Bei dieser Gelegenheit wird ihm seines Bruders in der Stadt zurückgebliebener Diener in Kost und Logis gestellt, Barthold Mollers Köchin läßt Johann Moller *mit schwarmödicheit* (560) als Hilfe für Bugenhagens Ehefrau im Haus.

Keine Woche später wird diese Köchin der Zauberei angeklagt und ins Gefängnis verbracht. Sie soll gekauft worden sein, Bugenhagen mit seiner Frau und der übrigen Gesellschaft im Haus zu vergiften, wobei ihr besonderes Augenmerk auf der Frau gelegen habe, die zum Zeitpunkt des Geschehens hochschwanger gewesen sein soll. Im Gefängnis wird sie *unschüldiglken gepiniget* und erst *na itliken dagen wort se loß gegeven* (560) - auf Ansuchen Bugenhagens. Dieser wird allerdings *samt siner selschop* (560) im Verlauf desselben Satzes für die Anklage verantwortlich gemacht, die erhoben worden sei *alse alle framen lüde seden* (560), um das Haus ganz ungestört bewohnen zu können. Im Anschluß an diesen Gedanken wiederholt Moller die Überweisung des Dieners in seine Verantwortung, für die in der Menge der anstiftenden Bürger besonders Johann Wetken gesorgt haben soll.

Berichtete Moller bisher Ereignisse des Jahres 1528, schafft er hier den Übergang auf 1529, indem er den Aufstieg Wetkens vom Ratsherr, der er 1528 geworden war, zum Bürgermeister, in deren Kreis er im Februar 1529 gewählt wurde, mitteilt. Daran schließt er einen Exkurs über eine weitere Ratsergänzung im März 1529 mit evangelisch gesinnten Bürgern an. *Düsse vorbenömeden*, fährt er fort, *sint gewesen de banerenforers*, die *de ketterie helpen gestarket* (561) und durch Bugenhagens Berufung nach Hamburg fortgesetzt haben. Im übrigen sind sie es auch, die Moller den Diener seines Bruders in die Kost gestellt haben, während die beklagte Köchin *in der bodelien alle unkost* (561) selber hatte bezahlen müssen.

Moller beendet den Bugenhagens Ankunft in der Stadt behandelnden Abschnitt mit der Nachricht von der Totgeburt eines Sohnes durch Bugenhagens Frau Ende März 1529. Das Kind, das in St.Petri beigesetzt wurde, sei allerdings ohne jede Mißbildung gewesen, wie es der Köchin angelastet werden sollte, *warhaftige frame frouwen* (561), die das Kind sahen, haben Moller dessen Unversehrtheit versichert.

Es schließen sich nun Nachrichten an, die mit Bugenhagens offiziellem Auftrag in Verbindung stehen, Gottesdienst und Kirche neu zu ordnen. Die erste dieser Nachrichten bezieht sich auf den 5.6.1529 und wird mit einer ebenso komplexen Datumsnennung begonnen, wie sie am Anfang von Bericht B auffiel. Eine Anlehnung an diese Datierung muß vermutet werden. Am genannten Tag fand unter Anwesenheit von Rats- und Bürgervertretern in *des doctoris have* (561)[209] eine Diskussion zwischen Bugenhagen als Repräsentanten der evangelischen Seite sowie Henning Kissenbrügge und Johann Garlefstorp als Vertretern des Kapitels statt, bei der es um eine Neuordnung der Gottesdienstordnung sowie der Durchführung der Messe - jeweils auf den Dom bezogen - ging. Von der Unterredung werden die von Bugenhagen erhobenen Forderungen und Kissenbrügges Verteidigungsrede mitgeteilt sowie die die Diskussion abrupt beendende Schlußbemerkung des Bürgermeisters Salsborch: *De klocke iß bi twölf uren; ik will gan to der maltit* (563). Der Punkt wird danach durch eine kurze Wertung des gesamten Vorganges durch Johann Moller abgeschlossen.

Unter dem Datum des 9.6. wird Bugenhagens Abreise nach Harburg mitgeteilt. Eine Aufzählung der ihm das Geleit gebenden Bürger gibt Moller Anlaß, gegen einen von ihnen einen kurzen, bösen Seitenhieb loszuwerden.[210] In einem Zeitsprung nach vorne *na düssem dage ... am sondage vor Petri und Pauli apostolorum* (563/64) wird die Verabschiedung der neuen Kirchenordnung erwähnt sowie ganz kurz die in ihr enthaltene Feiertagsregelung angeführt.

---

[209] Was sich auf Besitzer und Bewohner des Hofes gleichwohl beziehen könnte.

Es schließt sich ein Zeitsprung zurück an. *An dem donnerendage in den Pinxten* (564) (20.5.) hat Bugenhagen die Auflösung von St.Johannis und St.Maria-Magdalenen verfügt. In kurz zusammengefaßter Form wird die Regelung der Versorgung der ehemaligen Mönche mitgeteilt sowie die Weigerung des Priors von St.Johannis, das ihm Anvertraute in die Hände der Bürger zu geben. In seiner Überwältigung und Behandlung wird Moller detailreicher, um die Tragik des Vorganges für die Rechtszustände in der Stadt zu verdeutlichen und um die Gründe für die Anklage, die der Prior in Speyer vor dem Reichstag gegen Hamburg zu erheben vorhat, in ihrem Gewicht und Ausmaß deutlich zu machen.

Die Einrichtung der Schule in St.Johannis *am achten dage na dem mandage to Pinxsten* (565) (24.5.) teilt Moller begleitet von einer gehässigen Anmerkung zu dieser Schulgründung[211] und einer kurzen Reflexion über die Entwicklung ganz allgemein mit, um unter dem Datum von Peter und Paul (29.6) noch einmal ausführlicher zu werden. Wie am 5.6. schildert er eine Diskussion, diesmal zwischen katholischen Geistlichen (unter Ausnahme des Kapitels) und dem Rat, über den Beschluß, sämtliche kirchliche Stiftungen nach dem Tode ihrer aktuellen Inhaber an den neu eingerichteten Gotteskasten fallen zu lassen. Moller berichtet die Gründe der Priester, gegen die Regelung entschieden und scharf zu protestieren, den zu ihren Ungunsten ausfallenden Urteilsspruch des Rates teilt er in wörtlicher Rede mit und reichert die gesamte Schilderung der Verhandlung mit eigenen Lagebewertungen und Einschätzungen des Gesprächsverlaufs an; womit er seinen eigenen Beitrag zur Ereignisschilderung in seiner Sammelhandschrift abschloß.

7 – 5 – 3 – 3 Konstruktion des Berichtszusammenhanges

Von seinem Aufbau her zerfällt Bericht C in drei sich formal auffallend voneinander abhebende Teile:

C1: die Aufzählung der in die Verhandlung 1528 involvierten katholischen Geistlichen.

---

[210] ... *her Diderik Bodeker, ein vorlopen monnik ut sünte Johannis kloster, welkere sik leet vortruwen eine nonnen ut dem kloster to dem Reinbecke (563).*
[211] ... *eine schole angerichtet, dar men schal lesen den kinderen grekes und hebräiß, dede leider ne(?)we weten Johannes, quae pars? Und nein latin könen spreken (565).*

C2: den Barthold Mollers Abreise und Johannes Bugenhagens Ankunft behandelnden Abschnitt.

C3: den mit dem Datum des 5.6.1529 einsetzenden letzten Teil, der allein schon durch seine Art, die Datierung zu gestalten, ins Auge fällt.

Auf das grundsätzliche Ablaufschema der einzelnen Punkte von C1 wurde bereits hingewiesen. Daneben fällt in diesem Teil das praktisch vollständige Fehlen von konkreten Zeitangaben auf. Es geht ganz offensichtlich um eine Ursache-Wirkung-Schilderung: Die unrechtmäßig erfolgte Aufforderung zum Widerruf gekoppelt an das Urteil, widrigenfalls die Stadt zu verlassen, führt zur Abreise der Beklagten, die im direkten Umfeld der Stadt stets positiv aufgenommen werden und sich problemlos neue Wirkungsfelder erschließen können. Die Liste stellt Folgen der Verhandlung von 1528 dar, allerdings eben nicht in einer chronologischen, sondern einer kausalen Ausrichtung. Besondere Betonung finden dabei jeweils die Ergebnisse. Die Geistlichen finden Fürsprecher in Städten (Lübeck), weltlichen (Drost von Pinneberg, Graf von Schauenburg) und geistlichen (Erzbischof von Bremen, Kapitel von Lübeck) Herren, Hamburg läuft in Gefahr, sich durch diese Allianzen *neine ringe plage und strafinge und schaden* (556) einzuhandeln.

Eine Ausnahme vom Gesagten bildet Siffridi, dessen Widerruf *am dage Philippi und Jacobi* (556) mitgeteilt wird, also bereits drei Tage nach der Verhandlung erfolgt. Die Nachricht hiervon bildet den Auftakt, über das Verhalten des Geistlichen und seine Beweggründe aufzuklären und beides klar zu verwerfen. Gleichzeitig bildet eine verallgemeinernde Schlußbemerkung zu Siffridi den Übergang auf die Lage in Hamburg allgemein, das insgesamt durch *begerlichkeit der lüden* geprägt sei, die die Möglichkeit *idel lof to erlangende* über jene stellten, *salicheit der selen* (556) zu erreichen. Wie angemerkt bildet Moller den Gegenpol zu Siffridi. Er verläßt Hamburg, da ein Widerruf für ihn außerhalb des Vorstellbaren liegt und reist *am dinxtedage vor der hemmelfahrt unses heren Jesu Christi* (558) (19.5.) nach Rostock ab. Dieser Abreise ging ein Briefwechsel Mollers mit dem Rostocker Kapitel voraus, so daß die zwanzig Tage seit der Verhandlung wohl als notwendige Zeitverzögerung bezeichnet werden können und sein Weggang als ebenso direkte Reaktion auf die Verhandlung wie Siffridis Widerruf.

Die Plazierung Mollers an das Ende der Liste ermöglicht inhaltlich einen unmittelbaren Anschluß des Folgeabschnittes. Teilt der Punkt *Item ... Barteld Moller* (556) einen Auftritt dieses Geistlichen vor dem Rat mit, entschlossen, seine Lehren gegen alle Angriffe zu verteidigen, nimmt der Folgeteil dies mit seinem ersten Satz auf: *Düsse protestation und beropinge* (556). Gleichzeitig werden durch die Verweise auf die schon erfolgte Schilderung des Geschehens und die beteiligten Personen Verbindungen zu Bericht B geschaffen, als dessen Fortsetzung C in seinem Einsatz auftritt. Die Schilderung der Verhandlung führt aus, was der vorangegangene Abschnitt bereits kurz feststellte: Mollers hohe Bereitschaft, alle seine Lehrsätze zu verteidigen und *vor allen christlikken universitäten und vor allen unvordechtigen richteren* (556) prüfen zu lassen. Hier kommen nun seine Antagonisten hinzu, die genau diese Prüfung verhindern, indem sie selber als Richter auftreten. Auffallend ist, daß im weiteren lediglich behauptet wird, *der anderen heren und doctoren worde sind verlegt und verkeret worden* (557), von Moller aber gesagt wird, *he scholde wedderropen sine rede und worde* (557) - und etwas später, daß er noch niemals widerlegt worden sei *unde nu wollen de dre boven samt unsen lantlüden ... en up sin older vorleggen* (558). Von ihm wird also nicht einmal behauptet, er sei widerrechtlich widerlegt worden. Nach dieser dritten Schilderung der Verhandlung ist es seinen Gegenspielern überhaupt nicht gelungen, ihn zu widerlegen, er ist damit aufgrund reiner Willkürjustiz von ihrer Seite aus zu einem Widerruf verurteilt worden.

Weiterhin fällt an dieser dritten Schilderung das völlige Übergehen des Rates auf - gerade daß mitgeteilt wird, die Verhandlung habe auf dem Rathaus stattgefunden - dafür aber eine Hervorhebung der Rolle der Bürger im Geschehen - denen allerdings diese Bezeichnung im Text verweigert wird. Die evangelischen Geistlichen können nur deswegen in ihrer Doppelrolle als Kläger und Richter auftreten, da dies vom ‚gemeinen Volk' angenommen und bestätigt worden war. Weiter werden ‚unsere Landsleute' in den Versuch miteinbezogen, Moller zu widerlegen. Schließlich versuchen viele *Martinisten* (557), ihn zum geforderten Widerruf zu überreden. Zum Abschluß dieses ersten Abschnittes des zweiten großen Teiles von Bericht C wird mit der genauen Datierung der Abreise Mollers nach Rostock nicht nur deren schnelle Durchführung deutlich, sondern wird auch noch einmal das Jahr genannt, in dem dies alles stattfand: *an düssem vorgeschreven jare XXVIII* (558). Hiermit wird das Bericht C übergreifende Thema[212] ‚Die Ratsverhandlung 1528' endgültig abgeschlossen und es beginnt ein neues – ‚Bugenhagen in Hamburg'. Beide Themen werden in Mollers Bericht eng aufeinander bezogen und hängen inhaltlich fest miteinander zusammen. Mollers Abreise ist Anlaß für die *vorbenömeden boven samt erem anhang* (558), Johannes Bugenhagen nach Hamburg zu bitten[213] und über alles weitere sind ausführliche und genaue Mitteilungen möglich, da Bugenhagen in Barthold Mollers Haus einquartiert wurde, dessen Verwalter Johann Moller blieb.

Der Schwerpunkt von Johann Mollers Bericht liegt auf den Ereignissen direkt vor und nach Bugenhagens Ankunft: Der Briefwechsel zwischen dem Hamburger Rat und Barthold Moller in Rostock wird mitgeteilt, der Ende September erfolgreich abgeschlossen wurde, dann die Begrüßung Bugenhagens zunächst durch Vertreter seiner Gesinnungsgenossen in der Stadt am 9.10., dann durch die offiziellen Ratsvertreter am nächsten Tag, dem 10.10., und schließlich die Bekanntschaft zwischen Bugenhagen und Johann Moller am 11.10. Die Nachricht von diesem Treffen gibt Johann Moller Anlaß, auf den 17.10. zu springen, um seinen Bericht von Mitte Oktober 1528 dann zügig auf Ende März 1529 zu führen und mit dem 29.3. diesen Abschnitt abzuschließen.

Der Bericht geht also über eine Reihe von Fixdaten und den zugehörigen entscheidenden Ereignissen dieser Tage, deren Zwischenräume er mit direkt ereignisbezogenen, sie vorbereitenden oder aus ihnen folgenden Geschehnissen füllt, über fast ein Jahr. Für einen solchen Zeitraum ist der Kreis von Mitteilungen sehr eng. Seine Beschränkung fällt abgesehen vom Blick auf die Zeitstruktur dadurch auf, daß auch die einzelnen Nachrichten auf die notwendigsten Teile (Zeit, Ort, Personen, ganz knappe Schilderung des was) beschränkt bleiben. Niemals aber fehlt eine Einschätzung oder ein Kommentar zum Berichteten, der deutlich macht, daß Hamburg wieder einen Schritt weiter ist, gänzlich unter die Kontrolle der Ketzer zu geraten. In diesem Zusammenhang fällt die Bedeutung auf, die Moller der Be-

---

[212] Macht auch das *vorgeschreven* deutlich – in C fällt bis hierher keine Jahreszahl, der Verweis geht also auf den Beginn von Bericht B zurück.
[213] Die Überleitung zwischen Mollers Abreise und Bugenhagens Berufung bildet das *So heft sik dat begeven* (558) direkt nach der Mitteilung des Reisedatums.

handlung der Dienerschaft seines Bruders zumißt. Am 11.10. berichtet Johann Moller, daß der Diener seines Bruders *dorch de börgere* (560) ihm in die Kost gestellt wurde. Er kommentiert dies mit *So mochten se eren egen willen hebben, de vorlopen mönneken, mit horen und boven samtliken triumpherende* (560), schlägt also den Bogen von den aktuell Verantwortlichen zu ihren Anstiftern, denen er ein juristisch wie moralisch zu verwerfendes Umfeld zuschreibt, wie er sie selber im Zusammenhang mit der Verhandlung bereits unter beiden Aspekten (*meineders, hoerkind* (556)) sozial disqualifiziert hatte.

Die Überweisung des Dieners in seine Verantwortung wiederholt Moller im folgenden noch zweimal. Für ihn steht sie in Exempelfunktion für das gesamte Wesen und Handeln der für die Reformation eintretenden Hamburger Bürger und Geistlichen. Bei der ersten Wiederholung nennt Johann Moller nun den Ratsherrn Johann Wetken als eigentlichen Initiator dieser Angelegenheit und nutzt dies, seinen Bericht über die Jahresgrenze 1528/29 zu führen. Dieser Ratsherr ist nämlich *am dage Gregorii vorgangen anno XXIIX* gewählt worden *und borgermeister gekaren darna am dage Petri in der fasten anno XXIX* (560). An Gregor in diesem Jahr sind weiterhin *weldichliken gekaren radeslüde söß* (560), die Moller anschließend aufführt.[214] *Düsse vorbenömeden*, fährt Moller fort, *sint gewesen de banerenforers* (561), die die Ketzerei stützten und durch Bugenhagens Berufung weiter fortgesetzt haben. *Düsse hebben mi in den kost gedan mines broders sinen denere* (561), wiederholt Moller ein zweites Mal den Vorgang.

Ein ganz ähnlich gelagertes Beispiel ist das Schicksal von Barthold Mollers Köchin. Johann Moller läßt sie nach der Mitteilung, er habe den Diener zu übernehmen, *mit schwarmödicheit* (560) bei Bugenhagen. Dieses ‚schweren Herzens' ist der einzige Vorverweis, den Moller überhaupt gibt,[215] er findet seine Bestätigung in der erlogenen Anklage der Zauberei gegen die Frau, die, wie *alle framen lüde seden* (560), ausschließlich dem Zweck diente, den Hof Bugenhagens gänzlich vom Personal seines Vorgängers zu befreien. Deswegen führt Moller unter dem Datum des 29.3.1529 die Totgeburt von Bugenhagens Kind

---

[214] Er führt acht Namen auf. Die beiden letzten wurden aber nicht zu Ratsherren gewählt, sondern zu Verwaltern des Gotteskastens; vgl. Postel, S. 388 f.
[215] Selbst bei Wetkens Erwähnung am 9.10. spart er sich die Wahl zum Bürgermeister bis zum chronologisch korrekten Berichtszeitpunkt auf.

unter dem Aspekt an, daß nichts dafür spräche, die Köchin dafür in die Verantwortung zu nehmen - dieses Mal sind es *warhaftige frame frouwen* (561), die das Kind sahen und dies gesagt haben.

Auch für diesen zweiten Teil des zweiten großen Abschnittes von Mollers Bericht gilt bezüglich der Beteiligten des Geschehens Ähnliches, wie für den ersten Teil festgestellt werden konnte - die Agierenden sind die evangelischen Laien und Geistlichen, die den ‚frommen Leuten' in der Stadt das Leben schwer machen, der Rat wird von Moller entweder ganz aus dem Berichtszusammenhang ausgeklammert oder in einem möglichst positiven Licht gezeichnet. So laden die evangelisch Gesinnten der Stadt Bugenhagen ein, nicht nur *to reformerende Gades denst in den kerken, welkere se hedden bigelecht*, sondern auch um *wedderwillen und upror, dorch se* [= die *vorbenömeden boven samt erem anhang* (558)] *erwecket twischen dem ersamern rade und borgeren bitoleggende* (558). Außerdem weist der Rat in seinem Schreiben an Barthold Moller wegen der Unterbringungsfrage ganz explizit darauf hin, daß er Mollers baldigste Rückkehr in die Stadt und sein Bleiben *levendig und dot* (559) wünsche und versichert ihm, ihm seine Güter bis dahin zu erhalten. Moller aber ist die Rückkehr unmöglich, da sich Bugenhagen bereits in Hamburg aufhalte - da das Ende des Briefwechsels ‚gegen Michaelis' datiert wird, eine schlichte Falschangabe, Bugenhagen erreichte die Stadt erst mehr als eine Woche später. Bei seinem Empfang am 9.10. sind zwar zwei Ratsherren unter den Bürgern, doch die offizielle Begrüßung *van des ersamen rades wegen* (559) findet erst am nächsten Tag statt. Außerdem werden die beiden am 9.10. Genannten durch den Satzanschluß *De anderen borgere* (559) klar dieser Gruppe zugerechnet, sie sind zwar Ratsherren, treten diesen Abend aber nicht in dieser Eigenschaft auf, sondern als Privatleute, als Bürger unter Bürgern. Für die Überweisung des Dieners in seine Obhut sind laut Moller *de börgere* (560) verantwortlich, in der ersten Wiederholung wird zwar eine Ratsfraktion als Initiator genannt, doch handelt es sich dabei um Mitglieder des Gremiums, die *weldichliken gekaren* (560) wurden, und in der zweiten Wiederholung ist Moller wieder bei den Bürgern als den Verantwortlichen. Ebenso wird der Rat vollständig aus der Anklage gegen die Köchin herausgehalten, die Ereignisse werden sämtlich im Passiv berichtet, ohne daß Präpositionalobjekte erklären würden, wer die Anklage erhob, die

Köchin verhaften ließ etc. Lediglich der Anstifter des ganzen Vorganges wird genannt: Bugenhagen, *dede sodanes samt siner selschop undergesettet hadden* [sic!] (560).

Hingen die sich formal voneinander abgrenzenden Abschnitte 1. und 2. von Mollers Bericht über inhaltliche Aspekte miteinander zusammen und bauten thematische direkt aufeinander auf, beginnt mit dem Datum des 5.6.1529 etwas Neues, Eigenes. Auffälligstes Indiz ist die einleitende Datierung. Zum einen unterscheidet sie sich von der vorher - und auch in der Folge! - von Moller sonst gebrauchten Weise, einen Tag zu bestimmen,[216] zum anderen ist sie eine genaue Nachahmung der Datierung, mit der Bericht B einsetzte. Weiterhin fallen für den gesamten sich auf den 5.6.1529 beziehenden Eintrag Bezüge zu den in der Sammelhandschrift C vorangestellten Berichten A und B auf. Aus B stammt neben der Datierung der Aufbau des wer, wo und was, aus A die Einschätzung der Vermittlung des was als die für Ketzer charakteristische Weise und der gleichzeitig rechtfertigende und bekennende Auftritt eines katholischen Geistlichen.[217] Auch thematisch ist eine Anlehnung gegeben: Wieder geht es um eine Diskussion zwischen katholischer und evangelischer Seite über die Ordnung von Gottesdienst und Kirche.

Es scheint also, daß mit diesem letzten Abschnitt seines gesamten Textes von Johann Moller ein neuer Bericht im Stile vor allem des vorangegangenen Berichtes B angefangen wird. Kennzeichnend für ihn sind der Einsatz jeder Nachricht mit dem zugehörigen Tagesdatum sowie die Unverbundenheit der Mitteilungen untereinander. Zwar läßt sich ein Oberthema benennen, ‚Bugenhagens Wirken in Hamburg und seine Folgen', ein anderer als der chronologische Zusammenhang wird zwischen den Nachrichten aber nicht aufgebaut. Die Chronologie selber erfährt dadurch einen Bruch, daß nach Ereignissen des Monats Juni noch einmal auf Ende Mai zurückgegangen wird, ehe der Bericht mit dem vorletzten Junitag 1529 schließt. Wie angemerkt zeigen die einzelnen Teile auch von Umfang und Detailfülle her deutliche Unterschiede. Trotzdem kann ihnen nur ein tagebuch<u>ähnlicher</u> Charakter zu-

---

[216] Moller datiert entweder über den Kirchenfestkreis oder den/die Tagesheilige(n). Die Datierung des 9.6. ist ein Mittelding zwischen der des 5.6. und der Moller eigenen, die noch folgenden vier Tagesdaten sind wieder ganz nach der sonst dem Bericht eigenen Weise bestimmt. Auch wird in der Abschnitt C3 einleitenden Datierung das einzige Mal in Bericht C eine Jahreszahl in arabischen Ziffern gegeben, Moller benutzt sonst römische Zahlzeichen.

[217] Hier der redend auf Rede reagierende Kissenbrügge gegenüber dem schreibend auf Geschriebenes eingehenden Barthold Moller als Verteidiger der Rechtgläubigkeit.

geschrieben werden, die Zeitsprünge beweisen, daß die Nachrichten nicht nacheinander, sondern miteinander entstanden sein müssen.

Gegenüber den vorangegangenen Abschnitten von Mollers Bericht fällt in diesem letzten eine Veränderung in der Art auf, den Rat und seine Rolle im Geschehen zu zeichnen. Auch sie spricht für einen Neuansatz im Berichten Johann Mollers. Der Rat wird nicht mehr geschützt. Er steht jetzt als Institution auf der Seite der Ketzer. Die Weise, in der Bürgermeister Salsborch - für seine Person überzeugter Katholik und für seine unnachgiebige Haltung gegenüber den Evangelischen bekannt[218] - die Diskussion am 5.6. nach Mollers Mitteilung abbrach, spricht noch für eine Hilflosigkeit des Rates. Salsborch lehnt es für den Rat ab, sich von den katholischen Geistlichen in der Auseinandersetzung mit ihren evangelischen Gegnern den Schwarzen Peter zuschieben zu lassen,[219] der Rat habe nicht die Macht, die ihm von den Katholiken zugeschrieben werde. Für den Augenblick möge alles bleiben, wie es sei. Außerdem habe es gerade zwölf geschlagen und es sei Zeit, essen zu gehen. Es ist Moller, der in seinem die Mitteilung abschließenden Kommentar bemüht ist, das Geschehen als eigentlichen Sieg der reaktionären Kräfte der Stadt darzustellen, wenn er urteilt: *Darmede sint se van ander gegan und doctor Bugenhagen samt siner selschop heft nein grote ere do ingelecht, unde se* [die katholischen Geistlichen] *hebben do vort gesungen öre tide na, alse tovören* (563). Doch auch hier sind es die katholischen Geistlichen, die er in Schutz nimmt, nicht (mehr) der Rat. In der Nachricht von der Annahme der Kirchenordnung ist der Rat dann als beschließende und verabschiedende Instanz zusammen mit den Bürgern genannt - *beschlaten dorch den borgeren samt dem rade* (563). Es ist interessant festzustellen, daß in der Folge noch die Reihenfolge umgekehrt wird. Es heißt jetzt ‚Rat und Bürger', der Rat tritt also auch in dieser Form der Darstellung in die Spitzenposition, die ihm als regierendes Gremium der Stadt zukam. Am deutlichsten wird der Wechsel in der Haltung des Rates in der letzten von Moller mitgeteilten Nachricht, in der es um den Fall kirchlicher Lehen und Pfründen nach dem Tode ihrer aktuellen Inhaber an den

---

[218] So gehörte Hinrich Salsborch mit zu den Katholiken, die sich auf Rensborchs Initiative hin Ende April 1528 im St.Johannis-Kloster versammelten. Was an Gerüchten über die Gefahr dieser Treffen für die evangelischen Bewohner Hamburgs und die Stadt selber umging, führte zur zweiten großen Ratsverhandlung.

neu eingerichteten Gotteskasten geht, einer Entscheidung, die gegen den erbitterten Widerstand der katholischen Geistlichen von Rat und Bürgern beschlossen wurde. Das Urteil wird von Salsborch gesprochen und begründet, nicht vom anderen wortführenden Bürgermeister, der Wetken war! Moller gibt seinem Unverständnis für Salsborchs Worte Ausdruck[220] und nach der Urteilsverkündung schließt er: *Hirmede sint de prestere afgescheden van den ersamen rade und borgeren, und vele van den börgeren und radespersonen in de vüste gelachet, dat se alle ding na öreme begerte so erlanget hebben* (567).

Gleichzeitig mit dem Fall der letzten handlungsmächtigen Opposition in der Stadt treten in Mollers Bericht Hinweise auf die jetzt zu bemühenden Instanzen auf: Reichstag und Reichskammergericht. Auf sie verweist Henning Kissenbrügge in seiner Verteidigungsrede Bugenhagen gegenüber als machtvolle Institutionen außerhalb der Stadt, die in ihr nicht unterschätzt werden sollten, und von dem zur Aufgabe des ihm anvertrauten Klosters gezwungenen Prior von St.Johannis berichtet Moller, er sei *na Spire to dem Rikesdage* abgereist, *da wert he sine walt, de öme leider to Hamborch gescheen is, beklagende* (565).

7 – 5 – 3 – 4 Konzept und Perspektive des Berichts

In einem letzten Blick auf Johann Mollers Bericht allein ist nach dem ihm eigenen Standpunkt, seiner Sicht und Bewertung der Lage und ihrer Ereignisse zu fragen. Hierbei ist zunächst festzustellen, daß Moller überzeugter Katholik ist, ein Anhänger des Konziliarismus,[221] er leitet Argumentationsketten aus Tradition und Gewohnheiten ab,[222] nimmt daneben den juristischen Standpunkt ein.[223]

Im aktuellen Berichtszusammenhang sieht er innerhalb der Stadt keinen Dualismus mehr zwischen den gegeneinanderstehenden Glaubensgruppen. Unter der geistigen und geist-

---

[219] *Do antwerde ... Salßborch ...: Her doctor, here, wi verstan wol juwe meninge, gi wolden gerne ut juwen vote den doren utteen und steken ön an unsen voet. Wi hebben nicht sodane macht, alse gi uns vorstellen; hirumme, leve her doctor, here und guden fründe, wi seen hir nicht an to donde; gi mögen bliven dejennen, de gi sint.*(563)
[220] *... heft her Hinrik Salsborch ... geantwerdet ser unbeschedeliken na minem verstande: ...*(566)
[221] Vgl. Aufzählungspunkte zu Rensborch (554), Kissenbrügges Rede (562); Bewertung der Regelungen der neuen Kirchenordnung (564).
[222] Vgl. Aufzählungspunkte zu Bustorp (555), B. Moller (556); Kissenbrügges Verteidigung des Domgottesdienstes (562); neue Festtagsordnung (564); Klosterauflösungen (564 f.).

lichen Führung von Kempe, Zegenhagen und Fritze sind die Hamburger zu *Martinisten* (555, 557) geworden. Sie folgen ihrem eigenen Willen, der dem Willen Gottes entgegensteht. Auf das daher zu befürchtende Strafgericht, das über die Stadt hereinbrechen muß, sind Mollers seinen ganzen Bericht durchziehende Wendungen an die göttliche Allmacht ausgerichtet. Die Lehre, der die allermeisten Einwohner nun folgen, ist Ketzerei, Gift; weder christlich noch evangelisch, sondern des Teufels. Ihre Anhänger sind seine Diener, *böse predicanten* (565), die ihre Zuhörer verführt haben. Die Änderungen, die aus der Durchsetzung der neuen Lehre resultieren, werden von Moller eingeschätzt als *ut erer* [der Evangelischen] *egen autoritäten und befele des düvels, dar se mede beseten sint, alse ik* [Moller] *mi befürchte* (564) stammend.

Die in der Stadt zurückgebliebenen katholischen Geistlichen müssen die ihnen aufgezwungenen Maßnahmen dulden, innerhalb Hamburgs ist ihre Position zu schwach geworden, um noch wirksam Widerstand leisten zu können - endgültig, nachdem auch der Rat ins evangelische Lager übergewechselt ist. Doch Hamburg ist weder ein isoliertes noch ein autonomes Gebilde - es steht in Verbindung mit den Städten und Ländern seiner Umgebung und gehört in den Reichsverbund.[224] Moller betont, daß der Stadt dadurch Schaden erwachsen kann, daß die unschuldig ausgewiesenen katholischen Geistlichen Hilfe *dorch ... fründe unde früntschop bi heren unde försten* (556) suchen werden - sie weichen nach Lübeck, Rostock, Bremen, Pinneberg aus, werden überall positiv aufgenommen. Noch über diesen Beziehungen ins direkte Umfeld der Stadt, zu den ansässigen Räten, Kapiteln, Fürsten, steht die Verbindung zu Kaiser, Reichstag - und dem Reichskammergericht. So läßt Moller Kissenbrügge in seiner Verteidigungsrede Bugenhagen gegenüber ausführen, die Hamburger sollten bei ihren eigenmächtig initiierten Änderungen in Glaubensangelegenheiten und der Machtlosigkeit der dagegen protestierenden Minderheit innerhalb der Stadt nicht vergessen, daß in Speyer der Reichstag versammelt sei, der beschlossen habe, daß bis zu einem allgemeinen Konzil alles beim alten zu bleiben habe und daß außerdem der Dekan

---

[223] Vgl. Aufzählungspunkte zu Bustorp (555), B. Moller (556); Ereignisse um Mollers Köchin (560 f.); Kommentar zur Ratsergänzung 1529 (560); Diskussion um kirchliche Lehen (566 f.).

[224] Woran der Schwebezustand seines Status in diesem Verbund nichts änderte; vgl. hierzu Postel, Rainer: Reformation und Gegenreformation 1517-1618. In: Loose, Hans-Dieter (Hrsg.): Hamburg. Geschichte der Stadt und ihrer Bewohner. Hamburg 1982, S.200f.

des Hamburger Kapitels in Speyer anwesend sei - vor dem dort ansässigen Reichskammergericht, um die Klage, die das Kapitel bereits gegen die Stadt erhoben hat, persönlich zu vertreten.[225] Ein anderes Mal hebt Moller selber die Bedeutung hervor, die er diesen Instanzen zumißt, indem er erklärt, der in Hamburg zur Aufgabe des Dominikanerklosters gezwungene Prior desselben sei *upgereiset na Spire to dem rikesdage ut voreschinge des kaisers. Vele christlike försten und stede sint dar vorgadert geworden; dar wert he sine walt, de öme leider to Hamborch gescheen is, beklagende. Got alweldich will behülplik sin den rechtferdigen! Amen* (565). Der Abschnitt ist in voller Länge zitiert, da er exemplarisch Mollers Sicht der Dinge spiegelt - er enthält die beiden tragenden Gegensatzpaare: die von unrechtmäßiger Gewalt beherrschte Stadt - den allmächtigen Gott, der den Gerechten Hilfe senden wird; die christlichen Herrn und Fürsten, die auf dem Reichstag versammelt sind, gegenüber den ‚bösen Predigern' und ihrem Anhang in der Stadt.

7 – 5 – 3 – 5 Funktion und Datierung des Berichts

Moller macht in seinem Bericht die immer weiter fortschreitende Verketzerung seiner Heimatstadt deutlich,[226] vermittelt jedoch gleichzeitig, daß die Lage ernst, aber nicht ohne Hoffnung für die im rechten Glauben Verbliebenen ist. Weder wird der Allmächtige eine weitere negative Entwicklung der Situation auf die Dauer zulassen,[227] noch ist mit einer Hinnahme der Lage durch die Hamburg übergeordneten Instanzen weltlicher Justiz zu rechnen. Eine Annahme, die im Sommer 1529 noch berechtigt schien, in dem der Bericht Mollers abgeschlossen wurde.[228] Er dokumentiert den damals gegenwärtigen Status und die Stationen des Weges, auf dem es soweit kommen konnte, zeigt auf, mit welchen Methoden die Evangelischen vorgingen, um ihre Ziele zu erreichen, macht deren Verwerflichkeit deutlich. Auch für Mollers Schilderung gilt dabei, was für die beiden anderen katholi-

---

[225] Anfang 1529 traf ein vom Kapitel erwirktes kaiserliches Restitutionsmandat in der Stadt ein. Der Rat verweigerte dessen Annahme, was den offiziellen Beginn des Prozesses bedeutete. Ein Jahr später kam es in Lübeck und Hamburg zu Zeugenverhören vor kaiserlichen Kommissionen zu den im Prozeß erhobenen Klagen, 1533 schließlich entschied das Reichskammergericht definitiv gegen die Stadt. Diese legte Einspruch ein. Der Prozeß zog sich auf diese Weise bis in das Jahr 1561, in dem er mit einem Vergleich endete.
[226] Es fällt auf, daß er von „unseren Landsleuten", „unseren Bürgern" spricht.
[227] Moller fürchtet hier geradezu um die Stadt, die doch auch die seine ist, wie aus seinen Abschlußbemerkungen zu den Ereignissen ab dem 5.6.1529 besonders deutlich wird.

schen Darstellungen schon festgestellt werden konnte. Der Bericht spricht als Adressaten ausschließlich Anhänger der eigenen Glaubensrichtung, der eigenen Weltanschauung an. Der aus den vorangegangenen Texten bereits bekannte Teil seiner Wertungen ist also auch hier einzuschätzen als Träger einer grundsätzlich übereinstimmenden Einstellung zwischen Autor und Rezipienten. Er braucht nicht zu überzeugen, da er allgemein Anerkanntes transportiert und zum Ausdruck bringt.

Daneben macht sich in Mollers Bericht in Situationen persönlicher Betroffenheit allerdings eine auffallende Härte in Charakteristik und Einschätzung der Gegner bemerkbar;[229] und auch die Rückführung der in Hamburg beobachtbaren Ketzerei direkt auf teuflischen Ursprung ist ein Mollers Bericht eigener Zug.[230] Er macht sowohl durch den Hinweis auf eigenerlebte Beispiele als auch den Teufel als eigentlichen Herrn der Ketzer die Schlechtigkeit der Gegenseite deutlich, spricht ihr in ihrer Abkehr vom rechten Glauben[231] auch einen Mangel jedes noch möglicherweise vorhandenen moralischen Empfindens zu. Moller disqualifiziert die evangelische Seite sowohl gesellschaftlich als auch menschlich durch seine Darstellung in einer Weise, der auch innerhalb der eigenen, grundsätzlich ähnlich denkenden Gruppe appellative Züge zugesprochen werden müssen.

Wichtig für ein Verständnis von Mollers Bericht ist seine zweigeteilte Anlage. Die Abschnitte C1 und C2 sind dabei als Fortsetzung des vorangegangenen Berichts B anzusprechen, der Abschnitt C3 bildet dann einen im Einsatz an B orientierten eigentlichen dritten Bericht.

Dieses an bereits Vorhandenes anknüpfende Konzept, das Moller bei der Abfassung seines eigenen Reformationsberichts zugrundelegte, fordert die Frage nach dem Plan heraus, nach dem Johann Moller die über die Reformation berichtenden Texte in seiner Sammelhandschrift zusammengestellt und aufeinander bezogen hat.

---

[228] Vor 1530 muß er abgeschlossen sein, da er von B. Mollers Tod noch nichts weiß.
[229] Fritze und Wetken geraten als Schüler Mollers geradezu in eine Judas-Rolle (560, Z.5-7); Ereignisse um Mollers Diener (559ff.); Beschuldigung Bugenhagens, die Anklage gegen die Köchin inszeniert zu haben (560).
[230] Besonders deutlich am Anfang, wo er den Evangelischen die Eigenbezeichnung abnimmt [sie handeln nicht nach evangelischer Lehre] und sie stattdessen als Teufelsdiener hinstellt (554), aber auch im Zusammenhang mit der Einschränkung der Heiligenverehrung (564) - auch hier ganz klar Teufelseinflüsterung, da der Zugang zu den hl. Fürbittern beschnitten und eingeengt werden sollte.
[231] Macht mit Hinweis auf den Teufel auch deutlich: kein Abirren aus verzeihbaren Gründe, echte, bewußte Abkehr vom Glauben!

7 – 5 – 4 Mollers Sammelhandschrift

Bevor auch der Bericht des Steffen Kempe als vom Entstehungszeitraum her jüngster und damit letzter der zeitgenössischen Ereignisberichte zur Reformation in Hamburg einer Einzelanalyse zu unterziehen sein wird, scheint es geraten, sich nach einem separaten Blick auf jeden der in der Sammelhandschrift des Johann Moller vereinigten Berichte zunächst mit der Frage zu beschäftigen, was ihre Zusammenfassung in eine Sammlung veranlaßt haben könnte. Hierbei muß am meisten interessieren, ob sie sich einem Prinzip schlichter Kumulation unterordnen lassen oder ob sich ein Konzept entdecken läßt, das die einzelnen Berichte als Komponenten einer geplanten Gesamtgestaltung aufeinander bezieht und nur als sie alle umfassende und beinhaltende Einheiten voll verständlich macht.

Für die Annahme einer schlicht kumulativen Reihung der einzelnen Berichte könnte die festgestellte inhaltliche Parallelität ins Feld geführt werden, die dreimalige Wiederholung desselben Ereignisses, der Ratsverhandlung 1528, die drei nebeneinander stehende Schilderungen impliziere. Daneben sprächen auch die aufgezeigten Differenzen im Setzen der Schwerpunkte und der gesamten Art, das Geschehen jeweils zu vermitteln, für unterschiedliche, einzelne Berichte.

Gegen eine Unverbundenheit der Texte allerdings sprechen einige Argumente aus ganz verschiedenen Bereichen. Zum einen ist auf der rein formalen Ebene festzuhalten, daß Moller alle Berichte ungetrennt hintereinander in seine Sammlung eintrug und sie auf diese Weise zumindest äußerlich miteinander verband. Zum anderen muß beachtet werden, daß er zwischen den Texten Verweise und Verbindungen schuf, die geeignet sind, ihre Einheit bezüglich des geschilderten Geschehens zu tragen. Weiter fallen gerade an Mollers eigenem Bericht ein ganz deutlicher Anschluß an das Vorangehende und ein Neueinsatz in dessen Stil auf. Gleichzeitig wird hierdurch der Schluß ‚unterschiedliche Schwerpunkte = unterschiedliche Einzelberichte' außer Kraft gesetzt. Moller sah offensichtlich bei allen Differenzen übergeordnete Gemeinsamkeiten, die ihm das Fortschreiben eines vorgefundenen Textes in Abwandlung von dessen grundsätzlicher Ausrichtung gestatteten. Schließlich ist ein Blick auf die Stellung der Verhandlungsschilderung im jeweiligen Bericht zu werfen. Diese Abschnitte inhaltlicher Parallelität haben nämlich ganz unterschiedliche funktionale

Rollen im Zusammenhang ihrer jeweiligen Schilderungen. Ihre Wiederholung im Verlauf des Gesamttextes muß als aus diesen unterschiedlichen Motivationen heraus notwendig erscheinen.

Bildet in Bericht A die Nachricht von der Ratsverhandlung Rahmen und Einleitung für die anschließende Aufführung der der Verhandlung zugrundeliegenden Lehrsätze und -meinungen katholischer Geistlicher, die den Hauptteil und das Hauptthema dieses ersten Berichtes ausmachen,[232] so ist die Verhandlung in B selber Hauptgegenstand, Thema des Berichts, die mit einer sie vorbereitenden Vorgängerin zusammen behandelt wird.[233] In C schließlich findet sich die Verhandlungsschilderung in Form einer Retrospektive und in der Rolle einer Überleitung zwischen aus der Verhandlung resultierender Verbanntenliste und Folgeereignissen des Geschehens innerhalb der Stadt. Trägt die dreimalige Wiederholung der Verhandlung also durchaus nicht zwingend zu einer Trennung der Texte voneinander bei, so unterstützt ein weiterer Punkt inhaltlicher Parallelität ihre Verklammerung miteinander. Die Rede ist vom Personal, das in ihnen auftritt und dessen exponierte Vertreter in jedem der Berichte erneut Erwähnung finden - und zwar nicht in statischer Wiederholung, sondern in dynamischer Entwicklung. Entweder werden Charakteristiken vertiefende und um Facetten erweiternde Ergänzungen gegeben oder der äußerliche Wandel bezüglich der Stellung im sozialen Gefüge angeführt.[234]

Zu vieles und zu verschiedenes deutet darauf hin, daß die Texte von Moller nach einem übergreifenden Gesamtkonzept miteinander verbunden in seine Sammelhandschrift eingetragen wurden, als daß ein Prinzip schlicht kumulativer Reihung für sie weiter in Erwägung zu ziehen wäre. Damit stellt sich die Frage, wie das postulierte Gesamtkonzept zu beschreiben ist, welche Funktionen den Texten innerhalb des Verbundes von Mollers Sammelhandschrift zuzuordnen ist.

---

[232] Auch Lappenberg bemerkte das - vgl. seinen Titel für Moller A.
[233] Auch Lappenberg bemerkte das - vgl seinen Titel für Moller B.
[234] Bustorp: A, verbannt; B, Vorgeschichte; C, weitere Informationen. Die drei evangelischen Prediger: variierende und unterschiedliche Aspekte aufnehmende Beschreibungen. Moller: A, eigene Verteidigung; B, Berufung zum Gutachter, Anwalt und Richter in der Verhandlung gegen Bustorp; C, Verhalten in Krisensituation. Wetken: Karriere vom Pronotator über den Ratsherrn zum Bürgermeister. Inwieweit die Texte das vorgaben oder es sich um redaktionelle Eingriffe Mollers handelt, muß dabei offenbleiben. Hier wird nur die ‚Tatsache, daß' konstatiert, die Wirkung ist dieselbe, ob nun etwas Vorgefundenes nach Vorhaben angeordnet oder dafür leicht modifiziert wurde.

Hierbei ist es ganz außerordentlich bedauerlich, daß über den Gesamtinhalt der Sammlung nichts mehr bekannt ist. Seine Zusammensetzung und Abfolge hätte den Versuch einer Antwort auf eine breitere Basis stellen können, als es das Wenige, was wir über die Handschrift noch wissen, vermag.

Sie entstand in den Jahren von 1522 bis 1529, enthielt u.a. eine Abschrift des Stadtrechts, antireformatorische Lieder und die Berichte über das entscheidende Ereignis im Durchsetzungsprozeß der Reformation sowie dessen unmittelbare Folgen bis zum Beschluß und der Verkündung einer neuen Kirchenordnung für die Stadt. Der Autor war Hamburger Bürger, Jurist, Katholik und im aktiven Widerstand gegen die Neuerer und ihre Vorhaben.[235] Die Entstehungszeit der Handschrift fällt zusammen mit einer sich fortschreitend kritisch gestaltenden innenpolitischen Lage für die Stadt,[236] in der die Frieden und Stabilität garantierende Einheit von Rat und Bürgern zunehmend bedroht und die Zukunft allgemein mit starken Unsicherheitsfaktoren behaftet schien. Unter diesen Grundvoraussetzungen ließe sich Mollers Sammelhandschrift als Dokumentation und Zeugnis ansprechen, als die beherrschenden Züge ihrer Planung und Verwirklichung das Bewahren und Beweisen von Tatsachen und Ereignissen, eine Doppelfunktion, der sich die Berichte zur Reformation problemlos subsumieren lassen. Betrachtet man sie als Einheit innerhalb der Sammelhandschrift, so bietet ihr erster Abschnitt (A) nach einer kurzen, einleitenden Situierung eine Art Aktenlage, eine Dokumentation der in der beschriebenen Verhandlung eingesetzten Beweisstücke, damit eine Tatsachenabsicherung des Weiteren. Der zweite Abschnitt (B mit den zwei ersten Teilen von C) gibt dann einen Überblick des Ereignisses und seines Ablaufs, seiner Vorgeschichte und seiner unmittelbaren Folgen, während der dritte Abschnitt (dritter Teil von C) die Weiterentwicklung der Situation in Hamburg nach der Entscheidung für die Reformation darstellt.

Als Kompilator beschränkt sich Moller offenbar auf geringfügige redaktionelle Eingriffe in Form kohärenzstiftender Einschübe und verbleibt ganz in seinem Vorhaben einer Dokumentation der Ereignisse. Grundlegende Prämisse ist dabei die Ablehnung der Neuerungen

---

[235] Gyseke, S.57. Johann Moller gehörte zu den Johannisleuten, deren Versammlungen im Dominikanerkloster letztlich zur Ratsverhandlung 1528 führten.
[236] Unruhen zwischen Bürgern und Kapitel um die Schulhoheit, Reformation.

im Glauben. Da dieser Standpunkt in konservativen, traditionsverbundenen katholischen Kreisen selbstverständlich war, sind die wertenden Passagen der Texte als Beweisführung, Belege zu lesen, als Teil der Informationsmenge, die die Texte tragen und bewahren sollen. Erst im von Moller selbstverfaßten Teil gewinnen die beurteilenden Komponenten seines Berichtens eine neue Qualität, eine Qualität, die sie über den Rahmen des Informierens hinaushebt und in den Bereich des Überzeugens stellt. Hier scheint der erwähnte Filter des eigenen Betroffenseins wirksam zu werden. Greift dieser schon in der Tatsachenauswahl, indem subjektiv Bedeutsames in exemplarischer Funktion mitgeteilt wird, so zeigen sich auf dem Sektor des Begründens[237] deutliche Tendenzen, von persönlicher Enttäuschung[238] oder persönlichen Einschätzungen[239] Motiviertes als gemeingültiges Urteil einzubringen, ein Vorgehen, mit dem Moller über die Vermittlung eines allgemein-katholischen Standpunktes hinaus seine eigene Sicht der Dinge in der Darstellung vermittelt und weitergibt.

Trotz der wenigen Informationen, die zu Mollers Sammelhandschrift noch zur Verfügung stehen, deutet sich ihre Funktion im Kontext des Reformationsprozesses in Hamburg als katholische Dokumentation an, abgeschlossen und einsetzbar zu einem Zeitpunkt, zu dem sich in Unsicherheit des Kommenden eine reflektierende Retrospektive anbot. Im Sommer 1529 galt es für Hamburg abzuwarten, wie sich die Situation in der Stadt weiterentwickeln würde, die nun an die konkrete Umsetzung der in der neuen Kirchenordnung beschlossenen Änderungen gehen mußte, die in ihrem Ausmaß das gesamte Gemein(de)wesen betrafen. Gleichzeitig erwartete man das Urteil, das das Reichskammergericht im vom Kapitel gegen Hamburg angestrengten Prozeß fällen würde.

In jedem Falle handelte es sich um eine Situation, in der die zukünftige Entwicklung mit derartigen Unsicherheitsfaktoren belastet war, daß sich eine Absicherung der Vergangenheit als geradezu notwendig für eine Definition des eigenen Standpunktes im und zum Geschehen erweisen konnte.[240]

---

[237] Das in Glaubens- bzw. ideologischen Streitigkeiten immer mit Werten und Bewerten verbunden ist.
[238] Bezüglich Fritze, Wetken.
[239] *wi ik mi befürchte* (564); *na minem verstande* (566).
[240] Gerade wenn man der momentanen Verliererseite angehörte und sich neu organisieren und orientieren mußte.

Über eine Wirkung der Handschrift läßt sich ebenso wenig sagen wie über den Grad ihrer Bekanntheit bzw. den Rahmen, für den sie gedacht war. In dieser Beziehung läßt sich lediglich feststellen, daß sie in ihrer Entstehung dem Zusammenwirken verschiedener Personen zu verdanken gewesen sein muß, die die in ihr vereinigten Texte verfaßten. Doch schon die Frage, auf welche Weise Johann Moller an diese Texte gelangte, muß unbeantwortet bleiben[241] - ebenso wie diejenige, in welcher Weise Moller die Unterschiede der einzelnen Berichte bemerkte und welche Bedeutung er ihnen zumaß. Hier läßt sich nur noch vermuten, daß es innerhalb des katholischen Lagers der Stadt zu einem Zusammenschluß unterschiedlicher Schwerpunkte und Tendenzen gekommen war, daß die Situation geeignet war, mit Blick auf die gemeinsamen Feinde die Gemeinsamkeiten innerhalb des eigenen Lagers zu betonen und Differenzen und Abweichungen zu übersehen bzw. zu übergehen. Gerade für diese Entwicklung (innerparteiliche Solidarität im Angesicht heftiger Angriffe von außen) sind die in Mollers Sammelhandschrift vereinigten Texte zur Definition des katholischen Standpunktes in einer ernsten Krisensituation - tatsächlich der tiefsten Krise, der der Katholizismus in seiner Geschichte überhaupt ausgesetzt war - ein klares Beispiel.

7 – 5 – 5   Bericht D

7 – 5 – 1 – 1   Überblick

Wie schon festgestellt, ist auch für den Bericht des Steffen Kempe die Verhandlung vom 28.4.1528 Herzstück und Angelpunkt der geschilderten Ereignisse und ihrer Zusammenhänge. Anders als in den katholischen Berichten geht es hier allerdings nicht nur um den Vorgang als solchen. Die Schilderung der Verhandlung steht unter einem übergeordneten Ordnungs- und Darstellungsgedanken. Er spiegelt sich im Titel des evangelischen Berichtes wider, der in programmatischer Erscheinungsweise Anspruch und Ausrichtung des Folgenden formuliert und festschreibt: *Warhaftiger bericht, wo der papen misse, predige und andere kerkengeprenge alhir to Hamborch geandert und de jegenwardige predige, misse*

---

[241] Schriftlicher Zugriff auf das Stadtrecht und wohl auch auf die Berichte, mündliche Überlieferung bei den Liedern durchaus denkbar.

und ceremonien upgekamen und angenamen, wedder de unwarhaftige und velschlike beklaginge der papeschop, dat se mit külen und speten sin averwunnen (479).

Ganz klar fallen die beiden tragenden Wendungen auf *Warhaftiger bericht* versus *unwarhaftige beklaginge*. Neben dem Vorhaben, einen Wechsel in Ritus, Kultus und Liturgie der Hamburger Kirchen zu beschreiben, geht es Kempe also um die Rechtfertigung dieses Vorganges und die Betonung seiner Friedfertigkeit. Dabei bilden nicht nur *warhaftig* und *unwarhaftig* ein Gegensatzpaar, auch *bericht* und *beklaginge* stehen in bipolarem Verhältnis - die aus ihrer Position heraus darstellende und wertende Anklage gegen den positionsübergreifenden, neutralen Bericht.[242]

In seinem Bemühen um einen solchen Bericht beginnt Steffen Kempe seine Schilderung 1521 mit dem Wirken des ersten reformerisch predigenden Pfarrers in Hamburg, fährt dann mit seiner eigenen Ankunft in der Stadt 1523 und dem großen Zuspruch, der ihm dort zuteil wurde und sein Bleiben veranlaßte, fort, berichtete für 1525, wie sich der Pfarrer von St.Katharinen durch seine schwankende Stellung zu den reformatorischen Regungen bei seiner Gemeinde unbeliebt machte sowie den Tod des lector primarius, des wichtigsten Domtheologen, für 1526 die Ankunft eines überzeugt reformatorisch predigenden Geistlichen, der sich an St.Nikolai einrichten konnte, und die Wiederbesetzung der durch den Todesfall im Vorjahr vakant gewordenen Lektur am Dom mit dem bekannten und geachteten Barthold Moller.

Die weiteren Nachrichten der Jahre 1526-1528 beziehen sich vor allem auf die in immer schärferem Tone geführten Auseinandersetzungen zwischen reformatorisch und katholisch gesinnten Geistlichen sowie die Mobilisierung ihres Anhanges in den Gemeinden und die zunehmende Sensibilisierung des Rates für eine sich zuspitzende und auf eine Eskalation zustrebende Situation in der Stadt. Unter den Ereignissen ragt dabei die erste große Verhandlung evangelischer und katholischer Geistlicher vor dem Rat im Jahre 1527 heraus, die die entscheidende Verhandlung im Folgejahr in verschiedener Hinsicht vorbereitete.[243] Die

---

[242] Hier ist im Berichtsbegriff ganz offensichtlich die semantische Komponente der Sachlichkeit angesprochen.
[243] ‚Generalprobe' für die Evangelischen, außerdem hängt Bustorps nicht erfolgter Widerruf als Damoklesschwert über der katholischen Partei.

angedeutete Entwicklung gipfelte in der die Reformation in der Stadt etablierenden Ratsverhandlung im April 1528, die in auffallender Ausführlichkeit mitgeteilt wird.

Anschließend bringt Kempe in einem kurzen Nachspann die Besetzung der letzten noch ausstehenden Hauptpfarre mit einem reformatorisch gesinnten Mann, für 1529 Johannes Bugenhagens Berufung nach Hamburg, sein Wirken, seine Abreise und abschließend die 1532 erfolgte Berufung eines Superintendenten für das evangelisch-lutherische Hamburg.

7 – 5 – 5 – 2 Themenauswahl und ~verknüpfung des Berichts

Alle von Kempe in seinem Bericht angesprochenen Themen stehen in zumindest indirektem Zusammenhang mit dem Kernstück des Berichtes, der Verhandlung von 1528. Allerdings hängt die Themenauswahl zum Teil auch an Kempes Bindung an die St.Katharinenkirche, deren Hauptpastor er ab 1527 war - gerade die Nachrichten der Jahre 1521-1525 beziehen sich auf Kempes Vorgänger auf diesem Posten. Magister Ordo Stemmel war 1521 der erste auffallend und ausreichend reformerisch predigende Geistliche, um ihn aus der Retrospektive zum ersten Vertreter reformatorischen Gedankengutes zu machen,[244] sein Nachfolger Vischbeke wandelte sich aber, *do he nichtes vant, wat he sochte und de missen mer inbrochten, alse de predige der warheit* (482), vom eifrigen Verfechter der Reformation zu ihrem entschiedenen Gegner, was bei der Gemeinde *nicht ane grote und merklike ergeringe* (482) zur Kenntnis genommen wurde. Zwar bereiten beide Nachrichten letztlich Kempes Berufung zum Pfarrer an St.Katharinen vor, als der er 1528 in der Verhandlung auftritt, doch scheinen sie stärker durch Kempes Interesse an der Geschichte ‚seiner' Kirche motiviert zu sein als durch den eher lockeren Bezug auf 1528.

Auch die folgenden Mitteilungen beziehen sich auf Wechsel im Personal der Hamburger Geistlichkeit. Der Tod des lector primarius am Dom 1525 führt zur Berufung Barthold Mollers auf diesen Posten, den er 1526 *jegen den Vastelauend* (482) übernahm; ebenfalls in der Fastenzeit diesen Jahres kam Johann Zegenhagen nach Hamburg und wurde bald

---

[244] Er heft ... wedderumme angehaven de lutter warheit des evangelii, so vele ome Got vorstandes gegeuen hadde (479/80).

Pfarrherr an St.Nikolai. *Den de capellan ... darsulvest vorleep de wedem in nachtschlapender tit und leet se leddich stan* (484).

Im Zusammenhang mit Mollers Ankunft berichtet Kempe ein Treffen mit seinem ehemaligen *präceptor und promotor* (482) an der Rostocker Universität, bei dem Kempe und Moller in Anwesenheit von Zeugen einen theologischen Gedankenaustausch abhielten und sich verständigten, einander in Zukunft auftretende strittige Punkte in ihren Predigten zuzustellen. Sollte dies geschehen, wollten sie *confereren fruntlik, efte de artikel bestan möge, efte nicht* (483). Indem Moller in der Passionszeit diese Abmachung bricht, kommt es zu einem ersten schweren Fall von Kanzelpolemik in der Stadt. Kempe sieht sich durch Mollers Vorgehen gezwungen, dessen Ansichten öffentlich zu widerlegen, während die übrigen *dompredigers* (483) dem Beispiel ihres theologischen Oberhauptes folgen. Kempe resümiert, die allgemeine Hoffnung, daß *dusse theologus* [Moller] *dusse twistige lere worde middelen und alle dink to gude maken* (483), habe sich nun endgültig zerschlagen. Im Hamburger Klerus stehen ab Ostern 1526 zwei unversöhnliche Parteien einander gegenüber.

Die Fronten verhärten sich im Verlauf des Jahres. Weihnachten kommt es in St.Nikolai zum Eklat, als sich die katholisch gebliebenen niederen Kleriker der Kirche verbünden und den Festgottesdienst des reformatorisch gesinnten Pastors Zegenhagen boykottieren. Dieser improvisiert *mit sinem cappellane, kostere, scholmestere und gesellen sampt den scholkinderen* (484) die Weihnachtsfeier, was die Gemeinde beeindruckt und für ihn einnimmt, so daß er in der Folge dem katholischen Klerus die Kirche schließt: *Den konden se nicht vorhenne Gade ton eren singen de gesenge van der gebort Christi, scholden se ok nicht erem buke to gude de vigilien und seelmissen singen* (485). Durch die anhaltenden Auseinandersetzungen der evangelischen und katholischen Geistlichen sieht sich der Rat genötigt einzugreifen - noch in der Weihnachtsoktav 1526 veröffentlicht er ein Mandat, das Kempe in seinem Berichtszusammenhang inhaltlich-referierend mitteilte.[245]

Wie um die Ereignisse des Jahres 1526 zu vervollständigen und abzuschließen, flicht Kempe nach dem Mandat die Ankunft des reformatorisch predigenden Johann Fritze ein,

---

[245] Hier besteht das Problem, daß wir auf diesen Text dank Lappenbergs Überlegungen keinen Zugriff mehr haben.

der in Hamburg Pastor an St.Jacobi wurde. Nach dieser Mitteilung nämlich nimmt Kempe den roten Faden der wachsenden Unruhe unter den Geistlichen wieder auf und berichtet von der Weihnachtspredigt des Domherrn Nikolaus Bustorp, deren Inhalte die reformatorisch gesinnten Geistlichen nur *vmme des ersamen rades artikele willen* (488) öffentlich unkommentiert ließen. Allerdings schickten die drei evangelischen Pfarrer ihre Kapläne mit einer Zusammenstellung der strittigen Artikel an den Domherrn, um *ene fragen [to] laten, efte he de artikele bestunde* (488). Bustorp reagierte mit einem lateinisch verfaßten Brief, den er an Zegenhagen sandte.

Kempe bringt in seinem Bericht den vollständigen Brief in deutscher Übersetzung.[246] Daran schließt er die Liste der Artikel an, die die evangelischen Kapläne Bustorp überreichten und berichtet von den fruchtlosen Gesprächsversuchen der reformatorischen Pfarrer mit dem Domherrn. Als dieser deutlich macht, *he hedde mit enen nicht to donde* (507), wenden sich die Geistlichen an den Rat, der - da er *velichte ... mit anderen wichtigen handelen bekummert was* (507) - zunächst nicht reagiert. Über das Hin und Her ist die Fastenzeit 1527 angebrochen und die evangelischen Prediger sehen sich gezwungen, die noch immer nicht diskutierten Lehrsätze Bustorps öffentlich zu widerlegen. Hierauf beginnen wiederum die katholischen Geistlichen, *nicht allene up se [die Evangelischen] to scheldende, sundern ok de predigen to vorerrende und to vorhinderende, wo se konden* (508). So läutete einer von ihnen in den morgendlichen Wortgottesdienst des reformatorisch predigenden Kaplans von St.Nikolai hinein zu einem Seelenamt - mit dem Ergebnis, daß sich die Anwesenden von der Predigt ab- und der Messe zuwandten, was den Kaplan zu einer harten Äußerung gegen den Widersacher verursachte, die Kempe zitiert.

Alse dut vor den rat is gekamen, fährt Kempe fort, *de nu wuste, dat vele nies twistes und erringe dorch Bustorpes predige und der predicanten vorantwerdinge geröget was* (508), ließ dieser die streitenden Parteien vorladen. Kempe listet hier zunächst die anwesenden katholischen Geistlichen auf, die er mit Namen, Titel und zum Teil mit ganzen kurzen Einschätzungen oder Charakteristiken bringt, und nennt dann *de dre predicanten des evangelii* (509). Außerdem erwähnt er die Anwesenheit *de schwaren der veer kerspelkerken, ... de dut alle mede hebben angehöret* (509).[247] Den Verlauf der Verhandlung teilt Kempe im Stil eines Gesprächsprotokolls mit, in dem den wörtlich wiedergegebenen Passagen der einzelnen Sprecher vom Protokollanten lediglich die Angabe des jeweiligen Wortführers hinzugefügt wird, wodurch der ganze Abschnitt den Eindruck hoher Authentizität erweckt. Außerdem werden hier die Vorgehens- und Argumentationsweisen der streitenden Parteien sowie des Rates transparent gemacht und offen dargelegt. Allerdings wird ausschließlich der erste Teil der Verhandlung auf diese Weise geschildert, bei dem es um die strittigen Artikel aus Bustorps Predigt ging und der mit der Verurteilung Bustorps zum Widerruf endete. Der zweite Teil, in dem das Verhalten des Kaplans in St.Nikolai zur Debatte stand, wird von Kempe in einem einzigen kurzen Satz zusammengefaßt.

Im Anschluß an die Verhandlung berichtet Kempe seine Wahl zum Pfarrer an St.Katharinen im September auf ausdrücklichen Wunsch des Kirchspiels, nimmt dann wiederum den roten Faden seiner Darstellung auf: Trotz der Verurteilung Bustorps ist unter den Predigern der Stadt keine Ruhe eingekehrt. Die reformatorisch gesinnten unter ihnen halten sich dabei an die Anordnung des Ratsmandates, Kanzelpolemik zu vermeiden und so *leten se de artikel, de er wedderdeel prediegeden, ein deel antekenen, bet to einer gelegen tit, dat se daruan handelen konden* (520).

Kempe setzt mit seinem Bericht nach dieser Zustandsbeschreibung Ostern 1528 mit der Weiterentwicklung der Lage in der Stadt ein. Der Dominikaner Rensborch wettert am Gründonnerstag bzw. schon am Mittwoch der Karwoche gegen das Abendmahl unter beiderlei Gestalt, Kempe entgegnet in einer Predigt am Karfreitag *vmme der communicanten willen, de sik hirmede merkliken geergert hedden* (520). Karsamstag hält Rensborch dagegen und verweigert auch eine von Kempe vorgeschlagene Aussprache. Dieser hatte *einen frunt edder twe van den vornemsten borgern* (521) nach St.Johannis gesandt, die weitere Bürger

---

[246] Allein der deutsche Text umfaßt 9 Seiten der Edition des gesamten Berichtes. Der Brief in lateinischer und deutscher Fassung nimmt die Seiten 489-505 ein.

[247] Interessanterweise gibt Kempe ihre Zahl mit 12 an. 1528 aber hätten sich 8 oder 16 Kirchgeschworene auf dem Rathaus versammeln können, je nachdem, ob nur die Leichnamsgeschworenen oder diese und die amtierenden Juraten zur Teilnahme an der Verhandlung aufgefordert worden wären. 12 Kirchgeschworene - für jedes Kirchspiel drei - gab es erst ab Mitte 1529 durch die Bestimmungen der neuen Kirchenordnung. Die falsche Zahl ist ein klarer Beweis für die den ganzen Bericht prägende Retrospektive aus selbstverständlich evangelischer Grundhaltung heraus.

als Zeugen mit sich nahmen. Vor den zwölf Anwesenden bestätigt Rensborch zwar den Inhalt der ihm vorgehaltenen Artikel, verweigert aber ein Gespräch, lediglich *mit schriften wolde he handelen* (520/21). Sie sollten an eine der renommierten christlichen Universitäten gesandt und dort diskutiert werden.

Nach dieser Diskussionsverweigerung *hebbe ik [Kempe] darjegen geprediget und vellichte de andern predicanten alle, und de artikele apentlik vorlecht* (521). Der Rat reagiert auf die erneute und offensichtlich scharf geführte vorösterliche Kanzelpolemik, indem er Rensborch die Predigt verbietet. *Des beklagede he sik iegen idermanne* (521). Die Folge ist eine Versammlung überzeugt katholisch denkender Bürger in St.Johannis, die Pläne gegen die zunehmend anerkannten reformatorischen Tendenzen in der Stadt schmiedete. Dieses wird den evangelische gesinnten Bürgern bekannt, weswegen *se sik ... vorsammelden, rik und arm, grotes und geringes geschlechtes, vt allen veer karspelen und gingen vor den rat* (521). Sie fordern sein Eingreifen, da sie *des twistigen predigendes ein vordreet hedden* (522). Rat und Bürger verständigen sich auf eine Verhandlung am Folgetag, dem 28.4.1528, bei der alle Prediger vor dem Rat erscheinen sollten. *Worbi men befunde, de wes anders den Gades wort geprediget hedde, edder alse he mit der hilligen schrift konde beweren, billik, dat de dem andern weke, wes partes he ok were* (522).

Die eigentliche Verhandlung schildert Kempe ähnlich wie die des Vorjahres, allerdings geht er ausführlicher und detailreicher dabei vor. Zunächst gibt er eine Versammlungsorte, Zeit und Beteiligte umfassende Einleitung, nennt noch einmal das erklärte Ziel der Verhandlung. Er zählt dann die vorgeladenen katholischen und evangelischen Prediger mit Namen und zum Teil mit Titel auf und nach einer in indirekter Rede wiedergegebenen Erklärung des Bürgermeisters, die den Zweck der Verhandlung abermals beinhaltet, listet Kempe die den katholischen Predigern vorgeworfenen Artikel mit jeweils namentlicher Zuordnung auf - sie sollen bei der Ermittlung, wer nach Gottes Wort und Schrift predigte, d.h. mit anderen Worten die Wahrheit verkündete, als Grundlage für die Rechtfertigung und Verteidigung der katholischen Seite dienen.

Für die Vermittlung der tatsächlichen Verhandlung greift Kempe auf die Form des Quasi-Protokolls zurück, die er schon bei dem Verfahren gegen Nikolaus Bustorp genutzt hatte.

Die Diskussionen zwischen evangelischen und katholischen Geistlichen sowie dem Rat werden in Rede und Gegenrede in großer Ausführlichkeit geschildert. Der Schlußteil der Verhandlung fällt gegen das Vorhergehende kurz aus. Rat und Bürger entscheiden für die evangelische Seite, zunächst werden gegen zwei katholische Prediger Stadtverweise ausgesprochen, von den übrigen sollen zwei auch weiterhin predigen dürfen, der Rest darf lediglich in Hamburg bleiben. Als die nicht auf dem Rathaus anwesenden Bürger das Urteil erfahren, fordern sie dessen Verschärfung. Noch einmal greift Kempe auf die Form des Gespräches zurück und schildert in dieser Weise seine Intervention bei den aufgebrachten, Gerechtigkeit und Wahrheit fordernden Bürgern. Als endgültiges Ergebnis der Verhandlung werden schließlich fünf Geistliche ausgewiesen, was Kempe mit kurzen Charakteristiken dieser Männer erklärt. Anschließend gibt er einige knappe Nachrichten über das weitere Schicksal der übrigen katholischen Prediger.

Es folgt nun nur noch ein insgesamt sehr kurz gefaßter Nachspann, der die weitere Entwicklung in der Stadt mehr skizziert als wirklich schildert. Für 1528 wird in ähnlich vervollständigender Manier wie für 1526 die Besetzung auch der Petri-Pfarre mit einem reformatorisch gesinnten Geistlichen mitgeteilt, anschließend ganz kurz das Wirken Bugenhagens in Hamburg angerissen, ehe Kempe seinen Bericht mit der Berufung Johannes Aepins zum Superintendenten des evangelisch-lutherischen Hamburg schließt.

7 – 5 – 5 – 3 Konstruktion des Berichtszusammenhanges

Als beherrschender Zug in der Darlegung und Verbindung seiner Themen fällt für Steffen Kempes Bericht die aktive Rolle der Katholiken auf, gegenüber der sich die reformatorische Seite stets reagierend verhielt und auch das erst, wenn die Entwicklung der Verhältnisse ein weiteres duldendes Ausharren nicht mehr möglich machte. Dies zeigt sich gleich zu Anfang des Berichts anhand der Verhaltensstrukturen Vischbekes und Mollers sowie ihrer jeweiligen Begründungen. Vischbeke, als Nachfolger Ordo Stemmels, der sein Amt aus Altersgründen und unter dem massiven Druck der katholischen Geistlichkeit aufgegeben hatte,[248] Pfarrer an St.Katharinen, predigte 1525 zunächst klar reformatorisch.[249] Er begann mit uns wedder de papisten to predigende mit grotem puchende (481/82).[250] Doch dann wendete he sik wedderumbe, veel af umb einer pröuen willen, de eme dat capittel schenkede, und predigede wedder sik suluest (482). Seine Gemeinde quittierte diesen Wechsel nicht ane grote und merkliche ergeringe (482).

Im zweiten Fall verständigen sich Kempe und Barthold Moller darauf, strittige Predigtinhalte untereinander zu besprechen. Doch am Palmsonntag 1526 bezieht sich Moller auf Kempes am Freitag zuvor gehaltene Predigt, indem er klar macht, wo de si ein ketter und boue, beide, de so leret und de it so gift und entfanget [communio sub utraque specie] (483). Er sucht also nicht nur nicht die Aussprache, auf die man sich fest geeinigt hatte, sondern verunglimpft seinen ehemaligen Schüler Kempe sogar von der Kanzel herab. Ein Vorgang, für den Kempe nur eine Erklärung hat: Ik twiuele auerst nicht, he si darto gereizet, denne he hedde mi anders gelavet (483). Mollers Bruch der Absprache hat außerdem zur Folge, daß die anderen Domprediger seinem Beispiel folgen und nun in ihren Predigten ebenfalls verbal ausfällig gegen reformatorische Ansichten werden. Die in Moller gesetzte Hoffnung, er werde zwischen den unterschiedlichen Lehrmeinungen vermitteln und alle dink to gude maken (483) erfüllt sich nicht und Kempe schließt: Auerst alse it umbsuß was, wart it veel erger den vorhenne (484).

Die initiatorische Rolle der Katholiken im Reformationsprozeß wird auch in der Episode um den Pfarrer Johannes Zegenhagen deutlich, die Kempe - chronologisch ordnend - nun mitteilt. Zegenhagen war, in der Fastenzeit 1526 nach Hamburg gekommen, zunächst Kaplan an St.Katharinen, dann Prediger an St.Nikolai geworden. In die Stellung des Pfarrherrn dieser Kirche gelangte er, da der katholische Kaplan, der diesen Posten kommissarisch verwaltete, ihn in nachtslapender tid (484) verließ und verschwand. Dies war um so drama-

---

[248] Ouerst dewile he olt und bedaget, vnd de papen em hart verfolgeden, is he geswecket und heft sik des predigamtes moten begeuen (480).
[249] Wobei er 1523 von Kempe noch unter der papen prediger (481) erfaßt wurde - entweder ist der Mann zweimal konvertiert oder Kempe setzt ihn in der Retrospektive rückwirkend auf eine Position, die er 1523 in dieser Form noch gar nicht einnahm. Dies würde wieder zu dem in Anm. 247 Bemerkten passen.
[250] Das uns ist dabei ein Vorverweis, 1525 war Kempe noch der einzige reformatorische Prediger in der Stadt. Oder als verbindender Plural im Sinne von ‚Mit uns allen, die wir die Wahrheit predigen.'?

tischer, als zu dieser Zeit *alhir de pestilenzie regerde (484)*, also ein Seelsorger für die Gemeinde von außerordentlicher Bedeutung war.

Zum Pfarrherrn bestellt, wandte sich Zegenhagen entschieden gegen *de papeschop in eren lögenpredigen und andere mißbruke und er schentlike levent* (484). Unter den katholischen Geistlichen von St.Nikolai bewirkte dies einen Schulterschluß, sie *bleuen alle ut dem kore den ganzen Winachten aver, vorhapende dat volk hitzig to makende und antoreizende wedder ene* [Zegenhagen] *und de anderen waren predicanten* (484). Obwohl die katholischen Geistlichen hier aufgrund von Zegenhagens Predigt handeln, werden sie auch in diesem Falle als eigentlich Verantwortliche einer weiteren Verschärfung der Lage dargestellt, indem sie die Teilnahme an der feierlichen Gestaltung eines christlichen Hochfestes verweigern. In diesem Zusammenhang wird zudem Zegenhagens Predigttätigkeit und -inhalten ihre volle Berechtigung bestätigt, indem er mir den *anderen waren predicanten* zusammen genannt wird. Er äußert also lediglich Tatsachen in für die Betroffenen ungemütlicher Offenheit, doch sie sind es, die in ihren Rachebestrebungen eines der christlichen Hauptfeste empfindlich in seiner Ausführung stören wollen. Zegenhagen allerdings gelingt es, mit Unterstützung seines Kaplans, des Küsters, des Schulmeisters und dessen Helfer sowie den Schulkindern[251] *dat hoge fest auer alle dink ... erliken ut[to]richten* (484). Die offenbar einheitlich positive Reaktion der Gemeinde faßt Kempe in Form der ‚Stimme des Volkes', die urteilt: *konnen so weinich personen de sake utrichten, worto bederue wi so vele papen?*(484) Es ist diese Haltung der Gemeinde auf sein Improvisieren, die Zegenhagen dazu veranlaßt, den katholischen Geistlichen nun seinerseits den Chor zu verschließen. Kempe begründet dies noch einmal damit, daß die Geistlichen, die sich geweigert hätten, *Gade ton eren ... de gesenge van der gebort Christi* zu singen, nun *ok nicht erem buke to gude de vigilien und seelmissen singen* (485) sollten und trifft als Abschluß des Berichtsabschnitts über das Weihnachtsfest 1526 die Feststellung: *Daraver velen nu vele der papen ceremonien vnd dat sacramente wort apentlik vtgedelet na der insettinge Christi* (485). In der Gegenüberstellung *der papen ceremonien* und der Stiftung des (Abendmahls-)Sakramentes *na der insettinge Christi* macht er noch einmal ganz deutlich, daß die refor-

---

[251] Also mit fast ausschließlicher Unterstützung durch Laien.

matorischen Prediger nichts anderes tun, als sich von den im Laufe der Zeit gewachsenen und gefestigten Traditionen abzuwenden und dem Ursprung des Glaubens und seiner Umsetzung in Kultus, Ritus und Liturgie wieder Geltung zu verschaffen.

Ein solches Denken unterstellt Kempe stillschweigend auch dem Rat der Stadt im Zusammenhang mit dessen Mandatserlaß in der Weihnachtsoktav 1526. Dazu sei es gekommen, da *de anderen predigers* gegen *des evangelii predigers* von der Kanzel herab *schulden und ketterden* (485).[252] Außerdem verunsicherten sie die Laien, indem sie *de lude, de de evangelischen predigers anhoreden tom duuel mit liue und sele wiseden* (485). Das Mandat richtet sich mit sechs Artikeln an alle *predicanten, so sik im ampte der prediger in dusser stat gebruken willen* (485). Es untersagt jedwede Form der Kanzelpolemik, fordert dazu auf, Strittiges überhaupt ganz aus den Predigten herauszulassen und vor dem Volk nichts anderes zu verkünden, *den wes erer selen salicheit belanget* (486). Doch ist wie angemerkt bei der Edition in Kempes Bericht eine Ratshandschrift des Mandats eingebracht worden. Welche seiner Inhalte Kempe also tatsächlich brachte und wie, läßt der vorliegende Text offen. Kempe weist darauf hin, daß dieses Mandat von allen angenommen wurde und fährt fort: *Wo öuerst de ceremonien gefallen sin dorch vtbliuen der papen vt dem kore im Winachtsfeste, is gesecht* (487).

Mit dieser verkürzten Wiederholung der Ereigniskette um Weihnachten 1526 wird den katholischen Geistlichen wiederum der aktive Part im Geschehen zugesprochen - außerdem werden sie für die Veränderungen in der Durchführung des Gottesdienstes verantwortliche gemacht, obwohl das Mandat Veränderungen dieser Art untersagt.[253]

An dieser Stelle fügt Kempe nun die Ankunft von Johann Fritze in Hamburg ein, der als Pastor an St.Jacobi gefordert worden war, und teilt ganz kurz mit: *Dat evangelium Christi heft he ok vorgenamen to predigende, alse he noch tor tit deit* (487). Die Nachricht erscheint vom Kontext isoliert und dient nach Abschluß des Themenkreises ,Weihnachten 1526 und die Folgen' offenbar dazu, das Jahr insgesamt abzuschließen. Daran stört auch nicht, daß die folgende Nachricht noch einmal auf die Weihnachtsoktav 1526 Bezug nimmt.

---

[252] Interessant, daß Kempe *kettern* auf die Predigten der Katholiken anwandte.

Sie leitet nämlich als Vorgeschichte eine neue Thematik ein, die sich bis nach Ostern 1527 hinzog und sich zusammenfassen läßt als ‚Der Weg zur ersten Ratsverhandlung'.

Im genannten Zeitraum hielt der Domherr Nikolaus Bustorp eine Predigt, in der er unannehmbare Lehrsätze geäußert hatte - nicht nur gegenüber der reformatorischen Auffassung, sondern auch bezüglich eines allgemeinen christlichen Glaubensverständnisses. In explizitem Bezug auf das Ratsmandat erklärt Kempe die Zurückhaltung der evangelischen Geistlichen, sofort und öffentlich gegen die Inhalte dieser Predigt zu argumentieren; stattdessen senden sie eine Abordnung mit den problematischen Artikeln an Bustorp verbunden mit der Bitte um Stellungnahme. Dieser fordert Bedenkzeit und schickt dann einen seine Rechtfertigung enthaltenden Brief an Zegenhagen,[254] den Kempe in voller Länge in seinen Berichtszusammenhang aufnimmt.[255]

Ehe aber die von Kempe dargestellte Entwicklung der Ereignisse weiterverfolgt werden kann, ist in wenigen Gedanken auf das Problem der Datierung der auslösenden Predigt einzugehen. Kempe setzt nämlich ein mit *In dussem suluen 26. jare, des frigdages na Winachten* - [also am 28.12.] - *predigede ... Bustorp* (487). In seinem Brief, dessen lateinischen Anfang Kempe in seinem Bericht vor der vollständigen deutschen Fassung bringt, gibt Bustorp selber als Datum „dominica sub octava nativitatis Christi"(489) - also den 30.12. - , was Kempe wiedergibt als *achte dage na Winachten* (489) - was den 1.1.1527 bedeuten würde.[256] In der an den Brief anschließenden Liste der von den evangelischen Geistlichen formulierte Problem-Artikel aus Bustorps Predigt wird angegeben, Bustorp habe sie „Infra octauas natiuitatis"(506) gehalten und in einer Zwischenbilanz, die Kempe vor der Befassung des Rates mit der Angelegenheit zieht, erklärt er: *Dut* [die Gesprächsangebote der Evangelischen und Bustorps Ausflüchte, sich zu stellen] *heft gestan vam nien jaresdage an bet in de vasten* (507).

---

[253] Diese Information wird Kempe in seiner Wiedergabe des Mandates also wohl gebracht haben, der angeführte gedankliche Kurzschluß deutet zumindest darauf hin.
[254] Er ist, worauf auch seine von Kempe bereits geschilderten Aktivitäten hinweisen, zu dieser Zeit der Vorkämpfer der evangelischen Seite.
[255] Den lateinischen Originaltext überträgt er mehr ins Deutsche als daß er ihn übersetzt, dem Inhalt bleibt er dabei aber ganz treu.
[256] Im weiteren Verlauf überträgt er allerdings korrekt „dominica, quae supra" *an dem bemelten sondage* (489) für den Termin der Predigt.

Um ein wenig Licht in diese Datierungsunstimmigkeiten zu bringen und eine mögliche Erklärung für sie zu finden, ist das Datum des Ratsmandats in die Überlegungen miteinzubeziehen. Kempe datiert dessen Verkündung auf den Sonntag der Weihnachtsoktav, den 30.12.[257] Das Mandat war also an dem Tag in der Stadt bekannt geworden und in Kraft getreten, an dem Bustorp laut eigener Angabe seine Predigt hielt - die er nach Vorgabe des Mandats nicht mehr in dieser Form hätte halten dürfen, was aus dem Inhalt seines Briefes auch klar hervorgeht. In Kempes Interesse mußte es liegen, die Predigt als Verstoß gegen das Mandat darzustellen - darauf deutet auch seine Übersetzung von „dominica sub octava nativitatis Christi" als *achte dage na Winachten* hin. Daß Kempe sein Latein sicher beherrschte, zeigt die übrige deutsche Wiedergabe des Briefes und mit dieser leisen, leicht zu überlesenden Ungenauigkeit hatte er Bustorps Predigt um zwei Tage in die Zukunft verlegt und damit ganz klar in den Wirkungskreis des Mandats.[258] Dazu paßt auch die Formulierung der Zwischenbilanz, denn ihr läßt sich nicht entnehmen, ob das, was von Neujahr bis in die Fastenzeit in der Schwebe blieb, bereits mit der Predigt eingesetzt hatte oder erst mit den scheiternden Aussprachversuchen über ihren Inhalt. So läßt sich vermuten, daß die Predigt tatsächlich am 30.12. gehalten wurde, von Kempe aber versucht wurde, sie mit seiner Datierung auf den 1.1.1527 ganz offensichtlich in den Wirkungskreis des Ratsmandats zu bringen.

Bleibt ein Erklärungsversuch für das in der einleitenden Bemerkung genannte Datum *des frigdages na Winachten*.[259] In den angedeuteten Überlegungen macht es keinen Sinn. Die übrigen Datierungen passen alle zueinander, nur diese eine fällt völlig aus dem Rahmen. So scheint die Vermutung angebracht, daß an der Stelle des *frigdages* einmal ein *sondag* gestanden hat. Schon für die ältesten Abschriften war die Differenz zwischen vor bzw. nach dem Mandat nicht mehr von tragender Bedeutung, für Kempes Konzept aber machte sie

---

[257] Daß der eigentliche Mandatstext den 29.12. gibt, braucht hier nicht zu interessieren. Zum einen kann nicht vorausgesetzt werden, daß in Kempes referierender Mitteilung des Textes dieses Datum überhaupt genannt war, zum anderen ist es als das der Verabschiedung des Mandats durch den Rat zu verstehen, was über den Zeitpunkt der Verkündung nichts aussagt.

[258] Daß er mit seiner korrekten Übersetzung des ‚genannten Sonntag' seine Manipulation zugibt, zeigt, daß Kempe zur Manipulation ebenso bereit war, wie der katholische Autor von B und ebenso wenig in der Lage, die versuchte Täuschung zur echten Fälschung zu gestalten.

[259] Das in der Liste auftauchende „Infra octauas nativitatis" braucht keine Erklärung. Es paßt in die aufgezeigten Zusammenhänge, indem es den genauen Zeitpunkt schlicht verschleiert.

einen entscheidenden Unterschied. Bustorps Predigt <u>nach</u> dem Ratsmandat bedeutete, daß die Katholiken sich nicht an die Bestimmungen des Rates hielten, die Evangelischen mit dem Verzicht auf eine öffentliche Entgegnung ihnen aber Folge leisteten, daß es also wieder die altgläubige Seite war, die für die Gefährdung der Eintracht der Stadt verantwortlich war und durch Bustorps wiederholte Verweigerung einer Aussprache zu dem Entschluß der evangelischen Prediger führte, vor Ostern 1527 doch wider die Artikel zu predigen.

Daß Kempe durchaus zu einer geschickten, seinen Zielen dienenden Art der Darstellung bereit und in der Lage war, beweist der Aufbau und die Begründungszusammenhänge der weiteren auf die erste Ratsverhandlung hinführenden Ereignisse.

Zunächst listet Kempe <u>nach</u> der Wiedergabe von Bustorps Brief die Artikel auf, die die evangelischen Geistlichen ihm vorwarfen. Die ursprüngliche Reihenfolge: strittige Artikel - Rechtfertigungsschreiben wird so aufgebrochen und verwandelt sich in schriftliche Stellungnahme Bustorps und pointierte Kurzfassung in der folgenden Auflistung. Nachdem Bustorp anschließend zwei Gesprächsversuche durch Nichterscheinen nach vorgeblicher Zusage hatte platzen lassen, brachte die evangelische Seite die Angelegenheit vor den Rat. Dessen Untätigkeit erklärt Kempe damit, daß er *velichte ... mit andern wichtigen handelen bekummert* (507) war. Die Möglichkeit, daß der Rat schlicht nicht reagieren <u>wollte</u>, schließt Kempe damit klar aus.

Die Evangelischen hat nun - die Fastenzeit war angebrochen - *de not gedrungen, sulke errige artikele to wedderleggende up den predigstölen* (507). Auch hierauf folgt von Seiten des Rates keine Reaktion. Kempe weist allerdings lediglich darauf hin, daß *hir nu nichtes vmme schach* (508). Was für ihn wichtig ist, ist daß durch dieses Stillhalten *de papen wedder driste geworden* (508) seien. Und zwar nicht nur, indem sie gegen ihre Gegner polemisierten, auch versuchten sie deren Predigten *to vorerrende und to vorhinderende, wo se konden* (508). Als Beispiel führt Kempe das Verhalten eines katholischen Klerikers an, der während der morgendlichen Gesindeandacht des evangelischen Kaplans von St.Katharinen zu einem Seelenamt läutete. Als sich die Zuhörer des Kaplans daraufhin der an einem Nebenaltar abgehaltenen Messe zuwandten, fuhr der die Versammelten an, was sie sich darum kümmerten, *dat dar steit de eine duuel und tut sik mit dem anderen bi den haren?*(508) Auch dieser Vorfall gelangt vor den Rat, der nach Kempes Darstellung *nu wuste, dat vele nies twistes und erringe doch Bustorpes predige und der predicanten vorantwerdinge geröget was* (508). Daher wird Bustorp auf das Ratshaus geladen, dazu *alle gelerden, de se* [die Ratsherren] *wusten, ok dussen cappellan* (508). Erst ganz am Ende der folgende Verhandlung wird deutlich, daß der Kaplan genauso wie Bustorp als Angeklagter vor dem Rat und den versammelten Geistlichen gestanden hatte - was die Vermutung stützt, der Rat habe überhaupt erst den Zwischenfall als Handlungsauslöser gesehen und sei dann auch am Fall Bustorp nicht vorbeigekommen. Kempe allerdings schildert die Verhandlung in fast ausschließlicher Ausrichtung auf den Bustorp und seine Predigt betreffenden Teil. Dies transportiert auch die dem Bürgermeister in den Mund gelegte Anfangsbemerkung, *dat van den predicanten ein breef an den erb. rat were gesendet* und dieser nun *ere schelinge to hörende und so mögelik were, to vordregende* (509) bereit sei.

Für den Berichtszusammenhang entscheidend ist die Tatsache, daß die Verhandlung über die Inhalte von Bustorps Predigt sich immer wieder als Diskussion der drei reformatorischen Geistlichen mit Barthold Moller darstellt, da dieser es auf sich genommen hatte, die Bustorp vorgeworfenen Artikel vor dem Rat zu rechtfertigen. Er versucht dabei zunächst, die Vorwürfe dadurch abzuschwächen, die inhaltlich häretischen Artikel als „ad pietatem" (511) gepredigt hinzustellen, also der Beförderung der Frömmigkeit durch in dogmatischer Hinsicht eventuell äußerst unglücklich geratene Formulierungen. Bustorp stimmt diesem Rettungsangebot umgehend zu, der Rat ist geneigt, die Verhandlung zu beenden. An dieser Stelle bestehen die evangelischen Geistlichen auf die Berücksichtigung von Bustorps Brief. Hier erklärt sich die in voller Länge erfolgte Aufnahme dieses Schriftstückes. Kempe kann von einer Kenntnis dieses entscheidenden Beweisstückes ausgehen, wie sie auch bei den an der Verhandlung Beteiligten vorauszusetzen war[260] und kann daher ohne weitere, den Fluß der Gespräches unterbrechende und störende Erklärungen fortfahren. Moller bleibt unter Berücksichtigung der schriftlichen Rechtfertigung Bustorps kein Ausweg mehr, er muß den Domprediger der Häresie überführen. Bustorp wird zum Widerruf verurteilt.

---

[260] Ein Ratsherr weist explizit auf den Brief hin.

Die nun noch folgende Verhandlung gegen Zegenhagens Kaplan handelt Kempe in drei Sätzen ab (während die Schilderung des vorangehenden Teiles elf Seiten umfaßte) und schließt das Thema Ratsverhandlung 1527: *Alse sulkes gescheen is, is ein ider na sinem huse gegan sunder alle leit. Seet nu her, leuen hern, welke walt, welke spete, welke helbarden jegen juw gebruket sin* (520), spricht also die Angehörigen der im Titel genannten *papeschop* (471) direkt an und macht gleichzeitig deutlich, daß eine Apologie eigentlich gar nicht notwendig ist, da das friedliche, korrekte Vorgehen der evangelischen Seite schon durch die vorangegangene Darstellung der Verhandlung offensichtlich geworden sein muß.

Wie in der Schilderung der Ereignisse des Vorjahres fügt Kempe an dieser Stelle die Berufung eines weiteren evangelischen Pastors für Hamburg ein. Auf ausdrücklichen Wunsch der Gemeinde des St.Katharinenkirchspiels, überbracht von einer Abordnung aus zwei Ratsherren und sechs Bürgern, wird Steffen Kempe ihr neuer Kirchherr.

Ebenfalls setzt nach dieser einzelnen Nachricht ein neuer Themenkreis ein - diesmal zu umschreiben mit ‚Der Weg zur Verhandlung 1528'. Wie jedes Jahr (vgl.1526 und 1527) wirken die Wochen vor Ostern als Katalysator der Auseinandersetzung zwischen katholischen und reformatorischen Standpunkten in den Predigten. Für 1528 demonstriert Kempe dies exemplarisch an seinen eigenen Schwierigkeiten mit dem Dominikaner Hinrich Rensborch. Wie stets kommt der auslösende Impuls von katholischer Seite: Am Gründonnerstag oder schon am Mittwoch der Karwoche[261] spricht Rensborch die entscheidende österliche Thematik an, die Frage nach der Darreichung des Abendmahls. Er predigte gegen die communio sub utraque specie, die er als *ser varlik, ja vordömelik* (520) bezeichnete. Um der Bedeutung willen, die gerade die österliche Kommunion für den Christen hat, spricht sich Kempe am Karfreitag (10.4.) in aller Deutlichkeit für die von Christus eingesetzte Form des Abendmahls aus. Rensborch gibt sich keinesfalls geschlagen oder überzeugt und setzt am Karsamstag (11.4.) die begonnene Auseinandersetzung von der Kanzel aus fort. Dabei äußert er gleichzeitig, sich in Hamburg keinesfalls auf einen Disput mit Kempe einlassen zu wollen. Folgerichtig lehnt er sowohl die Annahme einer schriftlichen Fassung der ihm von reformatorischer Seite aus vorgeworfenen Artikel ab, die Kempe ihm durch Freunde unter

---

[261] 9./8.4.; Kempe behält sich die Alternativdatierung vor.

führenden Angehörigen der Bürgerschaft überbringen läßt, als auch ein nochmaliges Gesprächsangebot. Dies ist für Kempe wie für *de anderen predicanten alle* (521) das Signal, Rensborch von der Kanzel aus zu widerlegen.

Von dieser Nachricht an nun verunklart sich der Verlauf der Ereignisse auffallend. Dies liegt nur zum einen an der Kürze, in der Kempe sie mitteilt - zum anderen ist die Form, die er ihnen gibt, als absichtlich verschleiernd zu bezeichnen. So nennt er weder die Gründe, die den Rat dazu veranlaßten, Rensborch das Predigen zu verbieten, noch, was genau der so Gemaßregelte dann unternahm. Nur soviel wird aus dem von Kempe Berichteten klar, daß Rensborch versuchte, Teile der Bürger der Stadt gegen die reformatorischen Geistlichen und ihren Anhang aufzustacheln. Die meisten der diesem Hetzruf folgenden Bürger kamen dabei *im rechten unvorstande* zusammen und haben *nichtes gewust van erem handel* (521). Entsprechend deutete Kempe ihre Aktionen lediglich an - in jener beiläufigen Art, die klar macht, daß er so gut wie jeder andere in Hamburg alle Gerüchte und alles Gerede kannte, das er über sein *wat geruchtes datmal leep, ga ik alle vorbi* (521), umso wirkungsvoller jedermann ins Gedächtnis zurückruft. Die angerissenen Vorgänge sorgen bei allen, *de Christum und de warheit leef hedden* (521), dafür, vor den Rat zu ziehen und von ihm als Regierungsinstanz der Stadt zu fordern, endlich Klarheit in der Lehre durch Eintracht unter den Predigern zu schaffen.

Entgegen der Taktik, die direkt zur Ratsverhandlung führenden Ereignisse im Unklaren, Angedeuteten zu lassen, benennt Kempe die Daten ihres Geschehens exakt. Am Donnerstag vor Misericordia Domini, dem 23.4., kommt es zur ersten von Rensborch initiierten Bürgerversammlung im St.Johannis-Kloster, am folgenden Sonntag (26.4.) kommt eine noch größere Anzahl von Bürgern dort zusammen. Am nächsten Tag, also Montag, dem 27.4., ziehen die ‚wahrheitsliebenden Bürger' vor den Rat - waffenlos und friedlich, worauf Kempe ausdrücklich hinweist - und beschließen mit ihm gemeinsam eine Verhandlung für den Folgetag.

Am 28.4.1528, *to söuen schlegen* (522) versammeln sich also Rat und Bürgerschaft, wobei Kempe die einzelnen Sammlungsorte der Bürger je nach ihrem Rang nennt und betont, daß sie *nicht mit wapen, sunder in erer dachliken dracht* (522) kamen. Sie formulieren noch einmal das Ziel der Verhandlung: Alle Prediger sollen geprüft werden und diejenigen, die *Gades wort nicht geprediget hedde[n]* (522), sollen die Stadt anschließend verlassen. Kempe gibt einen Überblick über die anwesenden Geistlichen und führt dann die Kernpunkte der Einleitungsrede des Bürgermeisters auf - dem Rat lägen als Grundlage für das geforderte Prüfungsverfahren verschiedene Artikel vor, die vorgetragen und von ihren Urhebern erklärt werden sollten. Diese Einführung gibt Kempe die Möglichkeit, die betreffenden Auflistungen in seinen Bericht in den Erzählfluß passend einzubringen. Er führt auf, was gegen Barthold Moller, Hinrich Went, Rensborch, Fabian Hoffmann, Frederic Vulgreve, Hinrich Schröder, Matthäus Vischer von reformatorischer Seite aus gesammelt worden war. Jodocus Siffridi befindet sich lediglich unter den aufgezählten Anwesenden, ihm werden keine explizit formulierten Artikel vorgehalten.

Für die Schilderung der eigentlichen Verhandlung wählt Kempe wie angemerkt die Protokollform, in der er die jeweils tragenden Passagen der einzelnen Gesprächsbeiträge in wörtlicher Rede unter Angabe des Sprechers mitteilt. Auf diese Weise gelingt es ihm, die argumentative Überwältigung der altgläubigen Ansichten besonders plastisch und nachvollziehbar zu machen. Abgesehen davon bedeutet die Wiedergabe als Protokoll natürlich auch einen Anspruch der Authentizität - was gesagt wurde, überträgt Kempe ins konservierende Medium der Schriftfassung. Die Vermutung, er habe eine 1:1-Entsprechung suggerieren wollen, erscheint dabei recht naheliegend und im klaren Interesse Kempes. Weiter demonstriert diese Art der Darstellung eindrucksvoll den inneren Zustand der beiden Lager. Während die Evangelischen durchgängig als völlig einiges Kollektiv auftreten, zeigt sich das katholische Lager als Ansammlung einzelner, nicht koordinierter Standpunkte und Argumentationsweisen, dadurch zerrissen und einander in den individuellen Bemühungen der einzelnen Geistlichen sogar konterkarierend.

Schließlich macht sie die unterschiedlichen Initiativen und Abschnitte des Verhandlungsverlaufs durchsichtig - Mollers Versuch, die katholischen Geistlichen in einer Verweigerung der Aussage zu den ihnen aufgezwungenen Bedingungen zu vereinen, Siffridis Bruch dieser Linie, indem er darauf hinweist, sich keiner Schuld bewußt zu sein und Vorwürfe gerne zur Kenntnis nehmen würde. *Hirut wort de borgermeister vororsaket, dat he vortvor*

(526) und die übrigen katholischen Geistlichen nach ihrer Einstellung zu den ihnen zugeschriebenen Artikeln fragte. Moller mußte einsehen, *dat sin anschlach to nichte worden was, den dewile he ein vorstendich vorfaren man was, hedde he se gerne entfriet den dach van der disputation* (527).[262] Jetzt allerdings ist es der Rat, der Bedenken am weiteren Procedere anmeldet. Wie sollen die von den katholischen Geistlichen zugegebenen Artikel beurteilt werden? Der Bürgermeister fragt daher, *wol schal den in dusser sake richter sin? Ik kann in dusser sake kein richter sin, den se is bauen min vorstand* (528). Und fährt an die evangelischen Geistlichen gerichtet fort: *Wo kann man van dissen artikelen handeln ane richter? Wol schal juw richter sin?* (529) Diese weisen weit von sich, selber urteilen zu wollen. Sie beziehen sich stattdessen auf das Ratsmandat, das fordert, *dat men scholde predigen Gades wort lutter und reine* (529).[263] Der Weg der Urteilsfindung liegt so klar vor Augen: *men schla up de hillige schrift, darinne gades wort verfatet, in gegenwardicheit enes erb. rades, der borger und ok unser, konnen sik ere* [der katholischen Prediger] *bekanten artikel* [die, die sie in der vorangegangenen Befragung durch den Bürgermeister zugaben] *darinne befinden, it si im olden edder neien testament, so hebben se Gades wort geprediget, und billik, dat se des geneten. Wo se ouerst ere bekanten artikel nicht darinne vinden konnen, so kann jo ein erbar rat lichtlik erkennen, dat se Gades wort nicht recht geprediget hebben* (529). Rat und Bürger erklären sich damit einverstanden. Die Verhandlung entwickelt sich jetzt zur Diskussion jeweils zwischen dem Kollektiv der evangelischen Prediger und je einem der katholischen Geistlichen um seine Artikel. Hierbei wird zwar wie gefordert *Gades wort* zu Grunde gelegt, allerdings in reformatorischer Interpretation, so daß die <u>Funktion</u> des Richters also doch den Evangelischen zukommt, auch wenn sie den <u>Titel</u> abgelehnt hatten. Infolge des Charakters der Auseinandersetzung wird der katholischen Seite ‚nachgewiesen', ihre Artikel nicht auf die heilige Schrift bauen zu können und sie daher widerrufen zu müssen. Rat und auf dem Rathaus anwesende Bürger beraten sich daraufhin jeweils getrennt und einigen sich anschließend darauf, lediglich Rensborch und einen weiteren, bei der Verhandlung nicht anwesenden und direkt angeklagten Geistlichen

---

[262] Eine Einschätzung, die suggeriert, daß Moller im Fall einer Disputation mit der Niederlage seiner Seite rechnete.
[263] Was in dieser Form <u>nicht</u> im Ratsmandat steht! Vor allem sind dort weitere Schriften neben der Bibel als ‚Gottes Wort' zugelassen.

auszuweisen, da beide als Rädelsführer einer versuchten Aufstachelung der Bürger schuldig seien. Die übrigen sollen ihre Artikel widerrufen und sich fürderhin der Predigttätigkeit enthalten - ausgenommen Moller und Hoffmann, die auch weiterhin sollten predigen dürfen. Mit diesem Urteil zeigen sich die auf dem Einbeckschen Haus versammelten Bürger allerdings äußerst unzufrieden. Sie fordern rücksichtslose Gerechtigkeit und teilen dies dem Rat unmißverständlich mit: *So de anderen* [die evangelischen Prediger] *vorlaren hedden, se hedden in de secke edder int fuer möten; billik dat dusse* [die katholischen Prediger] *nu ok ere strafe krigen, edder dar will mer nauolgen* (538). Ein für Bürger und Rat annehmbarer Kompromiß wird maßgeblich durch Kempes Vermittlung erzielt, er sieht vor, fünf Geistliche aus der Stadt zu weisen, die Kempe im Folgenden mit den entsprechenden Begründungen aufzählt. Abschließend weist Kempe darauf hin, daß die katholischen Geistlichen, damit *nenem part neen leet geschege* (539), jeder von jeweils zwei der vornehmsten Bürger nach Hause begleitet wurden. *Dut was up den auent de klocke sösse* (539).

Noch zwei Nachträge gibt Kempe zu seiner Schilderung der Ratsverhandlung - er weist ganz kurz daraufhin, daß Moller die Stadt *na tween edder dreen dagen* verließ, da er *dusser nedderlage haluen unduldich* war, und ihm kurze Zeit später Vulgreve und Schröder folgten, *ungejaget, ... allene, dat se unduldich weren und wolden nicht wedderropen* (539). Hoffmann blieb bis Pfingsten (31.5.), da er bis dahin den geforderten Widerruf nicht geleistet hatte, *wort he den anderen nagewiset* (539).

Noch kürzer weist Kempe auf die von ihm ganz ausgelassenen Teile der Verhandlung hin, bei denen es um die *tohopekumpst der borgere to St.Johannis und ander dinge, de nicht veel dochten,* gegangen sei, *sus wol angetekent* (539). Zum einen ruft Kempe damit zum Abschluß der Verhandlung noch einmal stadtbekannte und für die Katholiken äußerst negative Geschehnisse ins allgemeine Gedächtnis zurück, zum anderen weist er darauf hin, daß die Ereignisse ‚anderswo aufgezeichnet' seien. Es scheint nicht zu abwegig anzunehmen, daß Kempe sich damit auf die Protokolle der Zeugenverhöre im Domkapitelsprozeß bezog, in den Hamburg seit 1529 verwickelt war und dessen Zeugenbefragungen 1530 und 1531 stattfanden.[264]

---

[264] Vgl. Jensen, Wilhelm: Das Hamburger Domkapitel und die Reformation. Hamburg 1961.

Der Schluß von Kempes Bericht ähnelt in seiner Kürze und der Knappheit der einzelnen Nachrichten dem Anfang des Berichtes. Verbindender Faktor des noch Mitgeteilten ist sein Beitrag zum Abschluß des Reformationsprozesses in Hamburg. Auffällig wird hier lediglich das äußerst kurze Abhandeln von Bugenhagens Wirken im Hamburg sowie im Zusammenhang mit der letzten, sich auf die Wahl des Superintendenten beziehende Nachricht eine Verwirrung der Zeitstruktur. Aepin ist als Nachfolger Boldewans bereits 1529 nach Hamburg gekommen. Kempe gibt an, Aepin *wart am sondage vor Feliciani to S.Peter vor einen Pastoren ingeföret, is tom superintendenten erwelet am Pingstauende* (541). Nun liegt Feliciani im Oktober (20.10.), mit dem im Anschluß genannten Pfingstabend hat also Kempe mindestens die Grenze nach 1530 überschritten - tatsächlich liegen zwei Jahre zwischen Aepins Wahl zum Pfarrer (17.10.1529) und der zum Superintendenten (18.5.1532), die Kempe durch seine Darstellung völlig übergeht.

7 – 5 – 5 – 4 Konzept und Perspektive des Berichts

Ein abschließender Überblick des Baus von Kempes Bericht zeigt in hohem Maße regelmäßige Strukturen, ein einheitliches, durchdachtes Aufbauprinzip, wie es als Realisierung eines klaren Konzeptes auftritt. So zeigt ein Blick auf die Zeit- und Erzählperspektive allgemein, daß Kempes die Jahre 1521-1532 umfassender Bericht ganz offensichtlich auf eine Einbettung der Jahre 1526-1528 in die größeren Zusammenhänge zeitgenössischen Geschehens ausgerichtet ist, daß aus den Rahmenjahren also lediglich kontextstiftende Informationen mitgeteilt werden, Wissen, das zum Verständnis des Ereignisherganges und seiner Zusammenhänge relevant ist.

Für die Kernjahre fällt damit eine Zweiteilung der gesamten Informationsmenge auf - zum einen wird in knapper Form weiterhin Kontextwissen vermittelt, das im Fluß der Kernzusammenhänge dann leicht isoliert wirkt, zum anderen werden die Vorgänge mitgeteilt, deretwegen der Bericht in letzter Konsequenz verfaßt ist. Sie werden ausführlich und detailreich geschildert. Auffälligstes Merkmal ihrer Gestaltung ist dabei das Mittel der wörtlichen Rede. Es wird von Kempe im Gespräch Moller - Kempe in der Fastenzeit 1526 angewandt; Weihnachten 1526 und im Kaplans-Zwischenfall 1527 werden die entscheidenden Äußerungen als Zitate geboten und beiden Ratsverhandlungen gibt Kempe die Form von Gesprächsprotokollen. Ausführlich und authentisch kann man als Stichworte über diese Art der Berichterstattung setzen, die weiter unterstützt wird durch den Einbau aus fremden Quellen stammenden Beweismaterials in den Berichtszusammenhang. Beispiele hierfür sind der Brief des Domherren Bustorp und die in der Verhandlung 1528 den katholischen Predigern vorgeworfenen Lehrsatz-Artikel.

Schließlich ist für die entscheidenden drei Jahre in Kempes Bericht auf einen strukturierenden Faktor hinzuweisen, auf den keinerlei Einfluß möglich war, der sich aber umso deutlicher in der Abfolge der Ereignisse widerspiegelt. Die Rede ist vom Osterfest. In dessen Vorfeld ergaben sich jährlich wieder die entscheidenden Impulse für eine Weiterentwicklung der Lage. Regelmäßig in der Fastenzeit eskalierte die Predigttätigkeit auf katholischer und reformatorischer Seite zu scharf geführter Kanzelpolemik und trieb damit die Auseinandersetzung um die ‚wahre Lehre' voran. Die Gründe liegen klar auf der Hand. In stetem Gedächtnis definiert das Osterfest das Verhältnis Gott/Mensch durch Christi Opfertod. Seine Themen sind das Abendmahl sowie Schuld und Sühne und damit zentrale Streitpunkte der Reformationszeit - in welcher Form ist das eucharistische Sakrament zu spenden? In welcher Form der Beichte ist das Sündenbekenntnis zu leisten? Gilt danach die Rechtfertigung des Sünders durch eine auferlegte Buße oder zählt die Reue, die auf Gnade und Vergebung hofft?

Keinesfalls zufällig sind es genau diese Fragen, über die die drei Reformatoren 1527 mit dem konservativen Katholiken Moller (als Anwalt Bustorps) handeln. Und auch in der Verhandlung 1528 bilden Abendmahls- und Beichtthematik die Kristallisationskerne, an denen sich die Argumentationsketten der evangelischen und katholischen Geistlichen aufbauen. Für Kempes im Titel seines Berichtes genanntes Ziel ist Ostern ein grundlegender, natürlich vorgegebener Strukturfaktor, der von ihm in seiner Bedeutung klar erfaßt und ausgenutzt wurde. Dies beweist auch die Nachrichtendichte und ihre jeweilige interne Ausführlichkeit, die in den drei Kernjahren stets um Ostern am höchsten ist.[265]

---

[265] Für 1526 wird die Episode ‚Gespräch Moller/Kempe' praktisch ebenso breit - rein vom eingenommenen Platz her - geschildert wie die Weihnachtsepisode, obwohl das Ereignis-Aufkommen hier viel höher war.

Ausrichtung, Darstellung und Inhalt von Kempes Bericht werden durch seinen Titel determiniert. Dessen Vorgaben und Ansprüchen werden im Text auch durchaus erfüllt, der sich als gelungene Mischung aus Ablaufs- und Zusammenhangsschilderungen in Form eines gewollt transparenten Berichtes und offenen oder versteckten apologetischen Tendenzen präsentiert.[266] Wie geschickt es Kempe gelang, seine Darstellung als *Warhaftigen bericht* gegen die *unwarhaftige beklaginge der papeschop* (479) hinzustellen, beweist nicht zuletzt die Tatsache, daß er auch im Licht historischer Quelleninterpretation als „im Ton sachlich, aber durchaus ‚parteilich' aus evangelischer Sicht" eingeschätzt wird.[267]

Zu großen Teilen dürfte dies an der im Vorfeld der eigentlichen Niederschrift des Berichtes getroffene Themenauswahl liegen. Die so definierte Menge von Ereignissen und Themenkreisen fügt Kempe als aufeinander aufbauende Folgen von Geschehen zusammen. Die dadurch vorgegebene ‚logische' Entwicklung hin zur Durchsetzung der Reformation in der Stadt erscheint dann wegen ihrer klar nachvollziehbaren Darstellung als sachlicher Bericht. Daß dessen Charakter sich auf die Basis einer vorgegebenen Informationsauswahl stützt, wird dabei glatt übergangen. Abgesehen davon muß die Frage gestellt werden, welche graduellen Unterschiede zwischen katholischer Polemik und evangelischer Parteilichkeit bestehen und wie die zum Teil manipulierende Darstellung nicht den Ton des sachlichen Berichtes untergräbt.

Die katholische Seite wird von Kempe in doppelter Hinsicht als verwerflich charakterisiert. Zum einen wirft er ihr vor, sich in den von ihr vertretenen Glaubensinhalten und Lehrmeinungen vom wahren Evangelium, vom Wort Gottes entfernt zu haben, zum anderen prangert er die bei ihr eingerissenen Lebensgewohnheiten an. Damit qualifiziert er sie sowohl funktional als auch sozial ab und bewerkstelligt dies um so wirkungsvoller, als er die Gegner kaum mit Schimpfworten belegt, sondern ihr Handeln und Verhalten in semantisch eindeutig negativ konnotierender Weise schildert. Kempe gelingt es so, den Eindruck des im Eingangsteil vorgestellten sachlichen Berichtes mit - der Informationsfunktion unterstellten - wertenden Elementen auf derart geschickte Weise zu wecken, daß er ihm durch

---

[266] Offen: Ansprache der Gegner/Hinweise der friedlichen Versammlung; versteckt: Manipulationen wie in der Darstellung des Weges zur Verhandlung 1528.
[267] Postel, S. 26.

die Zeiten hindurch noch immer abgenommen wird.[268] Tatsächlich nämlich müssen sämtliche seiner Wertungen als appellativ eingestuft werden, dazu vorgebracht, die katholische Seite in Mißkredit zu bringen und ihre Überwindung als notwendig darzustellen. Daß Kempes Wertungen appellativen Charakter haben und nicht reine Informationsträger sind, beweist das Vorhandensein von Begründungen. Immer sind seine Wertungen vergesellschaftet mit Begründungszusammenhängern. Sie stehen also in einem erkennbaren Begründungszwang. Informative Wertungen haben Begründungen nun nicht nötig. Sie wirken als Meinungsträger aus sich selbst heraus. Appellative Wertungen sind Meinungsmacher. Sie benötigen, um wirksam zu werden, ein System von Begründungen, auf das sie als Beweis ihrer Wahrheit zurückgreifen können. Schließlich war noch keinesfalls entschieden, welche von beiden Glaubensrichtungen offiziell als falsch zu gelten habe, auch nach der Entscheidung für die Reformation und ihrer Etablierung in der Stadt beschäftigte diese Frage bis weit ins letzte Drittel des 16. Jahrhunderts hinein. Von einer allgemein getragenen und auf diese Weise allgemein vertretenen Meinung, die die katholische Lehre verwarf, kann zu Anfang des Jahrhunderts noch keine Rede sein.

Hinzu kommt die angesprochene, je nach Standpunkt als geschickt oder manipulierend zu bezeichnende Art der Darstellung, die Kempe bezüglich der Initiator-Rolle der Katholiken in den Auseinandersetzungen um die Reformation wählt[269] bzw. mit der er den Rat und seine Rolle im Geschehen schildert.[270]

Kempe will überzeugen. Ziel seiner Schrift ist weniger der Bericht der Ereignisse, als vielmehr der Beweis ihrer Rechtmäßigkeit. Dabei ist es von keiner tragenden Bedeutung, ob der Bericht mehr mit dem Blick auf das eigene Lager oder dem auf die katholische Seite verfaßt wurde. In den bisherigen Gedankengängen ist stillschweigend ein gruppenübergreifendes Publikum für den Bericht angenommen worden. Darauf deutet sowohl der Titel als auch die gesamte Gestaltung des Berichtes hin. Indem angekündigt wird, den Ablauf einer Veränderung und - implizit im titelbeherrschenden Gegensatzpaar enthalten - die Ur-

---

[268] Hierbei mit Sicherheit nicht bedeutungslos, daß diese Zeiten durchgängig evangelisch-lutherisch geprägt waren/sind.
[269] Vor allem Weihnachten 1526 - Urheber des Boykotts war letztlich Zegenhagen!

sachen und Gründe für diese Veränderung darstellen zu wollen und der folgende Bericht dann eine - wie angedeutet äußerst geschickt konstruierte - Schilderung des ‚So ist es gewesen. Das ist passiert.' bietet, wendet sich der Text sowohl an katholische wie auch evangelische Rezipienten. Letzteren gibt er einen Argumentationsapparat an die Hand, mit dem sie im Diskurs mit der Gegenseite überzeugungsfähig und -mächtig werden konnten, erstere versucht der Bericht per se von der Beweiskraft seines Inhaltes zu überzeugen.

7 – 5 – 5 – 5 Funktion und Datierung des Berichts

Damit stellt sich die Frage, in welcher Situation ein Text sinnvoll war, der sich an Freund und Feind gleichermaßen wendet, mit der in beiden Fällen kaum abweichenden Funktion zu überzeugen bzw. die Kompetenz dazu zu erlangen oder durch gut aufbereitetes Material weiter auszubauen. In welchen Kontext und welche Zeit paßt der *Warhaftige bericht* des Steffen Kempe?

Für Überlegungen dieser Art ist auf den Prozeß hinzuweisen, in den das Hamburger Domkapitel die Stadt Hamburg seit 1529 verwickelt hatte. Bereits zum Jahreswechsel 1528/29 war ein vom Kapitel erwirktes kaiserliches Mandat in der Stadt eingetroffen, das die sofortige und vollkommene Restitution der Verhältnisse forderte. Der Rat verweigerte die Annahme dieser Anordnung, das Kapitel verstärkte seine Bemühungen in Speyer. Im Sommer 1529 eröffnete das Reichskammergericht den Prozeß des Domkapitels gegen die Stadt Hamburg, dessen Zeugen im Verlauf des Folgejahres in Lübeck (Kapitelszeugen) und Hamburg (Ratszeugen) verhört wurden, 1533 dann entschied das Gericht zu Gunsten des Kapitels. Im September wurde Hamburg zur Restitution verurteilt. Der Rat legte daraufhin Berufung ein und letztlich zog sich der Prozeß bis in das Jahr 1561 hin, in dem er mit einem Vergleich beigelegt wurde.

Im Zeitraum zwischen 1529 und 1533 mußte also jede der beiden Prozeßparteien an der Absicherung ihres Standortes arbeiten, wobei es die reformatorische Seite, also die Stadt Hamburg, deutlich schwerer hatte, die Rechtmäßigkeit ihres Handelns zu beweisen - das

---

[270] Am auffälligsten beim Nichtreagieren auf die evangelischen Vorwürfe wegen Bustorp und beim Reagieren auf den Kaplans-Zwischenfall.

Reich als solches war katholisch und das Reichskammergericht deutlich eher geneigt, die Glaubensgenossen zu unterstützen, als eine Stadt, deren Politik auch in der Vergangenheit immer wieder Reibereien oder sogar Prozesse zwischen Kaiser und Hamburg provoziert hatte.[271]

Unter dem praktisch vollständig erhaltenen Aktenmaterial findet sich der Bericht Steffen Kempes nicht. Er ist im Prozeß der Beweisführung und -findung also nicht als offizielles Dokument eingesetzt worden. Es fällt auch auf, daß der Bericht an keiner Stelle auf außerhalb der Stadt durchgeführte Aktivitäten des Domkapitels eingeht oder überhaupt das Kapitel als Institution innerhalb der Stadt benennt. Zwar gehört die Mehrzahl der im Bericht auftretenden katholischen Geistlichen zu seinen Angehörigen, doch geht es um sie stets in ihrer Rolle als Prediger, nicht als Kanoniker.

Nun wird die Entscheidung eines Rechtsstreits nicht unbedingt nur auf der Basis seiner vorliegenden Beweise getroffen, auch meinungsbildende Elemente spielen ihre Rolle im Prozeß der Urteilsfindung. In diese Gruppe könnte Steffen Kempes Bericht gehören und wäre damit wohl weniger direkte Kampfschrift im Prozeßverlauf, ein Beweisstück und unter diesem Aspekt konstruiert, sondern vielmehr Zeugnis für die Wahrheit eines verantwortungsvollen, sendungsbewußten Christen, den sein Hirtenamt geradezu für die Bekenner-Rolle prädestinierte.

Ein letzter Blick ist auf die Datierung des Textes zu werfen. In seiner vorliegenden Form und aufgezeigten Funktion erscheint Kempes *Warhaftiger bericht* ausschließlich bis Mitte 1533 sinnvoll. Im September diesen Jahres wurde Hamburg durch kaiserlichen Beschluß zur Restitution verurteilt. Nur bis zu diesem Zeitpunkt war eine meinungsbildende, und das heißt in diesem Falle meinungsbeeinflussende, Schrift einsetzbar, die ihre Funktion über geschickte Tatsachenauswahl und -darstellung zu erreichen versuchte. Nachdem Hamburg im Prozeß um Recht oder Unrecht des kirchlichen Reformationsprozesses auf Reichsebene definitiv unterlegen war, war ein ‚wahrheitsgemäßer Bericht' gegen eine ‚wirklichkeitsverdrehende Anklage' schlicht von den Ereignissen überholt. Bezüge und Inhalt datieren den Bericht auf nach 1530 bzw. auf 1532, und so scheint es am wahrscheinlichsten, die Ent-

---

[271] Hier ist v.a. an die Immedietätsprozesse zu denken. Vgl. Anm. 25, S. 21.

stehung von Steffen Kempes Bericht in die Entscheidungsphase des Prozesses nach der Einvernahme der Zeugen beider Seiten zu legen.

7 – 6 EXKURS: Der Reformationsbericht der Gyseke-Chronik

An dieser Stelle empfiehlt es sich, in der Arbeit an den zeitgenössischen Berichten zur Reformation kurz innezuhalten und einen Exkurs über einen weiteren Bericht zur Kirchenreformation in Hamburg einzuschieben.

Unter den von Lappenberg edierten „Hamburgischen Chroniken in niedersächsischer Sprache" befindet sich „Bernd Gyseke's Hamburger Chronik vom Jahre 810 bis 1542". Diese enthält im Anschluß an eine Nachricht des Jahres 1528 einen Bericht, der deren Inhalt näher erläutern und damit besser verständlich machen soll.

Bereits ein nur flüchtiger Blick auf diesen Text macht deutlich, daß er direkt auf dem *Warhaftigen bericht* des Steffen Kempe basiert, daß dieser seine Hauptquelle gewesen sein muß.

Obwohl die Entstehungszeit der Chronik den für die vorliegende Arbeit gewählten zeitlichen Rahmen bereits verlassen hat, erscheint es infolge der Abhängigkeit des in ihr enthaltenen Berichts von dem des Steffen Kempe angebracht, diesen in einem Exkurs ein wenig näher in Augenschein zu nehmen.

Der Exkurs wird dabei zunächst kurz auf die Fragen der Textgestalt und –gestaltung der Chronik eingehen, ihre Überlieferung und Edition sowie ihren Aufbau, Inhalt und ihre Autoren, um sich anschließend ausführlich mit dem genannten Bericht zu beschäftigen, dessen Eigenständigkeit bzw. Abhängigkeit gegenüber dem Bericht des Steffen Kempe im Mittelpunkt der Analyse des Textes stehen muß.

7 – 6 – 1 Überlieferung und Edition

Der von Lappenberg „Bernd Gyseke's Hamburger Chronik" (XLV) genannte Text befand sich als Papierhandschrift bis 1842 im Hamburger Stadtarchiv, mit dem er beim Großen Brand jenes Jahres vernichtet wurde.

In der Folge fand sich in Kopenhagen eine Abschrift der Chronik, die Lappenberg 1843 ausleihen konnte, um von ihr eine Kopie herstellen zu lassen.

Seine Edition des Textes beruht weitgehend auf der Kopenhagener Abschrift, die keine Abweichungen zu den vor dem Verlust der Originalhandschrift von Lappenberg gemachten Exzerpten zeigte. Die Kenntnis des Originals erlaubte Lappenberg dabei auch, Zusätze des Kopenhagener Schreibers zum eigentlichen Text der Chronik zu identifizieren und zu benennen.

Auf diese Weise ergibt die Edition mit ihren Anmerkungen einen Text, der wohl in hohem Maße an das verlorene Original der Chronik des Bernd Gyseke heranreicht und mit gutem Gewissen als sichere Grundlage einer Textanalyse herangezogen werden kann.

7 – 6 – 2 Aufbau, Inhalt und Autoren

Die Chronik umfaßt in ihrer Darstellung den Zeitraum von 810 (also dem Zeitpunkt einer ersten Kirchengründung auf späterem Hamburger Boden) bis 1542, Hinzufügungen ergänzen Nachrichten bis 1565. Unter der Überschrift „Spätere Eintragungen" (191) finden sich in der Edition Lappenbergs acht Eintragungen des 17. Jahrhunderts, die bereits in hochdeutscher Sprache erfolgten.[272]

Als Verfasser der Chronik nennt sich in einer Nachricht des Jahres 1542 (188) der Schreiber bei der Bierprobe, Bernd Gyseke; in einer Eintragung auf ihrem ersten Blatt bemerkt Claus Kröger, in diesem Buch viele Dinge geschrieben zu haben.[273] Er kann damit jedenfalls als Autor der bis 1565 fortgeführten Nachrichten gelten, Lappenberg nimmt ihn ebenfalls als Urheber von Nachrichten zur Katharinenkirche ab 1536 an.

Im Aufbau seiner Chronik schöpfte Gyseke für die Jahre 810 bis 1483 aus vorliegendem Chronikmaterial,[274] seine in der Folge benutzen Quellen lassen sich nur noch zum Teil erschließen oder vermuten.

---

[272] Vier Nachrichten von 1607; je zwei von 1608, 1615, 1676.
[273] Zu Kröger vgl. Lappenberg, Joh. Martin: Hamburgische Chroniken in niedersächsischer Sprache. Hamburg 1861, S. XLVII. Kröger war 1549 Jurat an St.Katharinen, 1554 – 68 Oberalter des Kirchspiels.
[274] Vgl. dazu Lappenberg, a.a.O., S. XLVI.

Die Einfügung des Reformationsberichtes in die Chronik stellt keinen Sonderfall dar, an verschiedenen Stellen wird der Fluß der Chronik durch längere Ausführungen zu einem bestimmten Thema unterbrochen.[275] Ihr Aufbau ergibt sich so im Wechsel von chronikalischen Nachrichten mit längeren erzählenden oder berichtenden Passagen als einheitliches Ganzes.

Problematisch stellen sich Lappenbergs Aussagen dar, die Chronik sei von 1524 bis 1542 zeitgleich mit den Ereignissen niedergeschrieben worden (XLVI) sowie die Annahme, daß große Teile der Chronik vom Hamburger Reformator Steffen Kempe stammten (XLVIII).

Als Indiz für ersteres führt Lappenberg die genauen Zeitangaben für die Jahre ab 1524 an. Eine aufmerksame Durchsicht der Chronik verbunden mit dem Versuch, ihren Aufbau und die Abfolge ihrer Inhalte auch im Detail zu durchschauen, ergibt keinerlei Nachweis für den angeführten Beweis. Lappenbergs Aussage muß als schlicht unzutreffend charakterisiert werden.

Nur wenige Nachrichten sind mit einer genauen Zeitangabe versehen, immer wieder finden sich Brüche – nicht nur in den einem Jahr zugehörigen Nachrichten, zwischen den einzelnen Nachrichten kann durchaus auch das jeweilige Berichtsjahr variieren.

Dazu kommt, daß die 1520er Jahre für Hamburg eine unruhige, ereignisreiche und entscheidende Zeit gewesen sind – bei einer zeitgleichen Niederschrift wäre also wohl mit einer viel höheren Informations- und Nachrichtendichte zu rechnen, als sie die Chronik auch nur entfernt bietet.

Eine solche Nachrichtendichte sowie der Fortgang der Chronik von Jahr zu Jahr lassen sich erstmals ab den Eintragungen für das Jahr 1536 feststellen. Die Informationsdichte und -ordnung für die Folgejahre nimmt nun immer weiter zu (wenn ihre Abfolge auch niemals gänzlich die chronologische Ordnung erreicht), und so rückt die Entstehungszeit der Chronik immer wahrscheinlicher in die Endphase ihres Berichtszeitraums.

---

[275] Ratslisten, Klaus-Kniphof-Episode einschließlich Lied, Bericht über die Einnahme Münsters, Bernd Besekes Glück und Unglück; für die Berichte über Kniphof und die Eroberung Münsters nimmt Lappenberg aufgrund der Handschrift Kröegr als Eintragenden bzw. Verfasser an.

Dies unterstützen auch Hinweise aus dem in die Chronik eingebetteten Reformationsbericht, die seine Entstehung und damit seine früheste mögliche Aufnahme in dieselbe nicht vor 1540 wahrscheinlich machen.

Wie angemerkt stellt Lappenberg in der Chronik so viele Beziehungen zu Steffen Kempe fest, daß für ihn die „Vermuthung nahe genug liegt, daß er [Kempe] selbst der Verfasser des besten Theiles dieser Chronik gewesen ist" (XLVIII).

Die genannten Beziehungen sieht Lappenberg z.B. in der „Erzählung, welche über die Anfänge der Kirchenreformation in Hamburg S.50-59 gegeben wird" (XLVII). Sie kann nach seiner Meinung „kaum aus einer anderen Feder, als der des St. Kempe selbst herrühren" (XLVII). Eine Ansicht, die sich nicht weiter begründet findet. Aus der Tatsache, daß das Lied über die Taten des Seeräubers Claus Kniphof, welches in die Chronik Eingang gefunden hat, von Kempe stammt, folgert Lappenberg, daß auch der vorangestellte Prosabericht von ihm stammen müsse, und warum die „Historie von Bernd Besekes Glück und Unglück" (XLVIII) vermutlich von Kempe verfaßt wurde, darüber schweigt er sich aus.

Handwerklich unsauber ist es, unter den Beweisen für die Nähe des Verfassers zu Steffen Kempe, aus denen später seine eigene Autorschaft abgeleitet wird, die Nachricht vom Tode des Reformators aufzuführen.

Weiter nennt Lappenberg Kempes „Neigung für historische Berichterstattung" (XLVIII), die dessen „größerer Bericht über die Kirchenreformation in Hamburg" beweise, und die „überwiegende Anzahl ausführlicher kirchengeschichtlicher Nachrichten" (XLVIII) als Indizien für Kempe als den Verfasser der Chronik.

Bezüglich ersterem hat die detaillierte Untersuchung des Berichts gezeigt, daß dem Text keinesfalls der Charakter der historischen Berichterstattung zuzuschreiben ist, und auf letzteres bezogen läßt sich im Verlauf der Chronik in keiner Weise eine Betonung oder auffallende Ausführlichkeit kirchengeschichtlich orientierter Nachrichten nachweisen. Sie finden sich immer wieder, aber keinesfalls in einer Frequenz, die auf eine herausragende Stellung im Aufbau und Zusammenhang der Chronik schließen ließe.

Im angesprochenen Aufbau der Chronik spricht nichts gegen die Übernahme und den Einbau fremden Materials. Ebensowenig gibt es unzweifelhafte Indizien für eine Autorschaft

Steffen Kempes an der Chronik. Gerade an dem von Lappenberg als Kronzeugen angeführten Reformationsbericht läßt sich zeigen, daß er jedenfalls auf dem *Warhaftigen bericht* des Reformators basiert, daß er aber mehr die These stützt, er sei als Fremdmaterial in die Chronik aufgenommen worden, als daß er dazu dienen kann, Kempes Verfasserschaft dieser Chronik zu beweisen.[276]

7 – 6 – 3 Der Reformationsbericht der Gyseke-Chronik

7 – 6 – 3 – 1 Überblick

Der Reformationsbericht der Gyseke-Chronik folgt einer Nachricht für den Dienstag nach Philippi und Jacobi des Jahres 1528 über Uneinigkeiten zwischen Hamburger Rat und Bürgern infolge der unterschiedlichen Lehren der Prediger in der Stadt.

Die Nachricht beschreibt weiter, daß die Prediger auf das Rathaus geladen wurden, um dort öffentlich und in deutscher Sprache zu disputieren. Die Zeitdauer der Verhandlung wird genannt und der Versammlungsort der Bürger. Es folgt die Nachricht, daß die evangelischen die katholischen Prediger überwunden haben, weswegen sechs der letzteren aus der Stadt ausgewiesen wurden, die namentlich genannt werden.[277]

An diese Nachricht schließt sich der Satz an: *Vp dat men recht moge vorstan, wo dusse vplop is togegan, so will ik int korteste ik kann van anbeginne her vortellen, wo sik de sake heft begeuen* (50). Mit ihm wird zum nun folgenden Reformationsbericht übergeleitet.

Dieser umfaßt den Zeitraum von 1521 bis 1528, die Jahre vom Bekanntwerden reformatorischer Lehren in der Stadt bis zur Durchsetzung der Reformation durch die Ereignisse bei der Ratsverhandlung von 1528.

---

[276] Auf weitere von Lappenberg in den Anmerkungen zu den Berichten Kempes und Mollers S. 571ff. angeführte Beweise für die Autorschaft auch am Reformationsbericht der Gyseke-Chronik soll bei der Gegenüberstellung und dem Vergleich der beiden Berichte eingegangen werden.
[277] Bemerkenswert ist diese Nachricht, da in ihr fast nichts stimmt – das Datum und die Verhandlungsdauer sind falsch, die Angaben der Verhandlungsorte unvollständig, die Liste der Ausgewiesenen ist nur teilweise korrekt. Interessant ist auch, daß sie in keiner Weise mit dem nachfolgenden Bericht abgeglichen wurde.

Der Bericht setzt mit den reformerischen Predigten des Pfarrers an St. Katharinen ein, schildert dann das Auftreten eines reformatorisch predigenden weißen Mönches, d.h. eines Praemonstratensers, in der Stadt.[278]

Für 1523 berichtet er die Ankunft Steffen Kempes in Hamburg, den großen Zuspruch, der diesem zuteil wurde und sein Bleiben veranlaßte, für 1525 die Konversion des neuen Pfarrers an St.Katharinen zurück zum Katholizismus, die diesen bei seiner Gemeinde unmöglich machte, für 1526 die Ankunft eines überzeugt reformatorisch predigenden Geistlichen, der sich an St. Nikolai einrichten konnte, sowie die Wiederbesetzung der durch einen Todesfall im Vorjahr vakant gewordenen Lektur am Dom mit dem bekannten und geachteten Barthold Moller.

Die weiteren Nachrichten der Jahre 1526 bis 1528 beziehen sich vor allem auf die in immer schärferem Tone geführten Auseinandersetzungen zwischen reformatorisch und katholisch gesinnten Geistlichen sowie die Mobilisierung ihres Anhanges in den Gemeinden und die zunehmende Sensibilisierung des Rates für eine sich zuspitzende und auf eine Eskalation zustrebende Situation in der Stadt.

Der Höhepunkt der Ereigniskette wird Ostern 1528 erreicht. Ausgelöst durch ein an einen strenggläubig katholisch predigenden Dominikaner vom Rat ergangenes Predigtverbot kommt es zu einer Versammlung katholisch gesinnter Bürger in St.Johannis, dem Hamburger Dominikanerkloster, mit dem Ziel, die Macht in der Stadt zu übernehmen.

Die evangelischen Bürger ziehen daraufhin vor den personell an den Aufstandsplänen nicht gänzlich unbeteiligten Rat und fordern eine sofortige Aufklärung der gespannten und von unterschiedlichen Gerüchten aufgeheizten Situation.

Infolgedessen kommt es zu einer Verhandlung evangelischer und katholischer Parteigänger vor dem Rat, die mit dem Sieg der evangelischen über die katholische Seite endet, worauf die aktionsfreudigsten katholischen Prediger der Stadt verwiesen werden und den übrigen ein Gleiches angedroht wird, fügen sie sich nicht den ergangenen Urteilen.

---

[278] Warum Lappenberg, Joh. Martin: Hamburgische Chroniken in niedersächsischer Sprache. Hamburg 1861, S. 571 diesen weißen Mönch als Franziskaner benennt, ist fraglich.

7 – 6 – 3 – 2 Themenauswahl und -verknüpfung des Berichts

Bei der Betrachtung der Themenauswahl und -verknüpfung des Berichts ist zu bedenken, daß diese von zwei verschiedenen Faktoren beeinflußt werden.

Zum einen ist die Frage, was der Text enthält und wie er dies untereinander in Beziehung setzt, abhängig von seiner Quelle. Ein Vergleich des Reformationsberichtes der Gyseke-Chronik mit dem *Warhaftigen bericht* des Steffen Kempe macht deutlich, daß letzterer die in hohem Maße – oft praktisch wortgetreu – übernommene Vorlage des ersteren ist.

Zum anderen haben die Wahl und die Darstellung der Einzelthemen der Erfüllung des Vorhabens Rechnung zu tragen, das im Einleitungssatz des Berichts formuliert wird – die Uneinigkeit zwischen Rat und Bürgern im Jahre 1528 zu erklären.

Der Bearbeiter des *Warhaftigen berichts* war augenscheinlich der Meinung, daß der ihm vorliegende Text im großen dazu geeignet wäre, die Durchführung seiner Absicht zu gewährleisten. Warum sonst hätte er seine Quelle so offensichtlich übernehmen sollen?

Aus diesem Grunde scheint es legitim, die Auswahl und Verknüpfung der Einzelthemen des Reformationsberichtes der Gyseke-Chronik zunächst unter der Forderung zu betrachten, die explizit formulierte Absicht des Berichts zu enthalten und zu erfüllen.

Der Einleitungssatz des Berichts gibt an, zur Erklärung der Unruhen im Jahre 1528 *int korteste und van anbeginne her* (50) erzählen und damit erklären zu wollen, wie sich das in der Chroniknachricht mitgeteilte Geschehen entwickelt hat.

Mit diesen Hinweisen legitimiert der Verfasser (auch als Bearbeiter einer Vorlage ist er Verfasser, vor allem bei der genannten Art, diese Vorlage zu rezipieren) seine selektive Informationsauswahl wie auch den Beginn seines Berichts mit den Predigten Ordo Stemmels, des Pfarrers an der St.Katharinenkirche, im Jahre 1521. Er war der erste, der sich gegen *de heftige vorforinge des aflates* (50) aussprach, wider *de bosen lerer und fabulen=predikere* (50) predigte und *dat wilde vntuchtige leuent der papen* (51) kritisierte; auch lehrte er *de lutter warheit des evangelij* (51), zumindest *so vele em Godt vorstandes gegeuen to lerende* (51). Doch seines Alters und des Widerstandes der katholischen Geistlichen wegen mußte er sein Predigtamt aufgeben.

Darna, fährt der Bericht ohne genauere Zeitangabe fort, sei ein weißer Mönch namens Johannes Widenbrügge nach Hamburg gekommen. Er habe Aufnahme bei zwei Bürgern gefunden, die *de lere des euangelii angenamen, do noch neen borger sik darto gegeuen hadde* (51).

Obwohl ihm das Predigen untersagt war, besuchte der Mönch jene, die ihn hören wollten, und *belerde de lude vt gotliker scrift* (51). Die Hamburger katholischen Geistlichen organisierten zwei Disputationen gegen den Praemonstratenser und nachdem sie ihn auch bei der zweiten argumentativ nicht überwinden konnten, bemühten sie sich, ihn vor den Zuhörern lächerlich zu machen.

Das weitere Schicksal des weißen Mönches bleibt ungenannt, der Bericht fährt *darna anno 1523* (52) mit dem Wirken des Franziskaners Steffen Kempe in der Stadt fort, der um Ostern angekommen nach Fronleichnam wieder abreisen wollte, was von den Bürgern in einer in Rede und Gegenrede geschilderten Auseinandersetzung mit dem Guardian des Franziskanerklosters verhindert werden konnte. Kempe bleibt, seine Predigten im Maria-Magdalenen-Kloster, in denen er *de lere des hilligen euangelij* (52) verkündet, erfreuen sich großen Zulaufs.

Auch gegen diesen dritten Vertreter der ‚reinen Lehre Gottes' agitieren die katholischen Geistlichen. Sie polemisieren gegen ihn von der Kanzel, hetzen die Leute gegen ihn auf, verklagen ihn beim Rat und seinen Ordensoberen. Doch im Gegensatz zu seinen Vorgängern hält Kempe durch, bis er im vierten Jahr seiner Hamburger Zeit Unterstützung bekam. Dies dauerte so lange, da *de papen* (52) *de anderen prediktstolen flitich vor der predige der warheit* (53) bewahrten.

Der Bericht nennt jetzt die katholischen Prediger und setzt für den letzten der Reihe hinzu, daß dieser – ab 1525 Stemmels Nachfolger an Katharinen – zunächst *wedder der papen mißbruke* (53) predigte, dann aber aus Geldgier (er stellte fest, daß *de missen mer inbrochten, den dat prediken* (53)) konvertierte und fortan bei seiner Gemeinde äußerst unbeliebt war.

Mit der Ankunft des katholischen Theologen Dr. Barthold Moller gewinnt die Situation in Hamburg ab 1526 eine neue Dimension.

Kempe und Moller, die sich aus Rostock her kennen, führen unter Zeugen einen theologischen Gedankenaustausch, an dessen Ende Kempe Moller auffordert, ihn bei Uneinigkeiten zu verständigen, er wolle dann kommen und mit Moller confereren fruntliken (53). Dieser gibt ihm die Hand darauf und verspricht ihm lude vnde ernstlik (53), so zu handeln. Als er sich Ostern nicht an seine Zusage hält, kommt es zum ersten Fall beidseitig ausgeführter heftiger Kanzelpolemik.

In diesem Zusammenhang weist der Verfasser des Berichtes noch einmal auf das Gespräch zwischen Moller und Kempe hin, in dem Moller sämtlichen Ausführungen Kempes zugestimmt hatte, denen er jetzt in seiner Osterpredigt vehement widersprach. So kann man, fährt der Verfasser fort, wohl annehmen, daß Moller viel Gutes zu tun vorhatte. *Auerst et steit to fruchten, dat en de papen vmme gekoft hebben* (54).

Die katholischen Prediger beginnen nach diesem Vorfall, wieder besonders heftig gegen Kempe zu hetzen. Man hatte gehofft, daß Moller die *twistige lere worde middelen* (54), aber nachdem auch er gegen Kempe predigte, *do was it alle erger alse vorhen* (54).

Der Bericht fährt für das Jahr 1526 weiter fort mit der Ankunft des reformatorisch predigenden Zegenhagen in Hamburg und dessen Werdegang bis zum Pfarrherren von St.Nikolai, einem Posten, den er bekam, da *de capellan vorlep de wedem in nachtslapender tid* (54).

Sein engagiertes Einsetzen für die Reformation führte zu einem Boykott der Weihnachtsgottesdienste durch die katholischen Geistlichen der Nikolaikirche. Zegenhagen sah sich zu Improvisationen gezwungen, die seine Gemeinde äußerst positiv aufnahm, verweigerte nun seinerseits den katholischen Geistlichen den Zugang zur Kirche und teilte erstmals das Abendmahl unter beiderlei Gestalt aus.

Anhaltende ständige Hetze der katholischen Geistlichen gegen die evangelischen Prediger und ihren Anhang veranlaßte nun den Rat, noch 1526 ein Mandat für alle Geistlichen zu erlassen, dessen wichtigsten Artikel der Verfasser referierend wiedergibt: *Dat men Gades wort scolde predigen recht vnd reine, na vtlegginge der hilligen schriftlerer van der hilligen kerken angenamen: so jemant hir en bauen dede, de scolde dusser stadt waninge vorlaren hebben* (55).

Wie um die bedeutenden Ereignisse des Jahres 1526 zu vervollständigen, erwähnt der Verfasser kurz die Berufung des evangelischen Geistlichen Johann Fritze in das Pfarramt von St. Jacobi und fährt dann fort mit der Predigt, die *de aldergelerste domher, de in dem dome predigede, (den de anderen was nicht ein, de ein sermon don konde sunder dusse)* (55), Nikolaus Bustorp, kurz nach Weihnachten 1526 hielt. Neben der Polemik gegen evangelische Lehren und ihre Verkünder enthielt diese Predigt eine auch vom katholischen Standpunkt aus häretische Passage.

Die evangelischen Prediger hätten nun *grote foge und orsake* (55) gehabt, Bustorp öffentlich zu widerlegen, wegen des Ratsmandates hielten sie sich aber zurück und suchten das private Gespräch mit ihm. Als Antwort verfaßte er eine Verteidigungsschrift, *de noch vorhanden is* (56).

Schließlich sind alle Prediger vor Pfingsten 1527 auf das Rathaus gefordert worden und haben Bustorp zum Widerruf zu bewegen versucht. Endlich stimmte er zu, hielt sich dann aber nicht daran, sondern widerrief erst sieben Jahre später, 1534.

Der Bericht fährt fort, daß 1527 Bürger zu Kempe kamen und ihm das Amt des Pfarrers an St.Katharinen anboten, das er auch annahm. Im Rückbezug auf die Bustorp-Episode erwähnt der Verfasser nun, daß trotz dessen Niederlage die Kanzelpolemik von katholischer Seite kein Ende nahm, die evangelischen Prediger aber, um dem Rat keinen Ärger zu machen, strittige Artikel nicht öffentlich widerlegten, sondern aufzeichneten und so bewahrten.

Ostern 1528 predigte dann der Dominikaner Rensborch gegen das Abendmahl sub utraque specie, wogegen Kempe der besonderen Situation wegen seine Predigt richtete, nachdem ein Gesprächsversuch mit Rensborch gescheitert war.

Rensborchs Klagen über ein daraufhin gegen ihn erlassenes Predigtverbot führten zu einer konspirativen Versammlung katholisch gesinnter Bürger im St. Johanniskloster, die der Bericht namentlich aufzählt. Sie hatten Pläne, den katholischen Geistlichen wieder an die Macht zu helfen und die evangelischen Prediger samt ihrer Anhänger zu vernichten, worin sie auch von Ratsangehörigen unterstützt wurden, namentlich vom Bürgermeister Salsborch, dessen Rolle in der Verschwörung breit ausgeführt wird.

Die evangelisch gesinnten Bürger erfuhren von den geschilderten Vorhaben und zogen daher den *mandach na Jubilate anno 1528* (58) vor den Rat, von dem sie eine Aufklärung der Situation forderten. Dieser gab vor, von nichts zu wissen, worauf die Bürger ihm die von den evangelischen Predigern gesammelten Artikel der katholischen Prediger vorlegten, die gegen die heilige Schrift gepredigt sein sollten.

Es kam zu langwierigen Verhandlungen, die am nächsten Tag unter Vorladung der katholischen Geistlichen fortgesetzt wurden.

Der Bericht schildert nun die einzelnen Phasen der Verhandlung, die mit der Ausweisung von fünf katholischen Geistlichen und der Urteilsverkündung gegen die übrigen, in der Stadt weiter geduldeten, endete, womit der Reformationsbericht in der Gyseke-Chronik abschließt.

7 – 6 – 3 – 3 Konstruktion des Berichtszusammenhanges

Explizit formulierte Intention des Reformationsberichts der Gyseke-Chronik ist die kurze, aber umfassende Darstellung der Ereigniskette, die zu der Ratsversammlung des Jahres 1528 führte.

Daß im Aufbau und der Darstellung des Berichts dabei zwei Konzepte miteinander konkurrieren, nämlich einerseits das den Fakten und Informationen des übernommenen *Warhaftigen berichts* implizite und andererseits das vom Verfasser des Gyseke-Berichts zugrundegelegte, soll an dieser Stelle zunächst ausgeklammert werden – wie bei der Themenauswahl und ~darstellung gilt auch für die Konstruktion des Berichts, zunächst einmal ein eigenständiges Handeln des Verfassers anzunehmen.

Der tragende Gedanke des Berichts ist die Darstellung des immer bedrohter erscheinenden Stadtfriedens durch die wachsende Feindseligkeit zwischen katholischen und evangelischen Geistlichen.

Ihren ersten Anstoß erhält diese Entwicklung 1521 mit den Predigten des Pfarrers von St.Katharinen. Er wendet sich in ihnen gegen den Ablaßhandel, gegen Geistliche, die statt Gottes Wort Fabelhaftes verkünden und geißelt das wilde und unzüchtige Leben großer

Teile der Geistlichkeit – spricht also zeittypische Vorwürfe aus. Aufgrund einerseits seiner Kritik an den Mißständen und andererseits seiner Predigt der *lutter warheit des euangelij* (51) wird er durch *de papen harde veruolget* (51). Infolge seines hohen Alters hält er den nicht näher definierten Angriffen nicht lange stand und legt sein Pfarramt nieder.

Ein neuer Gegner erwächst den *papen* in Gestalt eines wandernden Praemonstratensers. Dessen Auftreten ordnet der Verfasser des Berichts zeitlich zwischen die Resignation des Pfarrherrn von St.Katharinen und die Ankunft Steffen Kempes ein. Dieser Praemonstratenser stieß in Hamburg auf ein unorganisiertes und zum Teil noch latentes Luthertum – er fand Unterkunft bei einem von zwei bereits evangelischen Bürgern und kam in die Häuser derer, die ihn hören wollten - das zu festigen oder zu stützen die katholischen Geistlichen ihm zu verwehren suchten.

Zunächst luden ihn Domherren und Dominikaner gemeinsam zu einer Disputation ein. Der Praemonstratenser kam und *gaf siner lere besceet* (51). Und obwohl *papen vnd swarte monneke alle dussen witten monneke entjegen* (51) waren, gelang es nicht, ihn zu widerlegen. *Nu wolde dusse disputacie allene nicht helpen* (51). Kurze Zeit später organisierten die Dominikaner allein eine weitere Disputation gegen den Störenfried. Sie verlief zunächst ebenso erfolglos wie ihre Vorgängerin. Der weiße Mönch *gift auermals sines gelouens vnde lere besceet und stund vaste vp dat sine* (51). Um sich schließlich doch den Anschein des Sieges zu geben, griffen die Dominikaner zu unlauteren Methoden – einer ihrer Doktoren stellt *in dudesch* fest: *Ein doer kann meer neen seggen, wen alle doctoren ja* (51), um auf diese Weise den Praemonstratenser zu diskreditieren und lächerlich zu machen. Mit feiner Ironie kommentiert der Verfasser des Berichts, mit *dusser probacie dar proberde vnd confirmerde vnd concluderde* (51) der Dominikanerdoktor deren Rechtsanspruch als Doktoren, der andererseits die Torheit des Praemonstratensers bedeutete. Offenbar mit voller Absicht wird die Häufung lateinischen Vokabulars benutzt, um zu verdeutlichen, daß die Sprache beherrscht wird, der deutsche Ausspruch des Dominikaners also im Zusammenhang mit der zuvor stattgefundenen lateinischen Auseinandersetzung zwischen Dominikanern und Praemonstratenser voll durchschaut werden konnte.

Trotz des Unvermögens, den weißen Mönch in einer Disputation zu überwinden, muß die katholische Geistlichkeit wohl Mittel und Wege gefunden haben, ihn aus der Stadt zu vertreiben, denn nach der geschilderten Episode ist weder von ihm noch seinem Wirken im Bericht weiter die Rede.

Wie Ordo Stemmel muß dieser weiße Mönch als Wegbereiter des Evangeliums in Hamburg gesehen werden, die Ereignisse um beide als Vorgeschichte der weiteren, nun festen Etablierung reformatorischer Lehren in der Stadt und erste Anzeiger für die Reaktion der katholischen Geistlichkeit auf die Verkünder des neuen Evangeliums.

Mit dem Jahr 1523 setzt eine neue Entwicklung ein – mit dem Franziskaner Steffen Kempe bleibt erstmals ein reformatorisch predigender Geistlicher permanent in Hamburg und hält auch den Angriffen der katholischen Geistlichkeit gegen seine Person und seine Lehre stand.

Ein interessanter Aspekt bei der Diskussion um Kempes Bleiben in Hamburg ist die aktive, initiatorische Rolle, die dabei den Bürgern zukommt. Sie versammeln sich, als sie erfahren, daß Kempe Hamburg wieder verlassen will, und fordern vom Vorsteher des Franziskanerklosters dessen Bleiben – unter der Drohung, das Kloster andernfalls nicht weiter mit Nahrungsmitteln zu versorgen. Ihrer Unterstützung kann sich Kempe auch im weiteren gewiß sein, *alle man, rik vnd arm* (52) kamen ins Maria-Magdalenen-Kloster, um ihn dort predigen zu hören. Daran konnten auch die *papen predikere* (52) nichts ändern, die mit allen Mitteln und bei sämtlichen Instanzen gegen ihn zu agitieren versuchten. Zudem bewahrten sie *de anderen predikstolen flitich vor der predinge der warheit* (53). Dies gelingt ihnen zum Teil sogar so weit, daß sie einen bereits evangelisch predigenden Pfarrer über dessen Geldgier zur Konversion bringen können.[279]

Nach dieser Nachricht für das Jahr 1525, die Kempes Isolierung innerhalb der Geistlichkeit und seinen schweren Stand als einziger Vertreter des Evangeliums in der Stadt besonders auch durch die acht Namen umfassende Auflistung der *papen prediger* (53) deutlich macht,

---

[279] Vischbeke konvertierte, da er in der evangelischen Predigt *nicht fant, wat he sochte, vnde de missen mer inbrochten*. Vgl. Gyseke, S. 53.

fährt der Bericht mit dem Jahr 1526 und der Nachricht von der Wiederbesetzung der Domlektur fort.

Mit der Ankunft des neuen Stelleninhabers, Dr. Barthold Moller, in der Fastenzeit 1526 gewinnt die Auseinandersetzung um die wahre Lehre eine neue Dimension. Moller, der Kempe persönlich kennt, läßt diesen zu sich bitten. Zwischen den beiden Geistlichen kommt es zu einem zwar von Zeugen begleiteten, ansonsten aber offenbar in persönlicher Atmosphäre stattfindenden Gespräch, in dem wichtige Differenzen evangelischer und katholischer Lehre diskutiert werden. Als es für Kempe Zeit zu gehen wird, erklärt er Moller, mit Gottes Gnade weiter predigen zu wollen, wie er es bisher getan habe und fordert diesen auf, bei *misdunken* (53) gegen etwas von ihm, Kempe, Gepredigtes, dieses aufzuzeichnen und an ihn zu senden. Er wolle dann Moller aufsuchen, um mit diesem freundschaftlich zu diskutieren, wie es um den beanstandeten Artikel stünde. Wie Kempes Angebot erfolgt auch Mollers Antwort in wörtlicher Rede, um die Authentizität des Gesprochenen zu untermauern. Die Umstände dieser Antwort erweisen sich für die weitere Entwicklung als bedeutsam – Moller gibt Kempe die Hand auf ihre Verabredung und erklärt laut und ernsthaft, daß man es halten wolle wie besprochen.

Die Probe für die Ernsthaftigkeit der getroffenen Verabredung bietet das bevorstehende Osterfest.

Am Freitag der Woche vor Ostern predigt Kempe für das Abendmahl unter beiderlei Gestalt. An Palmarum – also zwei Tage später – erklärt Moller in einer Sonntagspredigt im Dom, wer sich für die communio sub utraque specie ausspräche, sei ein *ketter vnd boue* (54). An dieser Stelle des Berichts kommentiert der Verfasser – das einzige Mal innerhalb des gesamten Berichts aus der ersten Person heraus sprechend – er zweifle nicht, daß Moller zu diesem Schritt angestiftet worden sei, da er Kempe doch ganz anderes versprochen habe.

Um dieses zu untermauern und die Unerhörtheit des Vorganges ins rechte Licht zu rücken, begibt sich der Verfasser nun noch einmal in die Retrospektive und weist darauf hin, daß Moller Kempe in allen wichtigen Diskussionspunkten (Messe, Priestertum, Fegefeuer; also Abendmahl, allg. Priestertum, Ablaß) explizit zugestimmt habe. Hatte Kempe seine Meinung dargelegt, reagierte Moller mit *"Dat holde ik vorwar ok so mit juw"* (54), wobei die wörtliche Rede wieder den Authentizitätsanspruch dieser Aussage zu transportieren hat.

Nun wieder in der unpersönlichen dritten Person schildernd, folgert der Verfasser, daß diese Worte Mollers dessen gute Absicht klar widerspiegeln und schließt dann eine Vermutung an, die das ganze Ausmaß an Niederträchtigkeit enthält, zu der *de papen* (zu denen Moller, das ist zu betonen, während dieses gesamten Abschnitts nicht gerechnet wird) fähig waren, um ihren Vorteil zu bewahren.

Sie sollen Moller gekauft haben, damit *de dompredigers* (54) aus dessen aggressiver Predigt Mut bekämen, genauso deutlich weiter gegen Kempe vorzugehen.

Die *papen* haben also die Hoffnung durchschaut, die in den *theologus* (54) Moller gesetzt wurde, daß er nämlich *dusse twistige lere worde middelen vnde alle dink to gude maken* (54) könne. Dies hätte nach dem zuvor Geschilderten offensichtlich eine starke Annäherung an die evangelische Auslegung des christlichen Glaubens gebracht, die durch die Bestechungsaktion (in der Moller interessanterweise keine Kritik erfährt) nun verhindert werden konnte – womit gleichzeitig die Situation weiter angespannt, der Ton gegen Kempe weiter verschärft werden konnte.

Dies als erklärtes Ziel der katholischen Geistlichen transportiert auch der nächste Abschnitt des Berichts.

Im selben Jahr wie Moller kam ein weiterer Geistlicher nach Hamburg: Johannes Zegenhagen *vorscreuen van Meideborch* (54), der rasch vom Kaplan an Katharinen und Prediger an Nikolai an dieser Kirche Pfarrer wird, da *de capellan vorlep de wedem in nachtslapender tit* (54). Dieser ließ nicht nur seinen Posten im Stich, sondern auch seine Gemeinde – zu einem Zeitpunkt, da sie ihn dringend benötigt hätte, denn *dat mal de pestilencie reigerde hir* (54).

Zegenhagen beginnt, *de papescop in eren logenpredigen vnd misbruk vnd scentlike leuent to straffende* (54). Der an Nikolai lozierte Teil dieser Menge reagiert überlegt zu Weihnachten, während dessen er die Gottesdienste boykottiert, um auf diese Weise *dat volk hittich to makende vnd antoreisen wedder en* [Zegenhagen] (54). Zegenhagen muß die Gestaltung der Festgottesdienste mit Laien improvisieren – und das Gegenteil des von der katholischen Geistlichkeit erhofften Effekts geschieht. In wörtlicher Rede wird *dat volk* (54) zitiert: *"konen so weinich personen de sake so erlik vtrichten, worto sint vns denne so vele papen nutte?"* (55)

In dem als Fallstrick für die evangelische Seite gedachten Plan verfangen sich nun seine Urheber – mit für sie doppelt fatalen Folgen. Einerseits sperrt Zegenhagen den katholischen Geistlichen den Zugang zur Kirche, wodurch dort viele der Zeremonien nicht aufrechterhalten werden konnten, weiter wurde *dat sacrament ... apentlik vtgedelet na der insettinge Christi*, d.h. hier sub utraque specie (55). Außerdem wird nun erstmals der Rat als Ruhe und Ordnung wahrende Institution der Stadt aktiv. Als deutlich wird, daß *de anderen predigers vmmer sculden vnde ketterden vp dem predikstole des euangelii predigers (vnde) de en anhangeden tom Duuel mit liue vnde sele wiseden* (55) und dadurch *vele erringe vnde moige in der stat* (55) entstand, lud der Rat noch 1526 sämtliche Prediger auf das Rathaus und schrieb ihnen verschiedene Artikel vor. Den für den unmittelbaren Kontext des Berichts entscheidenden, nämlich: *Dat men Gades wort scolde predigen recht vnd reine, na vtlegginge der hilligen scriftlerer van der hilligen kerken angenamen* (55), gibt der Verfasser referierend wieder, denn gleich seine übernächste Nachricht steht in direktem Bezug auf diesen Teil des Ratsmandats.

Nach dem etwas isoliert erscheinenden und offenbar aus Gründen der Vollständigkeit hier eingeschobenen Hinweis auf die Besetzung einer weiteren Pfarrstelle mit einem evangelisch gesinnten Geistlichen[280] berichtet der Verfasser von der Predigt des Katholiken Nikolaus Bustorp. Er wird als der *aldergelerste domher* (55) eingeführt, *den der anderen was nicht ein, de ein sermon don konde sunder dusse* (55). Mit dieser doch etwas auffällig übertriebenen Charakterisierung macht der Autor die Ungeheuerlichkeit dessen deutlich, was Bustorp predigte. Hierbei stellt er geschickt die Aussage voran, der Opfertod Christi habe nur von der Erbsünde befreit, für Todsünden müsse der Mensch selbst Genugtuung leisten - eine auch nach katholischem Verständnis häretische Aussage -, und läßt dann die Punkte folgen, die lediglich aus evangelischer Sicht als verwerflich gelten müssen.[281] Damit wird – wie angemerkt etwas übertrieben – verdeutlicht, wie verwerflich die Predigten der

---

[280] Die Nachricht schließt 1526 ab, da mit der nächsten Episode die Jahresgrenze überschritten wird.

katholischen Geistlichen insgesamt waren, wenn schon der allergelehrteste Prediger häretische Lehren verkündet, gleichzeitig wird der Anspruch der evangelischen Prediger legitimiert, wider Bustorps Artikel zu predigen. Die Tatsache, daß diese von ihrem Recht vorweg keinen Gebrauch machen, begründet der Verfasser mit ihrer Rücksichtnahme auf das an alle Prediger ergangene Ratsmandat.

Mit dieser Aussage wird nun auf Kenntnisse rekurriert, die im Zusammenhang mit dem Ratsmandat gar nicht aufgeführt wurden. Sie kann nur dann verstanden werden, wenn das Wissen um den vollständigen Inhalt dieses Mandats vorausgesetzt wird.

Einer der Artikel untersagt nämlich nachgerade jedwede Form der Austragung von Lehrstreitigkeiten von der Kanzel herab.

Eine mögliche Begründung dieses Informationslecks soll im Zusammenhang des Vergleichs des Reformationsberichts der Gyseke-Chronik mit dem *Warhaftigen bericht* des Steffen Kempe unternommen werden.

Die evangelischen Geistlichen widerlegen Bustorps Artikel also zunächst nicht öffentlich, sondern suchen das Gespräch mit ihm. Er reagiert auf diesen Versuch mit der Zusendung einer Schrift an die reformatorisch gesinnten Geistlichen, *darin he noch sine erringe artikele dachte to vorbidden* (56).

Der folgende kurze Abschnitt des Berichts wird eigentlich nur verständlich, liest man den *Warhaftigen bericht* des Steffen Kempe zu ihm parallel.

Zuletzt, fährt nämlich der Bericht fort, sind *se* (56) ungefähr drei Wochen vor dem Pfingstfest 1527 auf das Rathaus zusammengerufen worden. Weder wird der zeitliche Abstand zum letztgenannten Datum – dem Sonntag der Weihnachtsoktav 1526 – erklärt, noch ist deutlich, wer *se* sind. Könnte man zunächst denken, es handele sich um ein rückwirkendes „sie", das sich auf die beiden streitenden Parteien bezieht, so macht der nächste Satz diese Zuordnung unmöglich. Der Bericht fährt nämlich fort: *Alle de predicanten aldar* [auf dem Rathaus] *hebben dem domprediger Bustorp sine artikele willen vorbidden* (56). Damit können nun ausschließlich katholische Geistliche gemeint sein – die evangelische Seite hatte ja nicht das geringste Interesse einer Verteidigung ihres Gegners. Schon im über-

---

[281] Bustorp verdammte das Abendmahl unter beiderlei Gestalt und legte Lk. 2, 34 auf die Evangelischen aus.

nächsten Satz aber muß das Subjekt *de predicanten* nun die reformatorisch gesinnten Geistlichen bedeuten.

Nachdem nämlich *se* (56), diesmal tatsächlich eine Wiederaufnahme von *de predicanten* aus dem Vorsatz, eine Verteidigung nicht geschafft haben, fordern eben *de predicanten* (56) vor dem Rat, *dat he de artikel scolde wederropen* (56). He muß dabei den angeklagten Bustorp bezeichnen, diejenigen Praedikanten aber, die vor dem Rat seinen Widerruf fordern, nachdem (anderen) Praedikanten Bustorps Verteidigung nicht gelungen war, können nur die evangelischen Geistlichen sein.

Schließlich erklärt sich Bustorp zum geforderten Widerruf vor *allen predigeren* (56) bereit, eine Zusage, die er dann allerdings erst sieben Jahre später erfüllt.

In Anbetracht des engen Raums, der der Bustorp-Episode innerhalb des Berichts eingeräumt wird und der Fülle an Unklarheiten gerade innerhalb ihrer wichtigsten Phase, muß angenommen werden, daß sie für den Verfasser des Berichts keine herausragende Rolle eingenommen haben kann. Vielmehr scheint sie hier lediglich einen Mosaikstein innerhalb des Bildes darzustellen, das von den katholischen Geistlichen als Unruhestifter und Friedensstörer gezeichnet werden soll.

Dies wird umso wahrscheinlicher, betrachtet man den Fortgang des Berichts, innerhalb dessen noch einmal auf die Geschehnisse um die Bustorp-Predigt und ihre Folgen hingewiesen wird.

Um Michaelis 1527 herum, also Ende September des Jahres[282], sucht eine Abordnung von Ratsherren und Bürgern Steffen Kempe im Maria-Magdalenen-Kloster auf und bittet ihn, neuer Pfarrherr der St.Katharinenkirche zu werden. Kempe willigt ein, womit nun drei der vier Hauptkirchen evangelische Pfarrer besitzen.

In der Stadt kehrt jedoch keine Ruhe ein. Denn obwohl *nu Nicolaus Bustorp dusse nedderlage geleden heft, was doch neen vphorent mit sceldende* (56). Um dem vielbeschäftigten Rat keinen Ärger zu bereiten, beschränken sich *de predicanten* (56), womit hier die evangelischen Prediger gemeint sind, denen diese Bezeichnung mit Ausnahme der Bustorp-Epi-

---

[282] Fest des Erzengels Michael ist der 29.9.

sode exklusiv zugeordnet ist, darauf, problematische Artikel der Gegenseite aufzuzeichnen und so bis zu einem geeigneten Zeitpunkt zu bewahren.

Dieser Zeitpunkt kommt in der Osterzeit des Folgejahres 1528. Wie stets um die Zeit dieses mit dem heiligen Abendmahl engstens verbundenen Hochfestes nimmt die Schärfe der Auseinandersetzung zwischen evangelischen und katholischen Geistlichen zu.

Den Anfang macht der Dominikaner Rensborch, der am Mittwoch oder Donnerstag der Karwoche 1528 entschieden gegen das Abendmahl unter beiderlei Gestalt predigte. Kempe erwidert am Karfreitag, *vmme der communicanten willen, de sik hirinne merklik geergert hedden* (56), wogegen sich wiederum Rensborch in seiner Predigt am Karsamstag wandte.

Nach bekanntem Muster unternahm Kempe einen Gesprächsversuch, indem er *enen frunt edder twe van den vornehmsten borgeren* (56) mit einer Auflistung der strittigen Artikel an Rensborch sandte und diesen um eine Stellungnahme bitten ließ. Der Dominikaner, der zuvor schon *vp dem predikstole* (56) verkündet hatte, zu keiner mündlichen Diskussion bereit zu sein und lediglich im Rahmen einer akademischen Disputation sich schriftlich zu äußern gedächte, bestätigte die ihm unter der Zeugenschaft weiterer Bürger als von ihm gepredigte Artikel mitgeteilten Punkte, nahm die Schrift selber aber nicht an und verweigerte jedwede mündliche Diskussion.

Kempe widerlegte die gepredigten Inhalte nun öffentlich, während Rensborch das Predigen solange untersagt wurde, *so lange he des sik vorbede, dat he geprediget hadde* (57). Rensborchs Klagen über diese Behandlung führten daraufhin am Donnerstag vor Misericordias Domini, also dem 24.4.1528, zu einer Versammlung von ungefähr 48 Bürgern, die namentlich aufgezählt werden.[283]

Der Verfasser weist darauf hin, daß der größte Teil dieser Leute *in rechtem unuorstande hengekamen* (58) sei und *nicht geweten van erem handel* (58), nimmt also die ‚irregeleiteten' Bürger in Schutz. Ziel der Zusammenkunft sollte es sein, *dat de papen vnd monneke de auerhant scolden hebben, vnd dat, de de warheit beleueden scolden to nichte werden* (58). Um dies zu erreichen, schickten die versammelten Bürger eine Abordnung an den Rat, trafen sich am Sonntag abermals in großer Anzahl.

Bei ihren Plänen, führt der Bericht weiter aus, hatten die Bürger *etlike personen des rades to hulpe, vnt int sunderge den borgermester, her Hinrik Salsborch* (58). Dieser hatte sich – obwohl unter den Namen der Teilnehmenden nicht aufgezählt – in deren Versammlung mit verschiedenen aggressiven Kommentaren zu Worte gemeldet, was der Bericht in indirekter Rede mitteilt.[284] In wörtlicher Rede bringt er dann eine direkte Drohung des Bürgermeisters gegen die evangelischen Praedikanten.[285]

Um das Maß vollzumachen, wird Salsborch im weiteren als Initiator eines – allerdings nur angedeutet ausgeführten – Plans genannt, der dem Erreichen des genannten gemeinsamen Zieles dienen sollte.

Nachdem das Gewaltpotential der katholischen Parteigänger gegen die eigenen Mitbürger und die eigene Stadt in dieser längeren Passage breit, dabei aber differenziert ausgeführt wurde, tritt nun die evangelische Seite in Aktion: *Dut* [die Pläne bzw. deren Gerüchte] *krigen de borgere to weten, de men do de Euangelischen nomede* (58).

So kamen am Montag nach Jubilate, also am 4.5.1528, die Bürger zusammen *vp dat roden tolne vnd vp dat Emeske hus* (58) und verlangten vom Rat eine offizielle Stellungnahme und eine Darstellung von dessen Standpunkt zum und im Geschehen. *Darup sik ein erbar radt entsculdigede vnd nichtes van dessen stuken wetende was* (58). Er betont damit eine gänzlich neutrale Haltung, gibt sich aber gleichzeitig eine Blöße in seiner Stellung, wenn er als Regierungsinstanz vorgibt, nichts von den Unruhen in seinem Machtbereich zu wissen. Genau dieses Verhalten nutzen die Bürger nun sofort aus, um die lange gesammelten Predigtartikel der katholischen Geistlichen zu präsentieren, welche von den evangelischen Geistlichen als wider die heilige Schrift sprechend eingestuft wurden.

Nach dem vom Rat selbst ergangenen Mandat droht Geistlichen, in deren Predigtinhalten sich Widersprüche zur Bibel und deren Exegese beweisen lassen, der Stadtverweis. Eine Untersuchung daraufhin fordern die Bürger auf der Grundlage der vorgelegten Artikel vom Rat, der sich zunächst nicht wirklich kooperativ zeigt.

---

[283] Es sind 55 Namen, die aufgezählt werden.
[284] *Men moste de zizania vtraden. Item men moste etliker borger koppe an de muren lopen laten* (58).
[285] „*Gi heren, gi latet juw predigen nicht er, dat dar wor 4 edder 500 vp dem rugge liggen*" (58).

Die Verhandlungen zwischen Rat und Bürgern gestalten sich so langwierig, daß sie am Montag nicht mehr abgeschlossen werden können. Am folgenden Dienstag kommen nicht nur Rat und erbgesessene Bürgerschaft (diese je nach Rang *vp dat radthus vnd roden tolne vnd Emeske hus* (59) verteilt) zusammen, sondern es wurden auch alle *papen prediger, darto ok de anderen prediger* (58) geladen. Der Rat muß also die direkte Konfrontation zwischen den streitenden Geistlichen zulassen, seine Entscheidungsweite wird damit eingeschränkt, er wird Exekutive, nachdem er Legislative war und die Judikative ihm aus der Hand genommen ist.

In relativer Kürze wird nun die eigentliche Verhandlung zunächst als Disputation zwischen katholischen und evangelischen Geistlichen geschildert, die ihren Widerpart überwinden und die Unhaltbarkeit der zur Diskussion stehenden Artikel aufzeigen können. Als aber darauf die *vp dem roden tolne* (59) versammelten Bürger öffentlichen Widerruf und anschließenden Stadtverweis für die überwundenen katholischen Geistlichen fordern, zeigt sich wiederum die zweifelhafte Einstellung des Rats. Er zögert, das geforderte Urteil zu verkünden, und es kommt zu langen Verhandlungen zwischen Bürgern, Rat und *den papen* (59). Hierdurch werden nun die auf dem Einbeckschen Haus versammelten Bürger motiviert, die Initiative zu ergreifen. Sie machen deutlich, am Ende ihrer Geduld angelangt zu sein; sollte es nicht baldigst zu einer Einigung kommen, würden sie auf das Rathaus ziehen und eine herbeiführen. Der Rat schickt daraufhin eine Verhandlungskommission aus eigenen und Bürgervertretern auf das Einbecksche Haus, die als Vermittler Steffen Kempe mit sich nimmt.

Noch einmal wird lange und heftig verhandelt, bis gegen fünf namentlich aufgezählte Geistliche das Urteil des Stadtverweises ausgesprochen wird. Zwei weiteren wird nach einem zu leistenden Widerruf das Predigen weiterhin gestattet, während drei ebenfalls namentlich genannte Geistliche zum Widerruf verurteilt werden und ihnen in der Folge ein Predigtverbot auferlegt wird.

Der Reformationsbericht der Gyseke-Chronik endet mit der Feststellung, daß derjenige, der sich nicht an die ergangenen Urteile halten sollte, ebenfalls mit einem Verweis aus der Stadt belegt werden solle.

7 – 6 – 3 – 4 Konzept und Perspektive des Berichts

Ein einheitliches und vor allem eigenständiges Konzept des Reformationsberichts der Gyseke-Chronik zu beschreiben, erscheint angesichts des hohen Abhängigkeitsgrades dieses Berichts von seiner Quelle als recht schwierig.

Trotzdem soll es versucht werden, da sein Verfasser offenbar die Möglichkeit sah, mit dem nur geringfügig bearbeiteten *Warhaftigen bericht* seine eigenen Absichten darstellen und transportieren zu können.

Betrachtet man Anfang und Ende des Berichts, scheint sein Aufbau und seine Ausrichtung klar auf die große Ratsverhandlung des Jahres 1528 hinzuweisen, die dann Höhepunkt und Abschluß des Berichts wäre. Bezüglich der beschriebenen Ereignisabfolge trifft dies auch durchaus zu. Sie kumuliert tatsächlich in der genannten Verhandlung.

Anders sieht es mit der Darstellung und Charakterisierung der beteiligten Einzelpersonen und Gruppen aus. In diesem Zusammenhang zeigen sich die Interferenzen, die sich durch Überlagerung des dem *Warhaftigen bericht* zugrundeliegenden Konzepts mit den Absichten des Verfassers des Reformationsberichts der Gyseke-Chronik ergeben, besonders deutlich.

Den am intensivsten an der Verhandlung 1528 und ihrer unmittelbaren Vorgeschichte beteiligten Personengruppen – Bürgern und Rat – kommt im Verlauf des Berichts durchaus nicht die Schlüsselstellung zu, die sie an dessen Ende einnehmen. Überhaupt findet mit der Schilderung der Ereignisse, die der österlichen Kanzelpolemik 1528 folgen, ein Wechsel in der Perspektive statt. Bis zu diesem Punkt wird die Ereignisabfolge des Berichts bestimmt von der Konfrontation evangelischer Prediger mit den katholischen Geistlichen, die diesen das Leben schwer machen und ihre Tätigkeit zu untergraben bemüht sind. Dabei spielen die Bürger und der Rat nur eine neben- oder untergeordnete Rolle – der Rat tritt lediglich im Zusammenhang mit der kurzen Erwähnung des Erlasses des Predigtmandats Weihnachten 1526 sowie der damit in enge Beziehung gestellten äußerst knapp geschilderten Episode um die Predigt des Domgeistlichen Bustorp vage in Erscheinung (gerade seine Rolle vor und während der Verhandlung gegen Bustorp erscheint nur äußerst schemenhaft); die Bürger, bzw. einzelne Angehörige dieser Gruppe, haben dort, wo sie im Geschehen auftreten, nur zum Teil wichtige Funktionen,[286] mehrfach kommt ihnen nur eine eher statistenhafte Rolle bzw. die von ‚Volkes Stimme' zu.

Eine gänzlich abweichende Konstellation ist mit der Schilderung der Ostern 1528 folgenden Ereignisse zu beobachten. Eine Gruppe ‚irregeleiteter Bürger' schließt sich zu den Johannisleuten zusammen und plant unter maßgeblicher Beteiligung eines der Bürgermeister die Machtübernahme in der Stadt, während sich die evangelischen Bürger, sobald sie von dieser Absicht erfahren, formieren und vor den Rat ziehen. Die folgende Verhandlung ist – wenn auch nicht sonderlich detailliert geschildert – geprägt vom Wechselspiel zwischen Rat und Bürgern, in dem nun die Geistlichen nur eine untergeordnete Rolle spielen.

Das eigentliche Konzept des Berichts – die Auseinandersetzung von Bürgern und Rat infolge der unterschiedlichen Glaubenslehren in der Stadt darzustellen – kommt also erst im letzten Abschnitt des Textes voll zum Tragen, während es in den vorangegangenen Teilen weitgehend von der Konzeptanlage des den geschilderten Nachrichten zugrundeliegenden *Warhaftigen berichts* überlagert wird.

Doch es lassen sich auch durchlaufende Tendenzen, die den Gesamtaufbau des Reformationsberichts der Gyseke-Chronik prägen, aufzeigen.

Hierher gehört das völlige Fehlen einer inhaltlichen Auseinandersetzung mit den beiden konkurrierenden Glaubenssystemen. Der Bericht setzt die Wahrheit der evangelischen Lehre voraus, die damit sich selber und jeden ihrer Anhänger als positiv zu bewerten kennzeichnet, während die katholische Auffassung des christlichen Glaubens durchweg als falsch und verwerflich gilt, was ihre Anhänger damit klar negativ definiert.

Ohne also den theologischen Aspekten der beginnenden Glaubensspaltung Platz einzuräumen, stehen sich im Bericht die *predicanten* als ‚die Guten' und die *papen* als ‚die Bösen' gegenüber. Hierbei wird das Ausmaß der Bösartigkeit der katholischen Geistlichen stets hervorgehoben – sie sind bestechlich, verbreiten häretische Lehren und betätigen sich

---

[286] Sie waren Anlaufstelle für den weißen Mönch, sie besaßen Zeugnisfunktion für die überzeugende Kraft des Evangeliums aus sich selbst heraus und ohne das Eingreifen der Bürger wäre Kempe nicht in der Stadt geblieben.

als Aufwiegler von Bürgerunruhen - wie auch ihre völlige Unbelehrbarkeit über die ‚wahre' Auslegung des Evangeliums.

Eine Schnittmenge zwischen dem konzeptuell vom Quellentext überlagerten Teil des Berichts mit den in größerer Eigenständigkeit von dieser Quelle gestalteten Abschnitten ist in dem Stichwort ‚Gefährdung des Stadtfriedens durch aggressives Agieren der katholischen Geistlichen' zu fassen. Dieser gemeinsame Nenner beider Texte scheint der Grund für die Adaptation des *Warhaftigen berichts* durch den Autor des Reformationsberichts der Gyseke-Chronik gewesen zu sein. Dieser war gleichzeitig bemüht, der grundlegend geeigneten Quelle eine eigene Richtung zu geben, woraus sich die genannten Interferenzen seines Konzepts ergeben.

Die enge Verwandtschaft der beiden Texte und die gleichzeitig festgestellten Abweichungen in Gestalt und Aussage lassen einen Vergleich der beiden Berichte zur Kirchenreformation in Hamburg notwendig erscheinen. Erst auf diese Weise können in direkter Konfrontation der Texte die individuellen Merkmale des Gyseke-Berichts voll erfaßt werden, auf deren Grundlage dann klare Aussagen zur Funktion und auch Datierung dieses quellenabhängigen, aber doch einen ganz eigenen Charakter besitzenden Reformationsberichts möglich werden.

7 – 6 – 3 – 5 Vergleich des Berichts mit seiner Quelle, Bericht D

„Die Schilderung der Reformation [im Reformationsbericht der Gyseke-Chronik] folgt offensichtlich Kempes Bericht, vertritt den evangelischen Standpunkt allerdings vehementer und bietet anstelle der theologischen Auseinandersetzung mehr chronistisches Material, das sich für die jüngere Zeit als durchweg zuverlässig erweist."[287] Mit diesem Satz faßt Postel das Verhältnis des Reformationsberichts der Gyseke-Chronik zum *Warhaftigen bericht* des Steffen Kempe kurz zusammen; vorsichtigerweise ohne sich auf die Frage einer möglichen Doppelautorschaft Kempes einzulassen.

Lappenberg behandelt diese Frage hingegen nicht nur in der Einleitung seiner Edition der „Hamburger Chroniken in niedersächsischer Sprache", sondern widmet sich ihr ein zweites

Mal in seinen Anmerkungen zu Kempes Bericht (571ff.). Dort betont er noch einmal, die wörtlichen Übereinstimmungen beider Texte seien ausschließlich durch die Identität ihres Autors begründbar und erklärt: „So wie Stephan Kempe sich in dem vorliegenden Berichte als den Verfasser kund giebt, so bezeichnet der Verfasser jener wörtlich übereinstimmenden Nachrichten sich und keinen anderen als deren ursprünglichen Erzähler" (571).

Diese Aussage darf als äußerst problematisch aufgefaßt werden, denn ein Verfasser des Reformationsberichts der Gyseke-Chronik wird überhaupt nur an zwei Stellen des gesamten Textes greifbar und keine von ihnen stammt in wörtlicher Übernahme aus dem Bericht des Steffen Kempe.[288]

Weiter nimmt Lappenberg eine zeitliche Abfolge an, die die Entstehung des Reformationsberichts der Gyseke-Chronik vor die Entstehung des *Warhaftigen berichts* legt, und vermutet ein späteres Umschreiben dieses Textes zum *Warhaftigen bericht*.

Die gesamte Darstellung des Gyseke-Berichtes sei populärer und enthalte auch Nachrichten, die zunächst für eine Hauschronik oder die Mitbürger aufgezeichnet wurden, während Kempe später dann den *Warhaftigen bericht* „für ein größeres Publicum, außerhalb der Ringmauern seiner Stadt, zur Rechtfertigung gegen die von den katholischen Geistlichen ausgehenden Entstellungen" (571) verfaßte.

Beide Aussagen Lappenbergs wie auch die Bemerkung Postels zu den beiden in so augenscheinlich enger Beziehung zueinander stehenden Reformationsberichten können nur an einem direkten und detaillierten Vergleich der Texte geprüft werden, der im folgenden vorgenommen werden soll und ebenfalls dazu dienen muß, die in der vorangegangenen separaten Beschreibung des Gyseke-Berichts gemachten Annahmen zu überprüfen und zu stützen.

Bei einem Vergleich der Texte ist zunächst zu klären, in welchen Nachrichten sie überhaupt übereinstimmen, ehe diese einer genaueren Gegenüberstellung unterzogen werden können. Die folgende Tabelle soll daher einen Überblick über den grundsätzlichen Inhalt

---

[287] Postel, S. 28.
[288] Einleitungssatz: „Ich" will erzählen, was war; Bestechungsaffäre Moller: „Ich" fürchte, daß … . Weiterhin ist an beiden Stellen lediglich von einem „Ich" die Rede, einen es ergänzenden Namen findet man nur in der Chronik selber, in der sich Gyseke als deren Autor nennt.

der beiden Reformationsberichte vermitteln. Sie ist so aufgebaut, daß beiden Berichten gemeinsame Nachrichten bzw. Informationen in der Mitte zwischen den beiden Berichtsbezeichnungen ‚Kempe' und ‚Gyseke' stehen, während Material ohne Gegenstück im anderen Text unter dem Namen des jeweiligen Verfassers aufgeführt ist.

Kempe		Gyseke
	1521: protoevangelische Predigten des Pfarrers an St. Katharinen	
		Darna: evangelische Lehrtätigkeit des weißen Mönchs
	1523: Steffen Kempe kommt nach Hamburg, predigt evangelisch und bleibt auf Bitten der Bürger in der Stadt.	
	1525: Der Nachfolger des Pfarrers an St. Katharinen konvertiert nach einer Phase evangelischer Lehre.	
1525: Tod des Domtheologen Engelin		
	1526: Barthold Moller kommt nach Hamburg. Gespräch mit Steffen Kempe Kanzelpolemik Moller/Kempe zu Ostern	

	Ursachenforschung	
		Verdacht der Bestechung Mollers
	1526: Zegenhagen kommt nach Hamburg, evangelische Predigttätigkeit.	
	Weihnachtsepisode	
	Erlaß des Predigtmandates	
Referierende Inhaltsangabe des Mandats (von Lappenberg ersetzt durch Archivhandschrift des Rats)		Referierende Inhaltsangabe eines Mandatsartikels
Versatzstück/Überleitung		
	1526: Fritze kommt nach Hamburg, evangelische Predigttätigkeit.	
	1526: Bustorps Weihnachtspredigt	
	Auflistung der anfechtbaren Inhalte	
	Verzicht der evangelischen Geistlichen auf direktes Kontern mit Hinweis auf das Predigtmandat	

	Gesprächsangebot der evangelischen Geistlichen an Bustorp
	Reaktion: Bustorps Verteidigungsbrief
Wortlaut des Briefes in deutscher Übersetzung	
Liste der Artikel, die die evangelischen Geistlichen gegen Bustorp aufgestellt haben	
Weitere Gesprächsangebote der evangelischen Geistlichen an Bustorp; endgültige Weigerung desselben, diese anzunehmen	
Evangelische Geistliche wenden sich an den Rat.	
Bis in die Fastenzeit 1527 bleibt die Angelegenheit in der Schwebe.	
1527: infolge ausstehender Reaktion des Rats: öffentliche Widerlegung von Bustorps Artikeln am zweiten Sonntag der Fastenzeit	
Weiterhin ausstehende Reaktion des Rats	

Katholische Prediger hetzen und agitieren gegen die evangelischen Geistlichen.	
Ein die Andacht haltender evangelischer Kaplan wird von einem zur Messe läutenden katholischen Geistlichen unterbrochen und reagiert mit scharfer Verbalattacke.	
Reaktion des Rats: Ladung Bustorps auf das Rathaus, dazu alle bekannten Gelehrten einschließlich des ausfälligen Kaplans	Beinahe drei Wochen vor Pfingsten 1527: Der Rat lädt alle vor.
Liste der katholischen Geistlichen	
Liste der evangelischen Geistlichen	
Erwähnung der Anwesenheit von Bürgervertretern (Kirchspielsgeschworene)	
Quasi-Protokoll der Verhandlung	Bustorp versucht Rechtfertigung seiner Artikel vor den anwesenden Geistlichen, die nicht gelingt.

In ihrem Verlauf wird Bustorp auf Betreiben der evangelischen Geistlichen von Moller der Häresie überführt.		
	Bustorp wird zum Widerruf aufgefordert.	
	Bustorp verpflichtet sich zum Widerruf.	
		Er leistet ihn aber nicht sofort, sondern erst sieben Jahre später.
Verhandlung gegen den ausfälligen evangelischen Kaplan endet mit dessen Stadtverweis.		
Nach Abschluß der Gesamtverhandlung begeben sich alle friedlich nach Hause.		
	1527: Delegation von Kirchspielvertretern trägt Kempe Pfarrerposten von St.Katharinen an, Kempe akzeptiert.	
	Trotz Bustorps Niederlage hält die katholische Kanzelpolemik an.	

Um dem Rat keinen Ärger zu bereiten, sammeln die evangelischen Geistlichen anfechtbare Artikel der Gegenseite für einen passenden Zeitpunkt.

1528: Der Dominikaner Rensborch löst den nächsten Schub österlicher Kanzelpolemik aus, sein Gegenspieler ist Kempe.

Kempe bietet ein Gespräch an, sendet Bürgervertreter mit Artikelliste zu Rensborch.

Rensborch bestätigt die Artikel, verweigert die Annahme der Liste, lehnt jedes Gespräch kategorisch ab.

Kempe widerlegt Rensborch öffentlich.

Rensborch erhält Predigtverbot und führt darüber allgemeine Klage.

	1528: Versammlung der Johannisleute am Donnerstag vor Misericordia Domini (23.4.)	
Kein Eingehen auf die Gerüchte, die damals die Stadt unsicher machten		Namentliche Auflistung der Versammelten
		Pläne und Aktionen der Johannisleute
		Tragende Rolle des Bürgermeisters Salsborch in der Verschwörung
27.4.1528	Evangelische Bürger ziehen vor den Rat, fordern nachdrücklich Aufklärung der Situation.	4.5.1528
Fordern Einheit der Lehre in der Stadt zum Erhalt des Friedens		Legen dem Rat die gegen die katholischen Geistlichen gesammelten Artikel vor
Rat und Bürger einigen sich, am nächsten Tag alle Prediger auf das Rathaus zu versammeln und zu befragen. Wer gegen Gottes Wort predigt, soll ausgewiesen werden.		Verhandlungen können nicht abgeschlossen werden, am nächsten Tag sollen sie fortgesetzt werden.
28.4., 7 Uhr – 18 Uhr		5.5., 7 Uhr

Bürger versammeln sich friedlich je nach Stand an drei Orten.	Bürger, Rat und Geistliche versammeln sich.
Liste der anwesenden katholischen und evangelischen Geistlichen	
Listen der den katholischen Geistlichen vorgeworfenen, namentlich zugeordneten Artikel	
Quasi-Protokoll der Verhandlung	Verhandlung als deren Ergebnis die katholischen Geistlichen überwunden werden
Vorläufiges Ratsurteil wird von Teilen der Bürgerschaft abgelehnt.	
Verhandlungsdelegation aus Rats- und Bürgervertretern mit Kempe als Schlichter	
Endgültige Urteilsverkündung: Stadtverweis gegen fünf katholische Geistliche, Predigtverbot oder ~einschränkung für die anderen	

Die fünf Verwiesenen werden zu ihrer Sicherheit von Bürgern nach Hause geleitet.

Weitere katholische Geistliche verlassen freiwillig die Stadt.

Über Verhandlungen gegen die Johannisleute äußert Kempe sich nicht weiter.

1528: Boldewan wird Pfarrer von St. Petri.

1529: wegen Alters und Krankheit Aufgabe dieser Stelle

1529: Ruf Bugenhagens nach Hamburg, er ordnet evangelische Verhältnisse.

1529: Auflösung der Klöster St.Johannis und St.Maria-Magdalenen Einrichtung einer Schule in St. Johannis

Aepin wird erst Pfarrer an St. Petri, dann Superintendent der Hamburger Kirchen.

Schon der vorliegende Überblick der beiden Reformationsberichte zeigt deren unterschiedliche inhaltliche Gewichtung und Schwerpunktsetzung.

Der Bericht des Steffen Kempe legt großen Wert auf die Darstellung der theologischen Auseinandersetzung zwischen evangelischen und katholischen Geistlichen, wie man z.B. an der Schilderung der beiden großen Ratsverhandlungen als Quasi-Protokollen, der Aufnahme des Rechtfertigungsbriefs Bustorps und den an geeigneter Stelle immer wieder eingeflochtenen Auflistungen der den katholischen Geistlichen vorgeworfenen Predigtinhalte sehen kann.

Seine Machart kann man als konzentrisch aufgebaut charakterisieren. In ihrem Mittelpunkt stehen die ausführlichen Schilderungen der beiden großen Ratsverhandlungen der Jahre 1527 und 1528. Um sie herum gruppieren sich in abnehmender Frequenz und Detailliertheit Nachrichten, die das Verständnis der Hauptpunkte unterstützen und ihre Eingliederung in die größeren Zusammenhänge der in der Stadt ablaufenden Kirchenreformation ermöglichen.

Weiter ist der Bericht beherrscht von apologetischen Tendenzen gegenüber einem unausgesprochenen Vorwurf der Gewalttätigkeit von katholischer Seite.[289] Sie äußern sich in der Betonung der Friedfertigkeit und Friedensbereitschaft der evangelisch gesinnten Bürger, aber auch in den Hinweisen auf von katholischer Seite aus geplante Verschwörungen, die eine ernsthafte Gefährdung des Stadtfriedens bedeutet hätten, ohne auf diese konspirativen Pläne dann weiter einzugehen.

Der Reformationsbericht der Gyseke-Chronik ist vorwiegend an einer Tatsachenschilderung über die Einführung der Reformation in Hamburg interessiert;[290] sein Grundtenor dabei ist, deutlich zu machen, daß die im Besitz der Wahrheit befindliche evangelische Seite durchgängig von der katholischen Seite behindert wurde bzw. Versuche unternommen wurden, evangelische Tendenzen gänzlich zu unterdrücken.

Er ist klar zielorientiert, teleologisch aufgebaut, findet seinen Höhepunkt und Abschluß in der Schilderung der Ratsverhandlung von 1528, auf die die in ihm enthaltenen Nachrichten zumindest mittelbar sämtlich ausgerichtete sind.

---

[289] Der Titel allerdings ist etwas deutlicher, was den Gewaltvorwurf angeht.
[290] Das bedeutet nicht, daß er auch wirklich nur Tatsachen berichtet!

Der Bericht wird geprägt vom Gegensatz evangelisch – katholisch, dem ganz klar die Wertungen gut bzw. böse zugeordnet werden. Implizit vorausgesetzt wird die Gutartigkeit der evangelischen Seite, während für die sie be- und unterdrückende katholische Seite deren Intrigen- bzw. schließlich sogar Gewaltpotential herausgestrichen wird.

Aber nicht nur in der groben Übersicht über Aufbau und Inhaltsgewichtung der Berichte unterscheiden sich die Texte. Noch sehr viel interessanter ist es, ihre Differenzen im Detail zu betrachten. Hierbei sollen einige ausgewählte Stellen genauer betrachtet werden:

A: die Ankunft und Etablierung Steffen Kempes in Hamburg,

B: das Gespräch Steffen Kempes mit Barthold Moller und die direkten Folgen,

C: die Verhandlung gegen den Domgeistlichen Nikolaus Bustorp mit Vorgeschichte und

D: die entscheidende Ratsverhandlung nach Ostern 1528 mit ihrer Vorgeschichte.

A: Beide Texte stimmen darin überein, daß der Franziskanermönch Steffen Kempe 1523 aus Rostock nach Hamburg kam, dort im Maria-Magdalenen-Kloster wohnte und predigte und plante, kurz nach Fronleichnam wieder nach Rostock zu reisen.

Die Art und Weise, wie diese Basisinformationen vermittelt und vor allem durch Weiteres ergänzt werden, ist in den Berichten allerdings auffallend unterschiedlich.

Der *Warhaftige bericht* des Steffen Kempe baut die Gesamtnachricht aus der Retrospektive des Fronleichnamstages 1523 auf. Ohne genauere Zeitangabe wird darauf hingewiesen, daß Kempe *nielik van Rostock warues haluen gekamen vnd balde sik darhenne wedder to begeuende gesinnet was* (480). Dieses wollen nun *de vorstendere des klosters ... sambt velen anderen borgeren, dem sulvigen kloster vorwant* (480) verhindern. Kempe soll bleiben und *Gades wort vnd euangelium vordan predigen* (480), wie er es bereits begonnen hatte. *Wo denne entlik nagegeuen vnd geschen* (480). Die Leute *entschlogen sik aller anderer prediger lere* (480), die ihnen *fabulen, lögenden vnd andere aflates predigen* (480) gehalten hatten und kommen aus allen Kirchspielen nach Maria-Magdalenen, um *Gades reine wort vnd warheit mit groter lust vnd freude to hörende* (480). Dies verärgert *de ganze papeschop ... vnde besundrigen ere predicanten* (480). Sie polemisieren gegen Kempe von der Kanzel, hetzten das Volk gegen ihn auf und verklagen ihn beim Rat und seinen Oberen. Doch mit Gottes Hilfe hält Kempe bis ins vierte Jahr aus, in dem er *medehulpers krech, alse benedden schal gesecht werden* (481).

Der Reformationsbericht der Gyseke-Chronik baut seine Nachricht chronologisch auf und teilt mit, daß Kempe *vmmetrent Pasken* (52) von Rostock nach Hamburg gekommen sei und in der Maria-Magdalenen-Kirche gepredigt habe. Diese Tätigkeit führte er zwischen Ostern und Fronleichnam aus, *den frigdach na Corporis Christi dage* (52) wollte er wieder nach Rostock reisen. Dies bringen *de borger* (52) in Erfahrung, versammeln sich, *im talle bina 60 borgeren* (52), am Fronleichnamstag im Maria-Magdalenen-Kloster. Dort geraten sie über die Frage von Kempes Bleiben in eine scharfe Diskussion mit dem Guardian des Klosters, deren wichtigste Argumente von bürgerlicher Seite in wörtlicher Rede wiedergegeben werden. Endlich stimmt der Guardian zu, Kempe bleibt und predigt *de lere des hilligen euangelij* (52). Deswegen muß er viele Male *vnwillen van dem auersten der papen ... liden ... ok van dem patre ministro* (52). Weiter polemisieren auch *der papen predikere* (52) von den Kanzeln gegen ihn, hetzen das Volk gegen ihn auf und verklagen ihn beim Rat und seinen Oberen. Doch mit Gottes Hilfe hält Kempe bis ins vierte Jahr aus, in dem er *medehelpers kreg, alse benedden scal gesecht werden* (52). Die *papen* hüteten nämlich sämtliche *anderen prediktstolen flitich vor der predinge der warheit, so lange se konden* (53).

Verschiedene auffällige Unterschiede lassen sich in der Durchführung einer praktisch identischen Auswahl von Basisinformationen in den beiden Berichten feststellen

So ist es im *Warhaftigen bericht* Kempe selbst, zu dem die Bürger kommen und dessen Bleiben sie fordern. Diese Bürger sind dabei die Vorsteher des Klosters und weitere, dem Franziskanerkloster verbundene Bürger, deren Zahl nicht genannt wird.

Im Reformationsbericht der Gyseke-Chronik dagegen wird eine große, zahlenmäßig auf 60 Personen geschätzte Gruppe von nicht näher spezifizierten Bürgern beim Guardian des Maria-Magdalenen-Klosters vorstellig und fordert von diesem, das Bleiben Kempes zu gewährleisten.

Ihre initiatorische und aktive Rolle zeigt sich weiter in Teilen der folgenden Auseinandersetzung, die in wörtlicher Rede mitgeteilt werden und die Entschlossenheit der Bürger dokumentieren, ihren Willen durchzusetzen, während im auf die Person Kempes konzentrierten *Warhaftigen bericht* lediglich darauf hingewiesen wird, daß er nach vielem Reden bleiben konnte.

Bezüglich dessen, was Kempe predigt und weswegen ihn die Bürger in Hamburg behalten wollen, finden sich ebenfalls spezifische Unterschiede. Im *Warhaftigen bericht* nämlich rechtfertigt der Verfasser die reformatorischen Lehren Kempes mit dem Hinweis auf die bedenklichen Inhalte katholischer Lehren, von denen vor allem der Ablaß genannt wird. Die Leute kommen nach Maria-Magdalenen, um dort Gottes reines Wort und die Wahrheit hören zu können. Im Reformationsbericht der Gyseke-Chronik wird nur angemerkt, daß Kempe die Lehre des heiligen Evangeliums predigte, was ihm einerseits die Ablehnung der katholischen Geistlichen eintrug, andererseits den regen Zulauf der Bevölkerung.

Die dem evangelisch predigenden Kempe feindlich gesinnten katholischen Geistlichen werden im Kontext mit Kempes Bleiben im *Warhaftigen bericht* in einer zusammenhängenden Passage angesprochen, während sie im Reformationsbericht der Gyseke-Chronik gleich dreifach als Kempes Gegner genannt werden.

Schließlich sind die Bezeichnungen für die Laien zu erwähnen, für die im *Warhaftigen bericht* im betreffenden Zusammenhang nur einmal Bürger benutzt wird, während sie sonst das Volk, die Leute oder der gemeine Mann sind, während im Reformationsbericht der Gyseke-Chronik praktisch ausschließlich die Benennung Bürger gewählt wird.

Der Vergleich der beiden Berichte zeigt also eine ganz unterschiedliche Gewichtung der beteiligten Gruppen und Personen und damit auch eine jeweils eigene Ausrichtung.

Im *Warhaftigen bericht* steht ganz deutlich die gegenüber den falschen Ablaßpredigten der katholischen Geistlichen als wahr gekennzeichnete Predigt Kempes und ihr Urheber im Mittelpunkt des Geschehens, die Laien treten vor allem in ihrer Rolle als Auditorium der wahren christlichen Lehre auf, die katholischen Geistlichen sind erfolglos bemüht, Kempes Lehrtätigkeit zu unterbinden

Eine Schlüsselstellung im Reformationsbericht der Gyseke-Chronik nehmen die Bürger ein, die in Erkenntnis der wahren christlichen Lehre das Bleiben ihres Verkünders durchsetzen. Obwohl Kempe von den katholischen Geistlichen von Ordens- wie von Klerikerseite hart angegriffen wird und die Ansiedlung weiterer evangelischer Prediger in der Stadt fleißig verhindert wird, erhält er den regen Zulauf der Stadtbevölkerung.

B: Ein besonders helles Licht auf die Zeichnung des Verhältnisses zwischen katholischen und evangelischen Geistlichen wirft die Darstellung des Gesprächs von Steffen Kempe mit Barthold Moller in der Fastenzeit 1526.

Die Schilderung des *Warhaftigen berichts* erfolgt in der ersten Person, Kempe berichtet in der Ich-Form, daß der neu im Amt befindliche Domtheologe Barthold Moller ihn zu einem Gespräch einlud. In Gegenwart von Zeugen tauschten sie sich über Messe, Priestertum und Fegefeuer aus, über die Predigten, die Moller während der Fastenzeit halten wollte, sowie über eine Disputation, die dieser zu veranstalten vorhatte. Als es Kempes Zeit zu gehen war, äußert er – in wörtlicher Rede – die Absicht, in der Weise weiterzupredigen, wie er es bereits begonnen hatte. Er fordert Moller dazu auf, bei Unstimmigkeiten einen Boten an ihn abzusenden, der ihm, Kempe, den strittigen Artikel überbringen solle. In diesem Falle wolle Kempe Moller aufsuchen und mit ihm *confereren fruntlik, efte de artikel bestan möge, efte nicht* (483). Moller gibt ihm darauf die Hand und stimmt – in wörtlicher Rede zitiert – zu.

Am Freitag vor Beginn der Karwoche predigte Kempe dann für das Abendmahl unter beiderlei Gestalt. Palmsonntag beantwortete Moller diese Predigt damit, denjenigen *ketter vnd boue* (483) zu nennen, der hierfür einträte.

Kempe kommentiert – immer noch in der Ich-Form – er zweifele nicht, Moller sei dazu angestachelt worden, da er ihm anderes zugesagt hätte. Er fährt fort, daß aus Mollers Predigt sämtliche anderen Domprediger neuen Mut geschöpft hätten, gegen reformatorische Lehren zu agitieren, wodurch durch den Mann, von dem alle gehofft hatten, daß er die Lehrstreitigkeiten einen würde, wozu er auch Verstand gehabt hätte, alles noch schlimmer wurde, als es bereits war.

Der Reformationsbericht der Gyseke-Chronik – in der dritten Person verfaßt – teilt zunächst praktisch die gleichen Fakten mit wie der *Warhaftige bericht*. Eine Ergänzung findet Mollers Geste, Kempe zustimmend die Hand zu reichen; seine verbale – ebenfalls in wörtlicher Rede mitgeteilte – Zustimmung gab er nämlich *lude vnd ernstlik* (53).

Die nun folgenden zwei Predigten schildert der Reformationsbericht der Gyseke-Chronik praktisch identisch mit dem *Warhaftigen bericht*, nur eben stets in der dritten Person berichtend.

Dann allerdings bricht die Übereinstimmung. In der ersten Person sprechend kommentiert der Verfasser des Gyseke-Berichts Mollers harte Predigt gegen Kempe: *"Ik twiuele auerst nicht, he* [Moller] *si darto gereiset, den he hadde her Steffen anders gelauet"* (54). Er fährt – nun wieder in der dritten Person – mit einer erweiterten Retrospektive des Gesprächs Moller/Kempe fort, indem er feststellt, Moller habe Kempe auch in den übrigen besprochenen Punkten, nämlich Messe, Priestertum und Fegefeuer stets zugestimmt, wenn Kempe seine Meinung dargelegt hatte. Aus Mollers in wörtlicher Rede zitierten Beipflichtung: *„Dat holde ik vorwar ok so mi juw."* (54) lasse sich folgern, daß er viel Gutes hätte tun können - *„Auerst et steit to fruchten, dat en de papen vmme gekoft hebben"* (54).

Nachdem er diese schwerwiegende Verdächtigung geäußert hat, fährt der Reformationsbericht der Gyseke-Chronik ganz ähnlich fort, wie es bereits aus dem *Warhaftigen bericht* bekannt ist – Mollers Verhalten ermuntert die Domprediger, gegen Kempe zu agitieren. Durch den Mann, von dem sich alle durch Vermittlung der strittigen Lehren Besserung erhofft hatten, wird alles nur schlimmer als zuvor.

Die Unterschiede in der Darstellung der beiden Texte liegen hier vor allem in den Details, die der Reformationsbericht der Gyseke-Chronik dem Ablauf des *Warhaftigen berichts* hinzufügt, sowie in der Verteilung der berichtenden bzw. kommentierenden Personen.

Denn gerade dieser Abschnitt ist eine der Passagen, in der der *Warhaftige bericht* noch die – im Urtext wohl durchgängige – Verwendung der ersten Person zeigt, aus der heraus Kempe als Ich-Erzähler den Ablauf aus seiner Perspektive (wenn auch durchgängig mit dem Anspruch an die Objektivität seiner Darstellung) schildert, während der durchgehend in der dritten Person gehaltene Reformationsbericht der Gyseke-Chronik über Moller und

Kempe handelt. Nur ein einziges Mal begibt sich sein Verfasser von der berichtenden in die in Ich-Form gestaltete kommentierende Rolle, als er den Verdacht der Bestechung Mollers äußert.

Die Einbettung dieses Ich-Kommentars in eine sonst ganz deutlich über die zwei Handelnden – Moller und Kempe – berichtende Passage ist m.E. eines der ganz deutlichen Indizien für die Annahme, in Steffen Kempe nicht den Autor des Reformationsberichts der Gyseke-Chronik zu sehen, sondern dessen Verfasser als jemanden zu definieren, der zwar den *Warhaftigen bericht* seiner Schilderung zugrunde legte, diesen aber entweder bereits in einer Fassung in der dritten Person übernahm oder in diese umschrieb und durch eigene Zusätze ergänzte. Auf die erste Möglichkeit deutet dabei die dem kritischen Apparat zu Kempes Bericht zu entnehmende hohe Übereinstimmung des Gyseke-Berichts mit der von Lappenberg als Nr. 6 bezeichneten Abschrift des Kempe-Berichts hin, die bereits durchgängig die dritte Person zeigt.

Die Zusätze innerhalb des betrachteten Abschnitts dienen nun sämtlich dazu, das Bild der katholischen Geistlichen schwärzer zu zeichnen, als dies innerhalb des *Warhaftigen berichts* geschieht. Gleichzeitig ergeben sie ein merkwürdig zwiespältiges Bild von Barthold Moller. Dessen Zustimmung zu Kempes Ausführungen und Meinungen wird durch die angesprochene Retrospektive doppelt betont, das Gewicht der Verabredung mit Kempe erhöht durch sein lautes und ernsthaftes Zustimmen in dessen Vorschlag, bei Meinungsverschiedenheiten auf wohlwollender Basis miteinander zu reden.

Anschließend jedoch wird nicht nur bemerkt, daß Moller zu einem Bruch dieser Abmachung und zum öffentlichen Angriff auf Kempe innerhalb seiner Predigt gebracht werden konnte, der Verfasser des Reformationsberichtes der Gyseke-Chronik schließt in der an die Predigtnachricht anschließenden Retrospektive auf das Gespräch Moller/Kempe, Moller hätte wohl viel Gutes tun können und äußert dann den Verdacht, *de papen* (54) hätten Moller gekauft, womit er den katholischen Geistlichen einerseits tatsächlich verbrecherische Tätigkeiten zutraut und unterstellt, Moller aber wie ein Objekt – fast wie ein Opfer – der Aktion behandelt.[291] Es wird ausschließlich der Tatbestand der Bestechung festgestellt, daß dazu auch die Bestechlichkeit des Domtheologen gehört, wird gänzlich ausgeklammert. Innerhalb der gesamten Passage wird das Verhalten Mollers äußerst zurückhaltend dargestellt, wie es offenbar aus dem *Warhaftigen bericht* übernommen wurde, aber auch die eigenen Absichten stützen konnte, denn Moller wird als „theologus" von den *papen und domprediger[n]* (54) abgehoben, die per definitionem als katholische Geistliche ausschließlich gegen die evangelische Lehre hetzen konnten, wohingegen Moller rein verstandesgemäß in der Lage gewesen wäre, wiederum Einheit in der Lehre zu schaffen.

In diesen Zusammenhang paßt auch, daß Kempe Moller mit den übrigen Dompredigern vergesellschaftet – er predigt gegen Kempe, *alle anderen dompredigers* (483) tun es ihm nach, der Verfasser des Reformationsberichts der Gyseke-Chronik dieses ‚andere' aber nicht übernimmt.

C: Zeigt die Betrachtung des Gespräches zwischen Kempe und Moller schon eine unterschiedliche Rollenzeichnung der katholischen Geistlichen sowie Differenzen im grundlegenden Konzept der Berichte, werden die Abweichungen der Konzepte, die jeweiligen Schwerpunktsetzungen der beiden Berichte noch sehr viel deutlicher in der Episode um die Verhandlung gegen den Domprediger Nikolaus Bustorp 1527. Sie ist gleichzeitig deutliches Indiz für die Präexistenz des *Warhaftigen berichts* vor dem Reformationsbericht der Gyseke-Chronik.

Ein Vergleich der beiden Berichte ist hier nicht ganz einfach – rund 15 Seiten Verhandlung mit Vorgeschichte (5 Seiten Vorgeschichte, 10 Seiten Verhandlung) plus neun Seiten deutsche Übersetzung des Verteidigungsschreibens Bustorps im *Warhaftigen bericht* steht eine knappe dreiviertel Seite, die die gesamte Episode Bustorp zusammenfaßt, im Reformationsbericht der Gyseke-Chronik gegenüber.

---

[291] In diesem Zusammenhang bemerkenswert ist die Tatsache, daß dem Gyseke-Bericht bei der Beschreibung der Konversion Vischbekes der Zusatz fehlt, dieser hätte zusätzlich zu den Einnahmen aus den Messen auch um einer Pfründe willen den Glauben gewechselt. Sie ist ein weiterer Hinweis auf die Benutzung der Handschrift Nr. 6 des Kempe-Berichts, denn auch hier fehlt diese Anmerkung.

Die Komplexität im Aufbau des geschilderten Geschehens innerhalb des *Warhaftigen berichts* ist im Kapitel zur Konstruktion seines Berichtszusammenhanges bereits eingehend behandelt worden und braucht hier nicht wiederholt zu werden.

Der Reformationsbericht der Gyseke-Chronik zeigt dagegen eine äußerst knappe Zusammenfassung, deren Aufbau im Zusammenhang mit der Schilderung der Verhandlung vor dem Rat in der Zuordnung der Personen hochgradig undurchsichtig wird, aber auch schon vorher Brüche in der Logik zeigt, wenn z.B. die zurückhaltende Reaktion der evangelischen Geistlichen mit einem Ratsmandat begründet wird, dessen relevanter Artikel aber gar nicht aufgeführt wurde.

Diese bis zur Unverständlichkeit des Inhalts gehende Zusammenfassung der Episode zeigt, daß ihr der Verfasser des Reformationsberichts der Gyseke-Chronik bei weitem nicht die Bedeutung zumaß, die ihr im *Warhaftigen bericht* zukam. Diese Annahme unterstützt das Fehlen von zum Textverständnis notwendigen Informationen, wie der Erwähnung des vollständigen Ratsmandates bzw. die nicht gewährleistete grammatikalisch und inhaltlich klar nachvollziehbare Satzfolge innerhalb der Schilderung der Ratsverhandlung.

Beides wird verständlich, geht man davon aus, daß hier eine Vorlage mit relativ geringer Aufmerksamkeit bearbeitet wurde. Auf diese Weise konnten sich Informationen als offensichtlich bekannt einschleichen, ohne daß der Textverfasser daran dachte, sie auch tatsächlich in seinen Text einzuarbeiten bzw. konnte die Darstellung eines Zusammenhanges kaum durchschaubar erscheinen, indem sie, ohne große Sorgfalt auf die Gestaltung der betreffenden Passage zu legen, unter Kenntnis einer Vorlage abgefaßt wurde, die den geschilderten Sachverhalt klar und deutlich darstellt.

Als die Vorlage, die im vorliegenden Falle in deutlich abgekürzter und so stark an ihr orientierter Form übernommen wurde, daß der entstandene Text nur unter ihrer Zuhilfenahme verständlich wird, kann im Falle des Reformationsberichts der Gyseke-Chronik nur der *Warhaftige bericht* gedient haben. Dies beweist – entgegen Lappenbergs Annahme einer Erstentstehung des in der Chronik enthaltenen Reformationsberichts – das klare Primat des *Warhaftigen berichts* als direkte Quelle des Reformationsberichts der Gyseke-Chronik.

Trotz der großen Differenzen in Länge und Ausführlichkeit der Schilderung, die schon Aufschluß über ihre jeweilige Bedeutung im Gesamtkonzept der beiden Berichte geben, lassen sich im Detail drei interessante Unterschiede feststellen.

Der erste liegt in der Charakterisierung Bustorps. Im *Warhaftigen bericht* wird er als schlichter Domherr eingeführt und im späteren Verhandlungsgeschehen betont Bustorp, ein einfacher Prediger und kein Doktor zu sein (509f.). Der Reformationsbericht der Gyseke-Chronik hingegen bezeichnet Bustorp als *de aldergelerste domher, der in dem dome predigede, (den de anderen was nicht ein, de ein sermon don konde sunder dusse)* (55).

Zum zweiten scheint im *Warhaftigen bericht* noch der eigentliche Grund des Rates zum Handeln durch, nämlich der verbale Ausfall des evangelischen Kaplans, während im Reformationsbericht der Gyseke-Chronik die gesamte Handlung auf Bustorp fokussiert ist und der Kaplans-Zwischenfall überhaupt keine Erwähnung findet.

Schließlich rückt Kempe das Datum der Verhandlung durch die Art seiner Darstellung in große zeitliche Nähe zur öffentlichen Widerlegung von Bustorps Predigtartikeln durch die evangelischen Geistlichen in der Fastenzeit 1527, also auf März/April 1527, während der Verfasser des Reformationsberichts der Gyseke-Chronik die Verhandlung auf *vor den pinxten bina dre weken* (56) datiert, d.h. mitten in den Mai hineinverlegt.

Die abweichende Charakteristik Bustorps läßt sich leicht mit dem unterschiedlichen Darstellungskonzept der katholischen Geistlichkeit in den beiden Texten begründen. Der *Warhaftige bericht* ist an einer zumindest von evangelischer Seite aus konstruktiven Auseinandersetzung über die wahre christliche Lehre interessiert. Bustorps problematische Predigtinhalte sind die eines Geistlichen, der in der als Quasi-Protokoll geschilderten Ratsverhandlung explizit darauf hinweist, kein Doktor zu sein, theologisch sich also nicht in der Lage zu sehen, mit den evangelischen Geistlichen zu disputieren. Dies übernehmen dann die von beiden Seiten zur Hilfe gebetenen gelehrteren der katholischen Geistlichen, was damit endet, daß der Domtheologe Dr. Barthold Moller Nikolaus Bustorp der Häresie überführte. Damit wird impliziert, daß bei ausreichender Wissensgrundlage und der Bereitschaft zur Diskussion der evangelische Glaube sich als der richtige erweist.[292]

Ganz anders geht der Reformationsbericht der Gyseke-Chronik vor, der die katholischen Geistlichen als unbelehrbar stur an einer falschen Lehre festhaltend darstellt. Hier ist es sinnvoll, einen Geistlichen, dem häretische Lehren nachgewiesen werden können, als hochgelehrt und predigtgewandt zu beschreiben, um deutlich zu machen, daß mit den katholischen Geistlichen tatsächlich keine Diskussion möglich war und die Verwirrung der Lehre in der Stadt kein Wunder, wenn schon die gelehrtesten Angehörigen des katholischen Lagers in vollster Überzeugung Irrlehren verkündeten.

Bei der unterschiedlichen Begründung der Umstände, die zu der Verhandlung vor dem Rat 1527 führten, läßt sich als Ursache wohl in erster Linie der Zeitfaktor aufführen. Der in relativer Nähe zum berichteten Geschehen verfaßte *Warhaftige bericht* sah sich infolge seines eigenen Anspruches an Objektivität und Differenziertheit der Handlungsdarstellung sowie der Existenz einer ausreichenden Anzahl von Zeitzeugen gezwungen, zwar versteckt, aber doch durchschaubar darauf hinzuweisen, daß der Hamburger Rat erst nach dem Kaplans-Zwischenfall bereit war, die streitenden Geistlichen vorzuladen und dabei dann zulassen mußte, daß auch die Affäre Bustorp auf der Tagesordnung stand. Der in größerem Geschehensabstand entstandene Reformationsbericht der Gyseke-Chronik war an der gesamten Bustorp-Episode überhaupt nur peripher interessiert, faßt sie so knapp wie möglich zusammen und fokussiert sie dabei vollkommen auf die Auseinandersetzung um die Predigt des Domgeistlichen. Dies um so eher, da eine der Hauptintentionen des Reformationsberichts der Gyseke-Chronik in der Darstellung der evangelischen Geistlichen als der ‚Guten' und der katholischen Geistlichen als der ‚Bösen' liegt. Die Erwähnung des Kaplan-Zwischenfalls hätte bedeutet, einem evangelischen Geistlichen ein hohes Maß an Unbeherrschtheit und Beleidigungsfähigkeit zuschreiben zu müssen, etwas, das durchaus nicht in das Konzept des Textes gepaßt hätte.

---

[292] In diesem Zusammenhang ist auch zu bedenken, daß keiner der anwesenden evangelischen Geistlichen einen Doktortitel besaß, sie sich aber trotzdem gegen die katholischen Doktoren behaupten und sogar durchsetzen konnten.

Schließlich differieren die Berichte bezüglich der (ungefähren) Datierung der Ratsverhandlung von 1527. Der Reformationsbericht der Gyseke-Chronik wird hier konkreter als seine Vorlage, woher er allerdings seine Datumsangabe bezog, muß offen bleiben. Kempe lag aufgrund seines Konzepts viel daran, die Verhandlung in einen engen Zusammenhang mit dem Osterfest zu bringen. Wie in der Einzelanalyse des *Warhaftigen berichts* festgestellt, strukturiert sich der gesamte Text um die Osterfeste 1526-1528, sie sind jeweils die Zeit, in der die Kanzelpolemik sich in Frequenz und Tonfall verschärfte und die gesamte Situation sich spannte. Aus diesem Grunde sahen sich die evangelischen Geistlichen gezwungen, die Entwicklung der in der Schwebe befindlichen Affäre Bustorp vor Ostern 1527 voranzutreiben.

Der Zusammenhang Ostern/verstärkte Agitation beider Glaubensseiten ist im Reformationsbericht der Gyseke-Chronik weit weniger gegeben. Ein Grund kann in seinem Gesamtkonzept gefunden werden, dessen linearer, zielgerichteter Aufbau keinen besonderen Schwerpunkt auf das zyklisch wiederkehrende Osterfest legte. Die Handlung strebt den Ereignissen des Jahres 1528 entgegen, während sie sich im *Warhaftigen bericht* wie in immer weiteren Wellen schlagenden konzentrischen Kreisen aufbaut.

Aus diesem Grunde erscheint es sinnvoll, das im Reformationsbericht der Gyseke-Chronik genannte Datum für die Ratsverhandlung 1527 als wahrscheinlich zutreffend anzunehmen, während Kempe in diesem Falle die Verschleierung zeitlicher Strukturen vorzuwerfen ist.

D: Eine abweichende Datierung gehört auch zu den Unterschieden innerhalb der letzten zu vergleichenden Passage, der entscheidenden Ratsverhandlung nach Ostern im Jahre 1528.

Für die Vorgeschichte dieses Ereignisses bieten die beiden Berichte zunächst die gleiche Schilderung bis hin zum Treffen der Johannisleute. Hier bemerkt der *Warhaftige bericht* nun mit einigen markanten Andeutungen, gar nicht weiter auf diese Ereignisse eingehen zu wollen, während der Reformationsbericht der Gyseke-Chronik die Gelegenheit nutzt, eine Namensliste der versammelten Bürger zu liefern, deren Pläne und Absichten zu schildern und den großen Anteil, den der Bürgermeister Hinrich Salsborch an beidem trug, zu betonen.

Auffallende Unterschiede bestehen weiterhin in der Reaktion der evangelischen Bürger. Im *Warhaftigen bericht* ist dazu zu lesen: *Auerst dewile dat it darhenne sach, dat de warheit scholde liden und de lögen wedder auerhant krigen, worden vororsaket alle, de Christum und de warheit leef hedden, dat se sik des andern dages ... vorsammelden* (521). Kempe fährt fort, daß reich und arm, Angehörige bedeutender und einfacher Familien, Bürger aus allen vier Kirchspielen dabei waren, die vor den Rat zogen, und ergänzt: *nicht mit kulen vnd speten, wo men en nasecht, sundern wo se dachlikes tor kerken und markede gingen* (521/22). Diese Bürger legten dem Rat dar, daß es mit den streitsüchtigen Predigern in der Stadt ein Ende haben müsse, daß die Uneinigkeiten in der Lehre die Einheit der Stadt gefährdeten. Um der Eintracht willen müsse für einträchtige Prediger gesorgt werden. Rat und Bürger verabredeten sich daher, am Folgetag sämtliche Prediger auf das Rathaus zu laden. Bei welcher Partei man dann befände, daß sie nicht in Übereinstimmung mit Gottes Wort und der hl. Schrift lehrte, diese müsse der anderen dann weichen.

Im Reformationsbericht der Gyseke-Chronik wird zunächst der Plan der katholischen Seite genannt, *dat de papen vnd monneke de auerhant scolden hebben, vnd dat, de de warheit beleueden, scolden to nichte werden* (58). Im Anschluß finden sich Details der Durchführung. Der Bericht fährt dann fort: *Dut krigen de borgere to weten, de men do de Euangelischen nomede* (58). Sie ziehen daraufhin vor den Rat und *wolden weten, wo se mit dem rade daran stunden vnd wat dusse vorscreuen stuke beduden, wo se de van dem rade vorstan scolden?* (58). Der Rat entschuldigt sich und gibt an, von nichts zu wissen. Darauf präsentieren die Bürger die von den evangelischen Geistlichen gesammelten Artikel über nicht mit Gottes Wort übereinstimmende Inhalte katholischer Predigten. Dies führt zu derart langwierigen Verhandlungen, daß am nächsten Tag alle Beteiligten, also auch evangelische wie katholische Prediger, zusammenkommen müssen, um eine Entscheidung herbeizuführen.

Dazu differieren beide Berichte in der Datierung der Verhandlungstage. Einigkeit besteht über die Wochentage – einen Montag und den folgenden Dienstag. Während Kempe aber vom Montag nach Misericordias Domini spricht, ist bei Gyseke vom *mandach na Jubilate* (58) die Rede, werden die Ereignisse also um eine Woche nach hinten verschoben.[293]

Der eigentliche Ablauf der Verhandlung zeigt sich bei grundsätzlicher Übereinstimmung der Information schon dadurch in jeweils deutlich anderer Form, daß das, was im *Warhaftigen bericht* fast 18 Seiten umfaßt, im Reformationsbericht der Gyseke-Chronik auf einer knappen Seite abgehandelt wird. Dabei nimmt hier die Schilderung der eigentlichen Verhandlung noch weniger Platz ein, als die folgenden Unstimmigkeiten um das Urteil.

Während der *Warhaftige bericht* Listen der anwesenden katholischen und evangelischen Geistlichen bietet, die schwerwiegendsten der gegen die katholischen Geistlichen gesammelten Artikel namentlich zugeordnet nennt und die sich anschließende Verhandlung als Quasi-Protokoll einer detaillierten Diskussion der evangelischen mit den katholischen Geistlichen darstellt, in der letztere den Argumenten der ersteren nicht standhalten konnten, faßt der Reformationsbericht der Gyseke-Chronik zusammen, daß es nach anfänglichem Hin und Her zum Disput der evangelischen mit den katholischen Geistlichen um die Gestalt des Abendmahls, um die Stellung der Heiligen und um die Ehe kam, in dem die Katholiken ihre Artikel zum Teil ableugneten, zum Teil nicht mit der hl. Schrift beweisen konnten oder sich auf den Standpunkt zurückzogen, eine akademische Disputation über eine der großen Universitäten führen zu wollen, was ebenfalls zu einem Sieg der evangelischen Seite in der Verhandlung führte.

Die anschließende Diskussion der auf dem Rathaus versammelten Bürger mit dem Rat um das Urteil gegen die katholischen Geistlichen sowie der Unmut der auf dem Einbeckschen Haus versammelten Bürger über die Länge dieser Verhandlung und die Milde des Urteils ist in beiden Berichten zu finden, ebenso wie die Nachricht von einer Verhandlungskommission des Rates, die vom Rathaus auf das Einbecksche Haus geschickt wird, unterstützt von Steffen Kempe als Schlichter.

---

[293] Hier allerdings ist der Datierung des *Warhaftigen berichts* volles Vertrauen entgegenzubringen. Sie stimmt vollkommen überein mit der der drei zeitgenössischen Ereignisberichte katholischer Herkunft, die in noch größerer Nähe zum Berichteten entstanden als er. Die Gründe für die abweichende Datierung des Reformationsberichts der Gyseke-Chronik müssen offen bleiben.

Doch anders als bei der Schilderung der Verhandlung, die der Reformationsbericht der Gyseke-Chronik dem *Warhaftigen bericht* gegenüber lediglich in extrem verkürzter Fassung bietet, wird das Geschehen hier in einer Weise zusammengezogen, daß seine gesamte Ausrichtung davon betroffen wird.

Während Kempe – in der Ich-Form berichtend – sorgfältig die einzelnen Stadien der Diskussion um ein gerechtes Urteil und die Interaktion der einzelnen Gremien darstellt,[294] wobei er die Argumente zum Teil in wörtlicher Rede mitteilt, faßt der Reformationsbericht der Gyseke-Chronik zusammen, der Rat hätte nach Abschluß der Verhandlung so lange mit den auf dem Rathaus versammelten Bürgern und *den papen* (59) diskutiert, daß die Bürger auf dem Einbeckschen Haus ungeduldig wurden und die Bürger auf dem Rathaus wissen ließen, käme es nicht bald zu einer Einigung, würden sie auf das Rathaus kommen und eine solche herbeiführen. Der Rat erfährt hiervon und schickt eine mit Bürgern und Steffen Kempe verstärkte Verhandlungskommission aus: *Dar den tomale grot ropent was vp der auerwunnen papen* (59). Schließlich einigt man sich auf die Ausweisung von fünf Geistlichen und die Forderung nach Widerruf zum Teil mit anschließendem Predigtverbot für die in der Stadt weiter geduldeten – verbunden mit der Drohung, bei Nichtbeachtung ebenfalls ausgewiesen zu werden.

Der *Warhaftige bericht*, der an der vergleichbaren Stelle lediglich den Stadtverweis erwähnt (das übrige führt er in der provisorischen Urteilsverkündung an und nimmt es dann nicht wieder auf), enthält im Anschluß an diese Nachricht noch den Zusatz, daß die Verurteilten von jeweils zwei der vornehmsten Bürger nach Hause geleitet wurden, um ihre Sicherheit zu gewährleisten, bis sie die Stadt verlassen hätten.

Die Schilderung der Ratsverhandlung von 1528 zeigt am augenfälligsten die Verschiebung des Konzepts bei der grundsätzlichen Übernahme der Themenauswahl des *Warhaftigen berichts* durch den Reformationsbericht der Gyseke-Chronik.

In der Vorlage dominiert die vorsichtige, didaktisch-apologetische Darstellungsweise, die die Überwindung der katholischen Geistlichen durch logische und faire Argumentation in einer neutralen Verhandlung schildert, den Rat als respektierte Stadtobrigkeit mit unzweifelhafter Autorität darstellt und den Hinweis auf die Gewähr der Sicherheit auch für die verurteilten katholischen Geistlichen enthält. Dagegen wird der gesamte Verhandlungsverlauf mit seiner im *Warhaftigen bericht* ja nur vage angedeuteten Vorgeschichte im Reformationsbericht der Gyseke-Chronik überschattet von einem Bild des Rates, der in den Verdacht der Konspiration mit den katholischen Geistlichen geraten ist und sich bis zu der Androhung massiver Konsequenzen von Seiten der Bürger kaum bewegen läßt, mit der notwendigen Energie und Härte gegen die nicht nur Irrlehren verkündenden, sondern auch den Stadtfrieden ernsthaft gefährdenden *papen* vorzugehen.

Wie in der Einleitung angekündigt, stellt der Reformationsbericht der Gyseke-Chronik hier die tatsächliche Uneinigkeit von Rat und Bürgern dar, die die Bürger aufgrund ihres konsequenten Beharrens auf der Forderung nach Durchsetzung der Wahrheit beilegen können, wodurch Ruhe und Frieden in der Stadt abermals gewährleistet werden.

Die Rolle Kempes als schlichtender Vermittler, die im *Warhaftigen bericht* durchaus herausgestrichen wird, wird entsprechend fast völlig unterschlagen. Es erfolgt lediglich der Hinweis, daß er von der Ratskommission mitgenommen wurde. Rat und Bürger stehen im Mittelpunkt der Auseinandersetzung um ein angemessenes Urteil, wie sie auch schon in der vorangegangenen Verhandlung und ihrer Vorgeschichte als die entscheidenden Elemente genannt wurden, während im *Warhaftigen bericht* die Diskussion der Geistlichen der das Geschehen dominierende Aspekt ist.

Ebenso wie die Verhandlung selber zeigt auch die ganz unterschiedliche Gestaltung ihrer Vorgeschichte die Differenz in der Intention der Berichte.

Der *Warhaftige bericht* deutet die Pläne der Johannisleute lediglich als Gerüchte an und formuliert dann, daß die evangelischen Bürger sich versammelten, da es so aussah, *dat de warheit scholde liden* (521). Hingegen führt der Reformationsbericht der Gyseke-Chronik das Vorhaben der Johannisleute als zu realisierenden Plan aus und macht in den als Zitat berichteten Äußerungen des Bürgermeisters Salsborch die Gewaltbereitschaft der Johan-

---

[294] Es verhandelten: Rat und Bürger auf dem Rathaus jeweils separat, Bürger auf dem Einbeckschen Haus mit Bürgern auf dem Rathaus, Ratsdelegation und Kempe mit Bürgern auf dem Einbeckschen Haus, diese Bürger je nach

nisleute deutlich ebenso wie er als Ziel dieser Verschwörung nennt, *dat de de warheit beleueden, scolden to nichte werden* (58).

Sehr viel härter und direkter als der *Warhaftige bericht* macht der Reformationsbericht der Gyseke-Chronik die unmittelbare Bedrohung nicht nur des Stadtfriedens, sondern auch des Lebens vieler Bürger deutlich. Dabei ist nicht nur die unterschiedliche Verbwahl „leiden" und „zunichte werden" interessant, sondern auch das Wesen des jeweiligen Subjekts – bei Kempe ein Abstraktum, handelt es sich bei Gyseke um Personen, es wird also viel unmittelbarer bedrohend formuliert. Weiter wird auch dem Rat eine höchst zweifelhafte Rolle im Geschehen zugewiesen. Damit gibt der Gyseke-Bericht den evangelischen Bürgern eine deutlich stärkere und forderungsberechtigtere Position gegenüber der Rolle, die ihnen im *Warhaftigen bericht* zukommt und unterläßt entsprechend auch jeden Hinweis auf ihr besonders friedfertiges, ordnungskonformes Auftreten, als sie vor den Rat ziehen. Er tendiert sogar ein wenig in die Gegenrichtung, wenn er von dem forschen Auftreten der Bürger berichtet sowie ihrer energischen und durchgängigen Initiative während der Verhandlung.

Der Vergleich des *Warhaftigen berichts* mit dem Reformationsbericht der Gyseke-Chronik macht deutlich, daß beide Texte, obwohl sie in ihrer Themenauswahl sehr eng zusammenliegen und auch in deren Darbietung nicht allzu weit voneinander abweichen, doch eine jeweils andere Ausrichtung besitzen, die allerdings im Falle des Reformationsberichts der Gyseke-Chronik immer wieder überlagert wird von der des übernommenen und nicht durchgängig umgearbeiteten *Warhaftigen berichts*.

Weiter hat der Vergleich das Primat des *Warhaftigen berichts* als Quelle des Reformationsberichts der Gyseke-Chronik bestätigt und gleichzeitig die Annahme gefestigt, in den Verfassern der Texte keinesfalls dieselbe Person zu vermuten, sondern davon auszugehen, im Autor des Reformationsberichts der Gyseke-Chronik einen Bearbeiter des Textes von Steffen Kempe zu sehen, der dessen Bericht seinen eigenen Zwecken entsprechend durch Ergänzungen, Kürzungen und Auslassungen überarbeitete.

7 – 6 – 3 – 6 Funktion und Datierung des Berichts

Abschließend stellt sich die Frage nach der Funktion des Reformationsberichtes im unmittelbaren Kontext der ihn umschließenden chronikalischen Nachrichten zur Kirchenreformation in Hamburg sowie im größeren Zusammenhang der gesamten Chronik des Bernd Gyseke. Ebenfalls ist nach Möglichkeiten und Indizien zu suchen, die eine Datierung des Textes ermöglichen.

Der Reformationsbericht der Gyseke-Chronik steht in direkter Abhängigkeit zu der ihm vorangehenden Nachricht, die eine äußerst verkürzte und in ihren Details durchgängig ungenaue bzw. falsche Darstellung der Ratsverhandlung von 1528 bietet.

Der folgende Reformationsbericht übernimmt diese falschen Angaben nicht, korrigiert sie aber auch im Verlauf des Textes nirgends explizit. Er erfüllt den Anspruch, die Nachricht näher zu erläutern und vertiefende Hintergrundinformationen zu liefern auch deswegen nicht vollkommen, da die Abhängigkeit von seiner Quelle zu Interferenzen in seinem Konzept führt, dessen Geschlossenheit und Schlüssigkeit sie negativ beeinflussen.

Abgesehen von diesen Mängeln bietet er einen Blick auf die entscheidenden Phasen und Geschehnisse der Hamburger Reformationszeit, der – im Gegensatz zu seiner Vorlage – einen von alle apologetischen Tendenzen freien, rein evangelischen Standpunkt bietet, von dessen Warte aus der Katholizismus per se schlecht und zu überwinden ist, was gleichermaßen für seine Vertreter gilt.

Er stimmt hierin mit den ihn umgebenden chronikalischen Reformationsnachrichten überein, die ebenfalls in schwarz-weiß-zeichnender Manier gehalten sind. Die evangelische Seite ist die gute, ihre Durchsetzung, Etablierung und Konsolidierung wird unter der Prämisse der Schlechtigkeit der Anhänger des Katholizismus beschrieben. Diese Wertungen prägen im übrigen sämtliche im Zusammenhang mit der Reformation stehenden in der Chronik enthaltenen Nachrichten.

In einem Blick auf das gesamte Werk stellt der Reformationsbericht einen der die Nachrichten der Chronik ergänzenden und ausführenden Texte dar, wie sich verschiedene andere mit demselben Zweck in ihr finden. Von ihnen unterscheidet sich der Reformationsbericht lediglich dadurch, daß sich für ihn eine Vorlage einwandfrei identifizieren läßt.

Seine Funktion läßt sich damit derart definieren, daß der Bericht als Bestandteil eines klar und überzeugt evangelisch ausgerichteten Gesamttextes dem Leser über die chronikalischen (Kurz-)Nachrichten hinaus Wissen vermitteln und Informationen an die Hand geben will, die den reformatorischen Standpunkt sehr viel überzeugter vertreten, als es im tatsächlichen Umfeld der Ereignisse möglich gewesen wäre.

Dies leitet über zu der Frage nach der Entstehungszeit des Reformationsberichts der Gyseke-Chronik. Verschiedene Hinweise unterstützen seine Datierung auf die Jahre kurz vor 1540.

Erstes Indiz für eine Abfassungszeit des Berichts, die deutlich später liegt als die seiner Quelle, bietet die recht sichere Identifikation seiner Vorlage. Sie kann als eng verwandte Vorgängerin der Fassung des *Warhaftigen berichts* des Steffen Kempe benannt werden, die Lappenberg als Handschrift Nr.6 in seinen Anmerkungen zum Kempe-Bericht anführt. Diese Annahme ergibt sich aus den Vergleichen der von Lappenberg durchgeführten Edition beider Texte. Sämtliche Ähnlichkeiten oder Übereinstimmungen des Reformationsberichts der Gyseke-Chronik mit dem *Warhaftigen bericht* fallen am deutlichsten aus, zieht man für den Vergleich die aus dem kritischen Apparat der Edition erschließbare Handschrift Nr.6 heran. Diese Handschrift gehört nun zu den jüngsten der von Lappenberg zur Rekonstruktion des *Warhaftigen berichts* überhaupt noch herangezogenen Handschriften und zeigt bereits durchgängig die Abfassung in der dritten Person.[295]

Weitere Hinweise für die geschätzte Entstehungszeit des Reformationsberichts der Gyseke-Chronik bietet der Text selber. Zunächst enthält er die Nachricht von Nikolaus Bustorps Widerruf im Jahre 1534 und weist im Zusammenhang mit den Geschehnissen der Episode Bustorp auf das Nochvorhandensein von dessen Verteidigungsschrift hin – ein Detail, welches doch nur dann Sinn hat, wenn es sich bei diesem Schreiben bereits um etwas Älteres handelt, dessen Existenz nicht unbedingt mehr gewährleistet sein muß.

Für die großen Ratsverhandlungen von 1527 und 1528 gibt der Bericht unzutreffende Daten und stellt besonders die erste derart verkürzt dar, daß sich ihr Sinn bei Lektüre nur dieses

---

[295] Ihr fehlen auch Detailinformationen wie der Hinweis auf die dem konvertierten Vischbeke versprochene Pfründe oder auch die rezente Lehrtätigkeit Johann Fritzes.

Textes nicht mehr klar erschließt. Auch dies sind Indizien für eine deutlich nach diesen Ereignissen stattgefundene Entstehung des Reformationsberichts der Gyseke-Chronik.

Allerdings bietet er keinerlei Hinweis auf das Todesdatum Steffen Kempes, der im Spätsommer 1540 seine Predigttätigkeit krankheitsbedingt aufgeben mußte, ehe er im Oktober des Jahres verstarb. Die Chronik selber enthält die Nachricht von Kempes Tod in ihrem weiteren Verlauf sogar zweifach,[296] so daß die Annahme berechtigt ist, der Reformationsbericht habe vor diesem Ereignis in sie Eingang gefunden.

Ergibt sich damit eine wahrscheinliche Entstehungszeit des Textes zwischen 1534 und 1540 unterstützt sein Tenor eine zum Ende dieser Zeitspanne tendierende Abfassung. Der Reformationsbericht der Gyseke-Chronik vertritt einen derart konsequent sicheren evangelischen Standpunkt und stellt die katholischen Gegner in einem so schlechten Licht dar, daß er weniger wahrscheinlich in der Zeit entstand, in der die Stadt Hamburg sich verstärkt mit dem Prozeß auseinandersetzen mußte, den das Hamburger Domkapitel gegen sie anstrengte und in dem dieses durch zwei kaiserliche Restitutionsmandate zunächst de jure auch die Oberhand gewann, als in den Zeitraum, in dem Hamburg als Mitglied im Schmalkaldischen Bund sich einer starken Unterstützung Gleichgesinnter sicher sein konnte.

7 – 6 – 3 – 7 Zusammenfassung

Die Aufnahme des Reformationsberichts der Chronik des Bernd Gyseke in diese Arbeit sowie seine Untersuchung besonders auch im Vergleich mit seiner Quelle ermöglichen einen Blick auf die Darstellung und Einschätzung der ereignisreichen Zeit der Hamburger Kirchenreformation aus einer zeitlich bereits erheblich entfernten Perspektive.

Es wird deutlich, wie ein bereits vorhandener Text neuen Sichtweisen und Ansprüchen gemäß umgearbeitet wurde und auf diese Weise erneut funktionsfähig und –tüchtig in einem doppelt gewandelte Kontext eingearbeitet erscheint.[297]

---

[296] Lappenberg, Joh. Martin: Hamburgische Chroniken in niedersächsischer Sprache. Hamburg 1861, S. 175 und S. 180.
[297] Zum einen hatten sich die Zeiten an sich geändert, zum anderen war der Bericht einer Chronik eingegliedert worden.

Trotz der auf den ersten Blick offenbar großen Ähnlichkeit mit seiner Vorlage präsentiert sich der Reformationsbericht der Gyseke Chronik als Text mit eigener Ausrichtung und Wirkung, der einen zeitgemäßen Blick auf das in ihm enthaltene Geschehen vermittelt.

Allerdings finden sich immer wieder Störungen und Überlagerungen, in denen das Konzept seiner Quelle durchkommt. Gerade das macht den Bericht besonders interessant und wertvoll. Es ermöglicht den direkten Nachvollzug einer Veränderung der Wahrnehmung und Bewertung von Ereignissen abhängig vom bestehenden Zeitabstand der Texte zum berichteten Geschehen und erweitert damit die Untersuchung der zeitgenössischen Ereignisberichte zur Reformation in Hamburg um eine bemerkenswerte Facette.

7 – 7 Vergleich der Berichte A bis D

Vergleicht man die vier zeitgenössischen Ereignisberichte zur Reformation in Hamburg, so fallen vor allem ihre Unterschiede in Umfang, Aufbau und Funktion ins Auge. Naturgegeben weisen dabei die katholischen Berichte untereinander größere Gemeinsamkeiten auf, als sich in ihrem Vergleich mit dem evangelischen Bericht ergeben, doch zeigen auch sie ein jeweils hohes Maß an Eigenständigkeit und ursprünglicher[298] bzw. gedanklicher[299] Unabhängigkeit voneinander. Übereinstimmungen und Differenzen zwischen den vier Berichten sollen im Folgenden zunächst exemplarisch an inhaltlich auf dasselbe Ereignis referierenden Episoden-Schilderungen betrachtet werden, ehe eine allgemeine Übersicht die Berichte als Texteinheiten einander gegenüberstellen soll.

7 – 7 – 1 Exemplarischer Vergleich

Für einen exemplarischen Vergleich aller vier Berichte miteinander bietet sich ausschließlich die Behandlung eines Ereignisses im Reformationsprozeß an, die der Ratsverhandlung von 1528. Zwischen B und D ist zusätzlich ein Blick auf die Vorgängerin dieser Verhandlung möglich, für C und D bieten sich die Folgen der Verhandlung 1528 einschließlich Bugenhagens Wirken in der Stadt als weiterer Punkt eines exemplarischen Vergleichs an.

---

[298] Zwischen A und (B+C).

Betrachtet man zunächst die von allen vier Berichten geschilderte Ratsverhandlung von 1528, so stellt sich als erstes die Frage, unter welchen Gesichtspunkten der Vergleich durchgeführt werden soll, wie seine Parameter definiert sein sollen. So wird jedenfalls zu klären sein, welche Ursachen und welcher Zweck für das Ereignis angegeben werden, welche Personen jeweils in den Hauptrollen des Geschehens auftreten, wie sie selber und ihr Verhältnis untereinander beschrieben werden. Weiter muß die Darstellung des Verhandlungsablaufs interessieren sowie das Ergebnis, zu dem er führte. Schließlich ist ein Blick auf die sonstigen Beteiligten und ihren Platz im Geschehen zu werfen.

Bezüglich der Ursachen und der Ausrichtung der Verhandlung stimmen die katholischen Berichte darin überein, daß die Verantwortlichen die drei evangelischen Pfarrherren der Stadt seien und daß sie die Verhandlung inszenierten, um die Gegner ihrer Glaubensauffassung und -auslegung unter dem Anschein der Legalität aus der Stadt zu weisen. Mit anderen Worten stellen die katholischen Berichte die Verhandlung als einen von Ketzern in Szene gesetzten Schauprozeß dar, der ihnen dazu diente, ihre Gegner aus dem Wege zu schaffen.

Gänzlich anders äußert sich der evangelische Bericht, wofür nicht nur der Vorzeichenwechsel verantwortlich zu machen ist. Anders als die katholischen Berichte deutet Kempe die innenpolitische Komponente des Geschehens in den Bürgerversammlungen in St.Johannis und der Forderung der ‚wahrheitsliebenden Bürger' nach Einheit in der Stadt durch Einheit in der Lehre, und das heißt unter den Predigern, lediglich an, legt seinen Schwerpunkt auf die theologischen Implikationen des Geschehens. Ursache der Verhandlung ist der seit Jahren andauernde und sich immer weiter verschärfende Streit unter den Predigern der Stadt um die wahre und rechte christliche Lehre, ihr Zweck, diese Zwistigkeiten beizulegen und erneut Einheit zu schaffen - durch Überzeugung der Gegenseite oder notfalls ihre Entfernung aus der Stadt.

Damit ergibt sich schon in diesem Punkt ein gravierender Unterschied in der in den Berichten vermittelten Weltsicht evangelischer und katholischer Christen in der Stadt. Letztere sehen sich als Hüter einer Tradition, die von Ketzern in der Absicht angegriffen wird, Herr-

---

[299] Zwischen B und C.

schaft zu übernehmen und Macht auszuüben, erstere empfinden sich als Restauratoren (!) einer verlorenen Wahrheit, der Ursprünge, die über Jahrhunderte katholischer Glaubensentwicklung von sich festigenden Traditionen überlagert worden waren. Kreisen die Gedanken der einen Seite also um Machterhalt und Machtverlust innerhalb eines politischen Gefüges (was letztlich die symbiotische Verflechtung von Kirche und Staat des Mittelalters noch einmal eindrucksvoll beleuchtet), so die der anderen um die Wahrheit des Glaubens und die Rückkehr zu ihr.[300]

Der nächste Blick richtet sich auf die Hauptakteure der Verhandlung. In den drei katholischen Berichten zeigt sich dabei ein fast einheitliches Bild. In A und C wird das Geschehen dominiert durch den katholischen Theologen Barthold Moller einerseits und die drei evangelischen Hauptpfarrer der Stadt, Steffen Kempe, Johannes Zegenhagen und Johann Fritze, andererseits. Sie stehen einander in einem Verhältnis gegenüber, das Moller in Exempelfunktion für alle katholischen Prediger, denen falsche Artikel vorgeworfen wurden, in die Position eines Angeklagten im Rechtfertigungszwang rückt, der die Wahrheit der ihm vorgeworfenen Lehrsätze zu beweisen habe, während die evangelischen Geistlichen als Ankläger und Richter zugleich dafür sorgen, daß ihm das unmöglich gelingen kann. Dadurch, daß im Vorfeld die drei evangelischen Pastoren als Ketzer und Verbrecher definiert werden, Moller hingegen als völlig integre Persönlichkeit vorgestellt wird, zeigt sich an der Zuweisung der Rollen im Prozeß der Zwang und die Willkürjustiz, unter denen er abläuft. In B fällt die Exempelfunktion Mollers aus, in diesem kürzesten Bericht stehen die drei genannten evangelischen Pfarrer dem Kollektiv der widerrechtlich angeklagten katholischen Prediger gegenüber.

Der evangelische Bericht zeigt eine andere Konstellation. Hier werden in der einleitenden Auflistung der Beteiligten vier evangelische Prediger genannt,[301] die in der Folge ausschließlich als Kollektiv auftreten, sprechen, handeln. Diesem Kollektiv gegenüber stehen die katholischen Geistlichen, die wegen der von ihnen gepredigten Artikel auf das

---

[300] Dies zumindest in der Anfangszeit der Reformation. Es dauerte nicht lange, bis sie politisiert wurde, man denke nur an die Bauernkriege, den Schmalkaldischen Bund und dann den 30jährigen Krieg.
[301] Die bekannten drei und Conrad Lunsemann, Kempes Nachfolger auf dem Predigerposten im St.Maria-Magdalenen-Kloster.

Rathaus beordert worden waren. Mit jedem einzelnen von ihnen werden nacheinander dessen fragliche Artikel diskutiert, wobei die Auseinandersetzung mit Rensborch, dessen Verhalten der Auslöser der aktuellen Verhandlung war, am ausführlichsten geschildert wird. Neben dem Kollektiv der evangelischen und den einzelnen katholischen Geistlichen fallen Rat und Bürger als Gruppen in der Verhandlung auf, die sich an kritischen Stellen zu Wort melden.

Zieht man den Bericht vom eigentlichen Verlauf der Verhandlung hinzu, zeigt sich auch hier wieder eine gänzlich unterschiedliche Art der Wirklichkeitsdarstellung. Sie fällt besonders durch einen diametralen Gegensatz auf. In den katholischen Berichten A und C erklärt sich Barthold Moller sofort bereit, die ihm vorgeworfenen Artikel zu besprechen und zu rechtfertigen, wobei er nur die Annahme des letzten als reines Phantasieprodukt verweigert, im evangelischen Bericht versucht er, genau das zu verhindern und überhaupt einer Diskussion mit der Gegenseite aus dem Weg zu gehen. Licht in diesen vollkommenen Widerspruch bringt die Darstellung von Bericht B. Hier wird in besonders klarer Form mitgeteilt, daß die katholischen Geistlichen sich bereit erklärten, die ihnen vorgehaltenen Artikel schriftlich zu besprechen, an verschiedene Universitäten zu schicken und dort hinsichtlich ihrer Rechtmäßigkeit beurteilen zu lassen. Diese Vorgehensweise wird von den evangelischen Geistlichen aber verhindert, die eine Stellungnahme und Beweisführung nach dem Prinzip ‚hier und jetzt' fordern. Diese hingegen wird von den katholischen Predigern abgelehnt. So läßt sich erklären, warum Moller einerseits klare Bereitschaft zur Diskussion seiner Artikel bescheinigt werden konnte, andererseits aber die Behauptung möglich war, er habe es abgelehnt, eine Stellungnahme abzugeben. Es kommt lediglich darauf an, auf welche Art und nach welchem Prinzip die geforderte Äußerung erfolgen sollte, um die Bereitschaft, sie zu erbringen, positiv oder negativ zu bewerten.

Die übrigen Unterschiede in den Schilderungen der Verhandlung und auch in der ihres ‚Nebenpersonals' ergeben sich aus den bereits angesprochenen grundsätzlichen Unterschieden in der Beurteilung der Verhandlung. Von katholischer Seite aus wird sie als inszenierter Versuch einer Machtübernahme dargestellt, der Rat und Bürger der Stadt in ihrer Mehrheit ablehnend aber hilflos gegenüberstanden, während lediglich eine Minderheit sich den Aufrührern anschloß, die als Ankläger und Richter in Personalunion für den Erfolg ihrer Sache sorgten.[302]

Im evangelischen Bericht fällt dagegen auf, daß die reformatorischen Geistlichen die ihnen vom Bürgermeister angetragene Richterrolle klar ablehnen und stattdessen den Rat darauf hinweisen, er selber habe mit seinem Mandat den Richter für Streitfragen in der Lehre genannt. Es sei die Bibel, die über wahr oder falsch entscheiden werde. Daß das biblische Wort dabei ausschließlich über seine Aussprache und Auslegung Wirkungskraft erlangt, übergehen die reformatorischen Prediger. In Kempes Schilderung wird dies allerdings doch deutlich: Es sind die evangelischen Geistlichen, die die Schriftbeweise der Katholiken kontern - und damit als genau das auftreten, dessen sie die Katholiken in ihren Berichten beschuldigen. Zu dieser Entwicklung der Verhandlung ist es dem evangelischen Bericht zufolge allein durch den Einsatz der Bürger gekommen. Nach der Beweisaufnahme, der Annahme der Artikel durch die katholischen Geistlichen, macht der Rat deutlich, in der zu behandelnden theologischen Materie entscheidungsunfähig zu sein und fügt den Vorschlag an, dem Antrag der Katholiken stattzugeben, die ihnen vorgeworfenen Artikel schriftlich zu erläutern und zur Beurteilung an verschiedene Universitäten zu senden. Es sind die Bürger, die erstens feststellen, daß im Interesse des Stadtfriedens die einberufene Versammlung zu einem Ergebnis kommen muß und zweitens, daß weder sie noch der Rat, noch sonst ein Mensch die Richterfunktion wahrnehmen, sondern allein Gottes Wort diese leisten sollte.

So erscheint die Verhandlung aus evangelischer Sicht als von den Bürgern initiiert und getragen, denen Rat und evangelische Geistliche bei der Erfüllung ihrer Forderung nach Einigkeit in der Stadt unterstützend zur Seite stehen,[303] während aus katholischer Sicht Rat und Bürger wie angemerkt in fast völliger Passivität verharren und die beiden Lager von Geistlichen ihre Unstimmigkeiten unter sich austragen.

Ein letzter Blick ist für die Verhandlung von 1528 auf ihr Ergebnis zu werfen, den Verweis von mehreren katholischen Geistlichen aus der Stadt. A erklärt, neben dem Domherren

---

[302] Hierbei bleibt ungeklärt und undiskutiert, wie Aufruhr und Verhandlung überhaupt möglich waren, wenn nur eine Minderheit in der Stadt den Ketzern folgte.

Nikolaus Bustorp seien die mit ihren Artikeln aufgeführten Geistlichen verwiesen worden, d.h. Moller, Went, Vischer, Hoffmann, Schröder, Rensborch, Vulgreve. B nennt von fünf der Stadt Verwiesenen Bustorp, Joachim Vischbeke und Barthold Vathouwer namentlich, C zählt Rensborch, Went, Schröder, Bustorp und Vischer als verwiesen, Vulgreve und Moller als freiwillig gegangen auf, während D Vathouwer, Rensborch, Bustorp, Vischbeke und Vischer als ausgewiesen bezeichnet, Moller, Vulgreve und Schröder als freiwillig gegangen und schließlich Hoffmann als nachträglich verwiesen.

Dabei stimmen Bericht B und D mit der Liste der tatsächlich Ausgewiesenen überein,[304] nimmt man an, daß die beiden in B nicht namentlich genannten Geistlichen Rensborch und Vischer seien, die beiden anderen Berichten folgen in ihrer Auswahl der weiteren Entwicklung, die dazu führte, daß alle Genannten die Stadt als Folge der Verhandlung verließen. Gemäß der Rollenzuweisung an die Evangelischen als Aufrührer, die ihre Gegner erfolgreich vertrieben haben, werden dabei aber alle katholischen Geistlichen als der Stadt Verwiesene bezeichnet, freiwillig gewichen sei keiner von ihnen.

Gerade in diesem Zusammenhang ist der Unterschied interessant, den die Berichte C und D für das Abreisedatum Barthold Mollers nennen. Während D Mollers <u>freiwilligen</u> Weggang aus Hamburg auf zwei oder drei Tage nach der Verhandlung (also den 30.4. oder 1.5.) legt, datiert C Mollers <u>erzwungene</u> Ausreise auf den 19.5., also auf fast drei Wochen später. Aus den Einzelanalysen der Berichte ergibt sich in diesem Fall für die Darstellung von C die deutlich höhere Wahrscheinlichkeit, eine Tatsache wiederzugeben, so daß die äußerst rasche Abreise Mollers in D im Vergleich als das erscheint, als was sie wohl auch intendiert war: die Trotzreaktion eines Beleidigten, der mit seiner Niederlage nicht zurechtkam, während C das wohlüberlegte Handeln eines Mannes schildert, für den durch seine Überzeugung (ein Widerruf kam für ihn nicht in Frage) ein Bleiben in der Stadt unmöglich geworden war. Stellt die Vordatierung in D also ein letztes Glied in der Kette dar, den katholischen

---

[303] Wobei dies alles auf theologische Belange hin ausgerichtet ist. Eine politische Komponente ist nicht gegeben, den Bürgern geht es weniger um Diesseitiges als mit der korrekten Ausübung ihres Glaubens viel mehr um ihr Seelenheil.
[304] Machen dabei allerdings die ganz unterschiedliche Bewertung dieses Verweises klar: B: keine Angabe von Gründen, schlicht widerrechtlich; D: Bürger fordern Strafe für Rädelsführer.

Theologen zu diskreditieren,[305] so bietet C gerade das Gegenteil - eine Demonstration der Geradlinigkeit und Überzeugung Mollers, der seinen Grundsätzen treu blieb und daher ging.

Bleibt man bei den Berichten C und D und betrachtet ihre Schilderungen von den Folgen der Ratsverhandlung, fällt zuallererst die viel größere Ausführlichkeit und höhere Detaildichte des insgesamt viel kürzeren Berichtes C gegenüber den Mitteilungen in D auf. Gerade bezüglich der Wirksamkeit Bugenhagens in Hamburg wird die völlig unterschiedliche Bewertung des Geschehens nach dem 28.4.1528 in Johann Mollers bzw. Steffen Kempes Bericht deutlich. Für Moller war Bugenhagens Ankunft und Wirken zum einen mit einem bedeutenden Anteil persönlicher Betroffenheit verbunden, zum anderen setzte es eine Entwicklung hin zum Schlimmeren fort, die mit der Entscheidung der Verhandlung für die reformatorische Seite begonnen hatte. Weiter zeigen die geschilderten Episoden die Ausweitung des reformatorischen Einflusses auf immer größere Teile der Stadtordnung[306] und machen deutlich, daß innerhalb der Stadt die katholische Sache auf zunehmend verlorenem Posten stand.

Für Kempe haben das Wirken Bugenhagens und die übrigen Folgen der Verhandlung einen gänzlich anderen Stellenwert. Sie sind der notwendige Nachspann einer als solchen abgeschlossenen Entwicklung, müssen von daher erwähnt werden, doch ist hierfür eine äußerst knappe und sehr summarische Zusammenfassung ausreichend, die nur an zwei Stellen interessante Bemerkungen bietet. Im Zusammenhang mit der Auflösung der beiden Klöster innerhalb der Stadt weist Kempe darauf hin, daß Rat und Bürger sich der Klöster und ihrer Bewohner annahmen, da beide Institutionen hoch verschuldet gewesen wären und ihre Insassen ein für Mönche unangemessenens Leben bezüglich Zucht und Ordnung geführt hätten. Die Mönche hätten sich bereits vorher wenig um ihre Pflichten gekümmert und bei der Auflösung der Klöster wären den Männern sowohl rein finanzielle als auch soziale Hilfen zugekommen, damit sie in der Stadt ihr Auskommen selber fänden. Wer aber bleiben wollte, sollte auf die verbleibende Lebenszeit im Heiligen-Geist-Hospital materielle Versor-

---

[305] Absprachebruch durch Kanzelpolemik; Zögern, Bustorp der Häresie zu überführen; Rolle in beiden Verhandlungen als ‚Gralshüter' der katholischen Lehre.
[306] Schulordnung, Klosterauflösungen, die Neuregelung des Gottesdienstes, Neuregelung zum Erbrecht kirchlicher Lehen.

gung finden. Besonders an der Darstellung des St.Johannis-Klosters scheiden sich hier evangelische und katholische Sichtweise, denn Moller wählt die Auflösung des Dominikanerklosters, um das geradezu gewalttätige Vorgehen der Bürger bei der ohnehin rechtswidrigen Aktion aufzuzeigen, das den mißhandelten Prior dazu veranlaßte, nach Speyer zu reisen, um dort Anklage gegen die Hamburger zu erheben.

Die zweite auffallende Nachricht, die Kempe bringt, bezieht sich auf die Verwaltung des neueingerichteten Gotteskastens zur Armenfürsorge. Er weist nämlich darauf hin, daß über Ein- und Ausgaben dem Rat jährlich ein Rechenschaftsbericht zuginge und stets zugegangen sei und verweist damit auf das Zusammenwirken von Bürgern und Rat der Stadt im Aufbau und der Etablierung der neuen Ordnung in der Stadt.[307] Eine ähnliche Übereinstimmung - bloß unter entgegengesetzten Vorzeichen - findet sich interessanterweise auch bei Moller, der auf die heimliche Schadenfreude bei Rat und Bürgern hinweist, nachdem diese den Fall der Kirchenlehen nach dem Tod ihrer aktuellen Inhaber an den allgemeinen Gotteskasten beschlossen und gegen die Widerstände der katholischen Geistlichen auch durchgesetzt hatten. Beide Berichte zeigen damit das hohe Maß an Einigkeit, das direkt nach Einführung der Reformation unter den Bewohnern der Stadt und den Institutionen ihrer Verwaltung herrschte, und die Beurteilungen, die diese Einigkeit von den beiden Glaubenslagern in der Stadt erfuhr. Die Evangelischen fühlen sich endgültig bestätigt, die Katholiken endgültig verraten.

Einen letzten exemplarischen Vergleich erlaubt die Darstellung der Ratsverhandlung von 1527 in Bericht B und D. Obwohl der Umfang beider Schilderungen sehr unterschiedlich ist (eine Seite in B gegenüber elf Seiten in D) und B gegenüber D dementsprechend stark zusammenfaßt und verkürzt, ist ein Vergleich der entscheidenden Aspekte der Verhandlung durchaus möglich und lohnenswert. Ganz besonders interessant ist er aus dem Grunde, daß beide Berichte trotz ihrer prinzipiell unterschiedlichen Auffassung über die wahre christliche Lehre vom berechtigten Vorwurf der Häresie gegen den beklagten Domherrn ausgehen, den Verlauf des Verfahrens dann aber in so spezifischer Weise voneinander abwei-

---

[307] Hier deutet sich an, daß die Reformation auch für ihre Betreiber politische Komponenten hatte. Sie wurden von Kempe aber völlig ausgeblendet.

chend schildern, daß nicht der geringste Zweifel darüber besteht, welcher der Berichte katholischen und welcher evangelischen Ursprungs ist.

Ursache der Verhandlung gegen den Domherrn Nikolaus Bustorp ist eine Anklage der reformatorisch gesinnten Prediger vor dem Rat, da Bustorp Lehrsätze gepredigt hatte, die unter dem Verdacht der Häresie begutachtet und beurteilt werden mußten. Soweit stimmen beide Berichte in ihren Darstellungen überein. D bietet darüber hinaus eine ausführliche Vorgeschichte, die hier aber vernachlässigt werden muß, da sie in B keine Entsprechung aufweist. Einig sind sich die Berichte darüber hinaus in der Tatsache, daß verschiedene Geistliche und in theologischen Fragen kompetente Laien zur Verhandlung gegen Bustorp auf das Rathaus geladen wurden. In Zusammenhang mit diesen Personen zeigen sich aber auch schon die ersten Unterschiede in der Darstellung beider Berichte.

Der katholische Bericht gibt den Anwesenden eine Doppelrolle im folgenden Geschehen. Sie treten zunächst als Gutachter auf, die die fraglichen Thesen zu prüfen und mit ihrem Urheber zu besprechen haben, dann als Richter, die den der Häresie Überführten zum Widerruf verurteilen. Beide Rollen füllen sie in zwar korrekter, dem Angeklagten aber grundsätzlich positiver und freundlicher Haltung gegenüber. Der Rat nimmt ihnen gegenüber lediglich eine Beobachterrolle im Geschehen ein.

Komplexer ist ihre Funktion innerhalb des evangelischen Berichts. Zunächst wird lediglich ihre Anwesenheit bei der Verhandlung zwischen Bustorp und den evangelischen Predigern unter Vorsitz des Rates festgestellt. Als Bustorp dann nach dem ersten verbalen Schlagabtausch mit seinen Gegnern in Begründungsnöte gerät, geben diese ihm den Rat, sich um Hilfe an die anwesenden Geistlichen bzw. in geistlichen Fragen Kompetenten zu wenden. Indem er dies tut und diese die Rolle annehmen, indem sie sich beratend zurückziehen und anschließend ihre gemeinsame Beurteilung vortragen, werden die Beobachter des Geschehens zu Gutachtern und Sachverständigen im Prozeßverlauf. Doch dabei bleibt es nicht. Nachdem die evangelischen Prediger das katholische Gutachten angreifen, reagieren seine Urheber mit Gegenargumenten. Durch die sich entwickelnde Diskussion - wie angemerkt, in erster Linie geführt zwischen den evangelischen Geistlichen und Barthold Moller als führendem Kopf des katholischen Lagers - verändert sich die Rolle der Katholiken abermals. Sie werden Anwälte ihres beklagten Glaubensbruders und damit Partei im Prozeßgeschehen, als dessen Richter und urteilsmächtige Instanz durchgängig der Rat erscheint, an den sich nun die Beweisführungen beider Seiten wenden und der auch in die verbalen Auseinandersetzungen von Anklägern und Anwälten Bustorps immer wieder regulierend und ordnend eingreift. In der Rolle der Prozeßpartei bleiben die katholischen Geistlichen dann bis zum Ende der Verhandlung, das Bustorp der Predigt häretischer Artikel für schuldig befindet und zum Widerruf verurteilt.

Der Weg, auf dem es zu dieser Urteilsverkündung kommt, wird allerdings von den beiden Berichten wieder ganz unterschiedlich dargestellt. Bericht B stellt wie bemerkt die katholischen Geistlichen als Gutachter und Richter dar, die Bustorps Predigt mit ihm diskutieren, die häretischen Passagen benennen und versuchen, ihn von deren Falschheit zu überzeugen. Bustorp zeigt sich hochmütig-uneinsichtig, will seine Irrtümer nicht einsehen, verweigert einen sofortigen Widerruf seiner Thesen und wird daher zu ihrer öffentlichen Zurücknahme verurteilt. Bericht D hingegen zeichnet ein Bild von sich ganz für den Beklagten einsetzenden Anwälten, die versuchen, dem Rat die Harmlosigkeit und den Ansporn zur Frömmigkeit, den die problematischen Artikel bieten, zu verklaren. Dieser reagiert auch positiv und will schon im Sinne der katholischen Seite urteilen, als die evangelischen Geistlichen auf die Beachtung eines allen bekannten und von allen Prozeßparteien anerkannten Beweisstückes bestehen - des Briefes, den Bustorp zu seiner Rechtfertigung an Zegenhagen gesandt hatte. Mit dem Hinweis auf seine Bekanntheit will der Rat sogar ein Verlesen des Briefes ablehnen, doch die evangelischen Prediger bestehen darauf, daß Moller Bustorps Brief vortrage[308] und anschließend seine Meinung zu den schriftlichen Äußerungen seines ‚Mandanten' darlege. Moller kann nichts anderes tun, als häretische Lehren festzustellen, die zu widerrufen sind.

Ein letzter wichtiger Darstellungsunterschied katholischer und evangelischer Schilderungen besteht bezüglich der Weise, wie das Urteil umgesetzt werden sollte. Bericht B erklärt, Bustorp sei das Angebot gemacht worden, auf der Stelle seinen Widerruf zu leisten, um ihn vor möglichen Spötteleien und Demütigungen durch das ‚gemeine Volk' zu bewahren, wenn er von der Kanzel widerriefe. Er habe sich aber aus Hochmut, seine Fehler einzusehen, geweigert und sei daher zum öffentlichen Widerruf verurteilt worden. Die Darstellung von Bericht D kennt den Teil der Urteilsmilderung nicht, sondern führt lediglich aus, daß Bustorp einen Widerruf aus Uneinsichtigkeit seiner Fehler nicht zugeben wollte, von einem der Ratssekretäre dann aber in einem Gespräch unter vier Augen dazu gebracht werden konnte, das Urteil anzunehmen, das er aber nicht erfüllt habe. Hiermit wird in B Bustorp mit seinem Verhalten isoliert von der Gruppe der übrigen katholischen Prediger, während er in D ihr typisches Verhalten exemplarisch verkörpert - uneinsichtige Widerrufsverweigerung.

Der exemplarische Vergleich inhaltlich auf dasselbe Ereignis referierender Episoden-Schilderungen in den Berichten erbringt als wichtigstes Ergebnis Hinweise auf die Wahrnehmung von Wirklichkeit in den Berichten zur Reformation. Daß die Aufnahme von Ereignissen immer selektiv abläuft, immer nur ein aufgrund persönlicher und/oder situativer Gegebenheiten gefiltertes Spektrum eines Gesamtgeschehens aufgenommen wird und wiedergegeben werden kann, ist selbstverständlich. Einen Unterschied macht es allerdings, ob Wahrgenommenes eher als erlebte oder eher als gedeutete Wirklichkeit wiedergegeben wird. Das soll heißen, daß ein Bericht unmittelbar Erlebtes und Erfahrenes enthalten kann, oder aber, daß er dies in größere Zusammenhänge eingeordnet präsentiert, also durchdacht, reflektiert und im Rahmen eines vorhandenen Weltbildes gedeutet.

Alle Berichte zur Reformation in Hamburg zeigen eine solche gedeutete Wirklichkeitswahrnehmung und -darstellung in hohem Grade. Die zum exemplarischen Vergleich herangezogenen Episoden sind die großen Angelpunkte im Gesamtgeschehen, an ihnen läßt sich das angedeutete Phänomen besonders klar zeigen. Am deutlichsten wird hierbei, daß für die katholische Seite die theologische Komponente des Reformationsprozesses keinesfalls im Vordergrund stand, sondern sie sich hauptsächlich mit seinen juristischen, innen- und sozialpolitischen Aspekten befaßten, während das evangelische Lager vollständig auf eine Re-Formation im Glauben abhob, die zwar gesellschaftliche Konsequenzen hatte, welche aber als ‚natürliche' Folgeerscheinungen des Wechsels in Glaubensverständnis und -haltung nicht übermäßig betont wurden.

---

[308] Hier wird deutlich, daß alle Parteien nicht nur Kenntnis des Dokumentes, sondern auch Abschriften besaßen,

Die aufgezeigten Unterschiede in der Wirklichkeitsauffassung von Katholiken und Evangelischen im Durchsetzungsprozeß der Reformation erklären, warum sämtliche Gesprächsversuche, insbesondere die große Ratsverhandlung von 1528, grundsätzlich zum Scheitern verurteilt waren. Beide Glaubensgruppierungen legten ihren Diskussionsversuchen gänzlich unterschiedliche Maßstäbe zugrunde, kamen aus einer unterschiedlich bewerteten Vorgeschichte und hatten deswegen auch völlig unterschiedliche Erwartungen. Die Betonung liegt hier auf unterschiedlich. Hätte einander Gegensätzliches gegenübergestanden, wäre zumindest noch eine gemeinsame Ausgangsbasis vorhanden gewesen. Im vorliegenden Fall stehen einander aber unterschiedliche Wirklichkeitsdeutungen gegenüber, so daß die Parteien nicht <u>gegen</u>einander argumentierten, sondern aneinander <u>vorbei</u>.

7 – 7 – 2 Vergleich der Berichte als Texteinheiten

Ein Vergleich der Berichte als Texteinheiten stützt zunächst die Ergebnisse, die ihre exemplarische Gegenüberstellung ergeben hat. Sehr viel wichtiger scheint es auf dieser Ebene der Gesamttextbetrachtung den Blick auf die Wirkungsabsichten der Berichte zu lenken und ihren Wirkungskreis; auf ihre Funktionen und ihre Adressaten. Für alle Berichte ist eine Rekonstruktion dieser Dinge schwierig und in letzter Konsequenz nicht mehr erhellbar. Die katholischen Berichte sind ausschließlich aus einer sekundär bearbeiteten Quelle bekannt, und auf welcher Stufe der Textüberlieferung die ältesten Zeugnisse des evangelischen Berichtes stehen, kann nur vermutet werden. Dennoch haben die Einzelanalysen der Berichte genügend Hinweise erbracht, um einige Aussagen von hoher Wahrscheinlichkeit über die Texte zu ermöglichen.

So erscheinen alle katholischen Berichte in ihren Adressaten ausschließlich an grundsätzlich Gleichgesinnte, also an überzeugt katholische Personen gewendet. Sie wurden mit Informationen über das bedeutendste Ereignis des Hamburger Reformationsprozesses sowie Teile seiner Folgen versorgt. Mit dem reinen Informationsmaterial wurde dabei eine Reihe wertender Elemente verknüpft, die das bloße Geschehen in die Zusammenhänge katholischer Weltsicht einordneten und es in ihnen deuteten, gewichteten und beurteilten. Da es

---

denn Moller soll aus der Schrift vorlesen, die ihm vorlag.

sich bei den Texten aber um Berichte von Katholiken für Katholiken handelte, kommen den genannten Wertungen innerhalb der Berichte informative Funktionen zu, die über das aktuelle Geschehen die Ereignisse in ihre Gesamtzusammenhänge einordnen, ohne dabei den intendierten Adressaten Neues zu erzählen oder vermitteln zu wollen. Während die reinen Tatsachen mit der (Weiter-)Entwicklung des Geschehens bekannt machen, stützen die Wertungen das Grundwissen über die Einschätzung der herrschenden Situation im katholischen Lager.[309] Die Texte sind damit in jedem Falle als Dokumentationen anzusprechen, die innerhalb des katholischen Lagers für dessen Angehörige entstanden. Welche Funktion ihnen dabei genau zukam bzw. zukommen sollte, ist vor allem deswegen nicht mehr feststellbar, da der ursprüngliche Entstehungs- und Wirkungskontext zumindest der Berichte A und B unbekannt ist. Innerhalb ihres sekundären Überlieferungszusammenhanges scheinen sie nicht für einen konkreten Einsatz vorgesehen gewesen zu sein, sondern in bewahrender Absicht zusammengetragen und -gestellt worden zu sein. Der schon angesprochene Gedanke der Dokumentation steht dabei im Vordergrund, deren Vorhandensein je nach der weiteren Entwicklung der Lage ausgenutzt werden konnte bzw. die bei einem dauerhaften Sieg der evangelischen Seite zur ‚Schubladenexistenz' verurteilt war; ein Schicksal wie es die Sammelhandschrift Johann Mollers auch tatsächlich getroffen hat.

Auch der evangelische Bericht vermittelt durch Titel und Aufbau des Inhalts den Anspruch dokumentarischer Qualität. Gleichzeitig wird aus der Art der Präsentation seiner Informationen aber deutlich, daß die mit ihr zu erreichenden und anzusprechenden Adressaten nicht nur aus dem eigenen Lager stammten, sondern auch auf Seiten der (noch) überzeugten Katholiken zu suchen waren. Die Ausrichtung auf ein in seiner Grundhaltung äußerst unterschiedliches Publikum läßt Zweifel am reinen Dokumentationscharakter des Berichtes aufkommen. Tatsächlich zeigt eine genauere Betrachtung der ihm inhärenten Wertungen deren appellative Funktion. Das in sie eingebettete Informationsmaterial wird damit Teil einer vorgeblich sicheren Weltsicht und -deutung, die als solche dem Rezipienten vermittelt werden sollte.

---

[309] Grundwissen und Einschätzung hier ganz bewußt zusammengebracht, um zu verdeutlichen, daß Wissen und Wertung untrennbar zusammengehören, Welt<u>wissen</u> immer mit Welt<u>wertung</u> verbunden ist.

Unter den zeitgenössischen Ereignisberichten ist damit gerade derjenige, der sich in seinem Titel selber als Bericht deklariert, darauf ausgerichtet, Überzeugungsarbeit zu leisten. Damit erscheint auch die Wahl des Titels - besonders in dem genanten Gegensatzpaar *bericht/beklaginge* - als ganz bewußter Zug in der Komposition des gesamten Textes, der mit dazu beitragen sollte, die eigentliche Funktion des Textes zu verschleiern und durch seine Benennung als Bericht gleichzeitig in ihrer Wirkung zu verstärken. Dem *Warhaftigen bericht* kommt damit im Geschehen nach der offiziellen Einführung der Reformation in Hamburg die Rolle zu, Zweifler an der Rechtmäßigkeit und Notwendigkeit der Vorgänge zu überzeugen, auch wenn sich nicht mehr klären läßt, in genau welcher Weise der Text hierzu eingesetzt wurde.

In allen vier Texten sind Wertungen und Informationen unlösbar miteinander verbundene Elemente des jeweils zugrundeliegenden Konzepts bei der Gestaltung der Berichte. Ihre unterschiedliche Gewichtung ergibt sich aus der Ausrichtung der Texte ausschließlich auf die eigene Gruppe oder aber auch auf Angehörige des gegnerischen Lagers. Ebenfalls gemeinsam ist allen Texten das vollständige Fehlen jedweder Reflexion über den eigenen Blickwinkel oder die Auseinandersetzung mit dem Standpunkt der jeweils anderen Seite.

Sie verdeutlichen damit beispielhaft die hauptsächliche Problematik des Reformationsprozesses: Er war nicht als Konfrontation zweier konkurrierender Systeme angelegt, sondern stellte sich als Nebeneinander zweier Gedankengebäude dar, deren eines zwar aus dem anderen hervorgegangen war, sich aber durch ein grundsätzliches Neuverständnis elementarer Tatsachen soweit von seinem Ursprung entfernt hatte, daß eine Kommunikation aufgrund des fehlenden gemeinsamen Bezugssystems nicht mehr möglich war.

8 Diskrepanzen zwischen der Ereignisdarstellung der Berichte und der Rekonstruktion des Ereignisverlaufs

Der inhaltliche Vergleich der vier zeitgenössischen Ereignisberichte zur Kirchenreformation in Hamburg hat eine jeweils spezifisch gedeutete Wirklichkeitswahrnehmung und dadurch die Darstellung einer jeweils eigenen Wahrheit des Geschehens gezeigt.

Von einer übereinstimmenden Ereignisbasis ausgehend deuteten die Berichte diese unterschiedlich aus bzw. gaben ihr voneinander abweichende Gewichtungen und Bewertungen. Auf diese Weise kommt es auf der Grundlage gleichermaßen registrierter Handlungen zu den abweichenden Bildern derselben, die die einzelnen Berichte dem Rezipienten vermitteln.

Erklären sich durch die festgestellte unterschiedliche Weltsicht und Wahrheitsfestlegung evangelischer und katholischer Partei die voneinander abweichenden Einschätzungen und Interpretationen gemeinsam erlebter und/oder allgemein be- und anerkannter Fakten und Geschehensabläufe, so eröffnet der Bezug der Berichtsdarstellungen auf die Rekonstruktion der reformatorischen Ereignisgeschichte den Blick auf ein weiteres Phänomen, nämlich das der bewußten, d.h. intendierten Wirklichkeitsformung.

Betrachtet man die katholischen Berichte hinsichtlich eines solchen Vorgehens, so fällt hier lediglich die in Moller B gegebene Darstellung der Verhandlung gegen Nikolaus Bustorp 1527 auf, die deren eigentliche Ursachen, Anlaß und Ablauf völlig verschleiert, indem sie das Geschehen als vollständig in katholischer Hand befindlich beschreibt, als die Bemühungen hochrangiger (katholischer) Geistlicher der Stadt, einen Glaubensbruder nach einer äußerst unglücklich formulierten Predigt wieder auf den Weg der reinen Lehre zurückzuführen, was an dessen Uneinsichtigkeit und Starrsinn scheiterte.

Außerdem ist der katholischen Berichterstattung insgesamt eigen, den Verlauf der reformatorischen Ereignisgeschichte unter vollkommener Ausblendung des Stadtrats zu schildern. Dessen Rolle und Bedeutung im Geschehen wird ausgeklammert, die Schuld an allen Vorgängen in Zusammenhang mit der Kirchenreformation in Hamburg tragen ausschließlich die evangelischen Bürger. Ihnen wird zwar unterstellt, auch den Rat infiltriert zu haben,[310] das Ratsgremium als solches bleibt aber von allen Vorwürfen verschont und erscheint mehr als Opfer der Geschehnisse gemeinsam mit den verbliebenen Katholiken Hamburgs als als eigene Partei, die sich schließlich bewußt für die Durchführung der Reformation in der Stadt entschieden hatte.

---

[310] Dies besonders im Zusammenhang mit dem Bericht über die Begrüßung, Unterbringung und den weiteren Aufenthalt Bugenhagens in der Stadt, vgl. Moller, S. 558ff.

Eine tatsächlich eigene Wirklichkeitsformung findet sich dagegen in dem im Vergleich mit den katholischen Berichten deutlich umfassenderen evangelischen *Warhaftigen bericht* des Steffen Kempe.

Vergleicht man das in ihm geschilderte Ereignisaufkommen und dessen Verknüpfung mit der aus sämtlichen Quellen zum Reformationsdiskurs extrahierten Gesamtmenge von Geschehnissen innerhalb der Ereignisgeschichte, fällt auf, daß Kempe eine hochgradig selektive Ereignisauswahl vornahm und das Ausgewählte in eigenständig aufgebaute Zusammenhänge und Abläufe stellte. Zwischen der für den Fortgang des Reformationsdiskurses in Hamburg modellierten Phasenstruktur sowie Aufbau und Darstellung des *Warhaftigen berichts* lassen sich auffallende Abweichungen feststellen.

In diesem Zusammenhang ist noch einmal kurz Kempes Konzept und Intention beim Verfassen seines Berichts zu rekapitulieren.

Wie in seinem programmatischen Titel deutlich wird, diente der Bericht dazu, den Wechsel in Ritus, Kultus und Liturgie der Stadt Hamburg zu beschreiben, dabei gleichzeitig diesen Vorgang zu rechtfertigen und seinen friedlichen Verlauf von evangelischer Seite aus zu betonen. Der Bericht stellt sich als stark die theologischen Auseinandersetzungen des Hamburger Reformationsdiskurses betonender, sich durch vielfach vorhandene apologetische Tendenzen auszeichnender Text dar. Er zeigt einen sich auf die Strukturpfeiler der Osterfeste 1526, 1527, 1528 stützenden, sich dreimal in seiner Polarität zwischen katholischen und evangelischen Tendenzen steigernden zyklischen Aufbau, dessen Ziel weniger die Schilderung der Ereignisse war, als vielmehr der Beweis ihrer Rechtmäßigkeit.

Ein charakteristischer Zug der Kempeschen Berichterstattung ist es, stets der katholischen Seite die aktive Rolle im Reformationsgeschehen zuzuordnen, das dadurch immer stärker polarisiert wurde, während die evangelische Seite, im Auftrag der christlichen Glaubenswahrheit handelnd, sich jeweils gezwungen sah, reagierend ihren Standpunkt mit dem notwendigen Nachdruck zu vertreten.

Kempes Intention, von der Richtigkeit der berichteten Inhalte zu überzeugen, stützt die im Vorfeld der Abfassung des Berichts getroffene Themenauswahl. Die auf diese Weise definierte Menge von Ereignissen und Themenkreisen wird von Kempe als miteinander verknüpfte Kausalkette gebracht, wodurch sich der Eindruck eines durch Transparenz und logischen Aufbau auszeichnenden Textes ergibt.

Zunächst unterschlägt Kempe die ersten Vermittler reformatorischen Gedankengutes nach Hamburg. Weder geht er auf das Wirken des um 1520/21 in Hamburg predigenden Praemonstratensers ein, noch auf die Aktivitäten der Druckoffizin Simon Korvers von 1522 bis 1523. Seine Darstellung setzt mit den reformerischen (aber nicht reformatorischen!) Predigten Ordo Stemmels, des Pfarrherrn von St.Katharinen ein und geht dann sogleich zu seinem – Kempes – eigenem Wirken in der Stadt über.

Für die Auslassung im *Warhaftigen bericht* bezüglich des Praemonstratensers ließe sich anführen, daß Kempe selber erst 1523 nach Hamburg kam, diese Episode des Reformationsgeschehens also vor seiner Zeit in der Stadt lag. Doch dann stellt sich augenblicklich die Frage, weswegen er über das reformerische Wirken Ordo Stemmels informiert war, das noch vor die Ankunft des Praemonstratensers in der Stadt datiert.[311]

Die Nichtbeachtung der Korverschen Offizin läßt sich mit dem Zeitargument gar nicht begründen, da Kempes Anfänge in Hamburg durchaus in die Schaffensperiode der Druckerei in der Stadt fielen.

Für die beiden Auslassungen finden sich folgende mögliche Erklärungszusammenhänge: Zum einen lassen sich in Kempes Bericht hierarchische Strukturen in der Wichtigkeit von Personen und Institutionen für den Fortgang des Reformationsprozesses finden. So hebt er die Bedeutung der Katharinenpfarre hervor, deren erster Inhaber im interessierenden Zeitraum der Stadt die ersten in Richtung Reformation weisenden Anstöße gab, deren zweiter nach erfolgreicher evangelischer Predigttätigkeit von der eigenen Gemeinde nach seiner Rückkehr zu rein katholischer Lehre so stark unter Druck gesetzt wurde, daß er sein Amt aufgab, und deren dritter dann Kempe selber war.

Für seine Person hebt Kempe hervor, der erste gewesen zu sein, der in Hamburg evangelische Glaubenwahrheiten verkündet habe – allein auf sich gestellt gegen die massiven Angriffe der katholischen Geistlichkeit, bis er erst Jahre später Helfer im Kampf um die rechte

---

[311] Zwar ist Kempe als Stemmels eigentlicher Nachfolger in der Katharinenpfarre zu sehen, doch dieses Amt übernahm er erst 1527. Trotzdem wußte er um die theologische Orientierung seines Vorvorgängers.

Lehre erhielt. Mit der Erwähnung des Praemonstratensers und der Druckoffizin wäre es ihm nicht möglich gewesen, diese Stellung für sich zu reklamieren!

Andererseits ist auch der erwähnte Strukturaufbau von Kempes Bericht zu beachten, für den beiden genannten Erscheinungen die Kontinuität in Bezug auf die Ereignisse seiner Kernjahre fehlt.[312] Auch aus diesem Grunde kann Kempe sie im Interesse seiner aufeinander aufbauenden Ereignisketten ausgelassen haben.

Schließlich zeigen sowohl die Predigttätigkeit des Praemonstratensers als auch die Arbeit der Korverschen Druckoffizin ein völlig selbständiges und selbstinitiiertes Handlungspotential. Ein solches von evangelischer Seite paßt aber keinesfalls in das von Kempe vermittelte Bild eines vielmehr stets auf katholische Aktionen gegen die Verkündigung der rechten evangelischen Glaubenswahrheiten reagierenden Fortgangs der lutherischen Bewegung. Auch dies könnte mit ein Grund für die Nichterwähnung des Praemonstratensers und der Druckoffizin sein.

Eine weitere zu hinterfragende Auslassung im Ereignisbericht des Steffen Kempe bezieht sich auf die die Jahre 1524 bis 1526 prägenden Ereignisse um die (Wieder-) Besetzung der Nikolai-Pfarre.

Dieser in Anbetracht seiner reichen theologischen Implikationen durchaus in Kempes Berichtsgefüge einpaßbare Komplex wird von ihm tatsächlich nur in einigen wenigen Bemerkungen gestreift, die auch nicht andeutungsweise ausreichen, sich ein Bild des eigentlichen Geschehens zu machen.

Die Pläne vom Sommer 1524, Johannes Bugenhagen auf die durch Amtsniederlegung ihres Inhabers vakant gewordenen Nikolai-Pfarre zu berufen, sowie die sich anschließende Auseinandersetzung zwischen dem Hamburger Rat, der Nikolaigemeinde und Bugenhagen und endlich Bugenhagens ab Frühjahr 1526 in Hamburg bekanntes und kursierendes Traktat im Stile eines neutestamentlichen Sendbriefes mit Hinweisen auf die Inhalte einer denkbaren evangelischen Kirchenordnung für die Stadt werden im *Warhaftigen bericht* mit

---

[312] Außerdem würde wiederum die Bedeutung geschmälert werden, die sich Kempe in seinem Bericht gibt, erwähnte er den Druck und Vertrieb des niederdeutschen lutherischen Neuen Testaments in Hamburg, über das die Bürger in hohem Maße reformatorisches Gedankengut rezipieren konnten.

keinem Wort erwähnt;[313] die folgende Auseinandersetzung um die Anwesenheit und Tätigkeit Johannes Zegenhagens wird zusammengefaßt in kürzesten Nachrichten zu Zegenhagens Werdegang und dem Hinweis, daß er im September 1526 Pfarrherr an St.Nikolai wurde.

Diese Nachrichten geben keinerlei Aufschluß über den tatsächlichen Verlauf der Ereignisse ab Zegenhagens auf Einladung Hamburger Bürger erfolgter Ankunft in der Stadt, die ernsten Auseinandersetzungen, die zunächst Mitglieder der Nikolaigemeinde, dann ein Bündnis sämtlicher Hamburger Kirchspiele mit dem Rat um die Arbeit dieses äußerst engagierten evangelischen Geistlichen führten.

Es kann aufgrund der Ergebnisse zu Aufbau und Intention des *Warhaftigen berichts* nicht wirklich verwundern, daß Kempe jede Einlassung auf die Frage vermied, ob und in welchem Maße Zegenhagen bereits vor Ende Dezember 1526 kirchliche Zeremonien und vor allem die Form des Abendmahls unter der Gestalt nur des Brotes für den Laien mißachtete und abänderte, doch es fällt auf, daß er mit dem gesamten Thema Zegenhagen äußerst vorsichtig verfuhr und dessen Person in ihrer Existenz und Wirksamkeit lediglich mit äußerster Zurückhaltung behandelte.[314]

Für Kempes Entscheidung, in seinen *Warhaftigen bericht* nur sehr spärliche Nachrichten von den Auseinandersetzungen um die Pfarrbesetzung zwischen 1524 und 1526 und innerhalb dieses Komplexes speziell zu Johannes Zegenhagens exponierter Rolle innerhalb des Geschehens aufzunehmen, lassen sich zwei Motivkomplexe anführen.

Zum einen ist wiederum darauf hinzuweisen, daß innerhalb seines Berichts Kempe sich selber eine herausragende Stellung im Reformationsprozeß gab – er war der erste, der als evangelischer Prediger in der katholischen Stadt durchhielt, er setzte sich Ostern 1524 mit Domlektor Barthold Moller auseinander, er bot Ostern 1528 dem Dominikaner Rensborch die Stirn und wirkte in der folgenden Ratsverhandlung als Vermittler und Schlichter zwischen Rat und Bürgern. Es ist möglich, daß er kein großes Interesse an der Rolle hatte,

---

[313] Vorausgreifend ist darauf hinzuweisen, daß Bugenhagens späteres Wirken in Hamburg bei Kempe ebenfalls sehr kurz kommt.

die Zegenhagen im Geschehen einnahm, und aus diesem Grunde nicht weiter auf die Bedeutung einging, die diesem in zeitgenössischer Sicht zugekommen sein muß.[315]

Zum anderen hätte eine tatsachengetreue Schilderung der Auseinandersetzung um die Pfarrerwahlen Kempes Darstellung einer weitgehend reagierenden Position der evangelischen Seite im Reformationsprozeß gestört. Die Bürger handelten in dieser Angelegenheit völlig selbständig und immer wieder bewußt gegen den Rat der Stadt, indem sie ihren Kampf um ihnen genehme Geistliche sehr aktiv und energisch vorantrieben.

Weiter ist zu bedenken, daß wegen der geschehensnahen Retrospektive, in der Kempes Bericht zu den Ereignissen steht, und der Einbindung des Textes in das aktuelle Bemühen der Stadt Hamburg, ihren neuen evangelisch-lutherischen Standpunkt zu rechtfertigen und zu verteidigen, bestimmte Vorgänge zu brisant erschienen sein konnten, um sie an dieser Stelle ins Gedächtnis zu rufen.

So kann es auch unter diesem Aspekt keinesfalls in Kempes Interesse, den Glaubenswechsel in Hamburg zu rechtfertigen und dessen Friedfertigkeit von evangelischer Seite aus zu betonen, gelegen haben, an Ereignisse zu erinnern, in denen sich bedeutende Teile der Hamburger Bürgerschaft in der offenen Konfrontation mit dem Rat befanden und diesem gegenüber nachgerade massiv drohend auftraten, sollten sie ihren Willen, sprich den von ihnen gewünschten Prediger nicht behalten. Dieser Prediger eben war Johannes Zegenhagen, der damit klar als Unruhestifter und Aufrührer identifiziert werden konnte.

Es könnte Kempe in seinem ohnehin klare apologetische Tendenzen enthaltenden Bericht als viel zu gefährlich erschienen sein, näher auf einen Mann einzugehen, dessen offenbar streitbarer und auseinandersetzungsbereiter Charakter in und außerhalb der Stadt nicht unbekannt gewesen sein dürfte.

Im Zusammenhang mit dem ausgeprägten Rechtfertigungscharakter des *Warhaftigen berichts* und seiner möglichen Rolle in der Zeit, in der der vom Hamburger Kapitel ange-

---

[314] In diesem Zusammenhang ist auch auf die Tatsache hinzuweisen, daß die Änderung kirchlichen Zeremoniells und die Austeilung des Abendmahles unter beiderlei Gestalt nach Weihnachten 1526 keinem bestimmten Geistlichen zugeordnet, sondern im Passiv berichtet werden.
[315] Die Bürger setzten sich mit auffallendem Nachdruck für Zegenhagen ein, der Rat unterließ keinen Versuch, ihn aus der Stadt zu verbannen; auch ist zu beachten, daß der Domherr Bustorp seinen ausführlichen Rechtfertigungs-

strengte Prozeß gegen die Stadt Hamburg vor dem Reichskammergericht sich noch in der Schwebe befand, läßt sich auch eine Begründung für die nur sehr, sehr knapp ausfallende Beschäftigung mit Bugenhagens Wirken in der Stadt nach der offiziellen Entscheidung für die Reformation in ihr finden.

Schließlich war es Kempe mit seinem *Warhaftigen bericht* darauf angekommen, die Notwendigkeit der Durchführung der Reformation in Hamburg darzustellen. Dafür war es aber unnötig, mit der Beschreibung der folgenden raschen und vollständigen Konsolidierung der Verhältnisse auf kirchlicher wie politischer Ebene zu provozieren.

Daneben spielte für Kempes Bericht die Harmonie zwischen Rat und Bürgern, das Erscheinen und Auftreten der Stadt Hamburg als gefestigter Einheit eine wichtige Rolle, woraus sich im Zusammenhang mit Bugenhagens Wirken in der Stadt das völlige Fehlen sämtlicher Schwierigkeiten und Meinungsverschiedenheiten, die sich bei der Erarbeitung der Kirchenordnung und der daran anschließenden Neuordnung des städtischen Lebens ergaben, erklären.

Neben den offensichtlichen Auslassungen in Kempes Bericht finden sich weitere, subtilere Eingriffe in den rekonstruierten tatsächlichen Ablauf der Ereignisgeschichte. In chronologischer Abfolge sind dies:

- die absichtliche Falschdatierung der Weihnachtspredigt des Domherrn Nikolaus Bustorp 1526,

- die Verschleierung der eigentlichen Ursachen für die Ratsverhandlung 1527 sowie den Aufbau eines unzutreffenden zeitlichen Verhältnisses zwischen Ostern 1527 und der genannten Verhandlung,

- die Vorverlegung der Abreise Barthold Mollers nach der entscheidenden Ratsverhandlung 1528 aus Hamburg,

- die Verschleierung des Datums für den Amtsantritt Johannes Aepins als Superintendenten.

---

brief an niemanden anderen als Zegenhagen sandte. Alles deutet auf eine starke Präsenz und hohe Bedeutung dieses evangelischen Geistlichen in der Stadt hin.

Beweggründe für die genannten Manipulationen finden sich in Kempes die Gesamtkonzeption seines Berichts bestimmenden Intentionen, die Katholiken als die uneinsichtige, im negativen Sinne aktive und schließlich mit ihrer Niederlage nicht zurechtkommende Partei innerhalb der Auseinandersetzungen um die Kirchenreformation in Hamburg zu zeichnen, der zu keinem Zeitpunkt des ablaufendes Prozesses die Notwendigkeit und Natürlichkeit der Reformation zugänglich war. Gleichzeitig ging es ihm um die Darstellung des Stadtrates als grundsätzlich den Veränderungen zuneigender Institution, die die Entwicklung des Geschehens mittrug und unterstützte.

Mit ihren durch Auslassungen oder Umformungen geschaffenen Eingriffen in den Verlauf der Ereignisgeschichte stellt Kempes Schilderung eine Wirklichkeitsformung dar, in der ihr Autor eigene Zeitstrukturen und Kausalzusammenhänge aufbaute. Ihr Vergleich mit der aus dem Gesamtaufkommen an Quellen zum Reformationsprozeß Hamburgs abgeleiteten Phasenstruktur der Ereignisse macht das hohe Maß an Durchdachtheit bezüglich Themenauswahl und ~zusammenstellung deutlich, das diesen evangelischen zeitgenössischen Ereignisbericht zur Reformation in Hamburg auszeichnet.

Der *Warhaftige bericht* illustriert damit in besonderer Weise Motivationen und Faktoren, die auf einen als nachvollziehende Retrospektive und/oder Bilanz eines in zeitnaher Rückschau stattgefundenen Geschehens verfaßten Textes einwirkten, zu dessen Entstehungszeit die epochale Bedeutung der dargestellten Ereignisse bereits bewußt wahrgenommen und entsprechend verarbeitet - und das heißt eben auch zu den eigenen Zwecken und Zielen manipuliert - werden konnte.

9 Ergebnisse

Die vorangegangene Darstellung des Hamburger Reformationsdiskurses in Form eines durch das quantitative Aufkommen und die qualitativen Veränderungen des ereigniszugehörigen Textmaterials determinierten Phasenmodells zeigt die gegenseitige Abhängigkeit und das unmittelbare Aufeinanderbezogensein von Ereignisgeschichte und den sie repräsentierenden und konservierenden Quellentexten.

Auf sprachgeschichtlicher Ebene bieten die vorliegenden Ausführungen eine klare Bestätigung der Theorie, daß historisch bedingter sozialer Wandel zu Veränderungen im Textsortenaufkommen und ~gebrauch einer Gesellschaft führt; damit wird gleichzeitig in historischer Perspektive die eigentlich zwingende Notwendigkeit unterstrichen, Quellen(texte) intakt, und das heißt nach ihrer Form und ihrem Inhalt vollständig und zusammenhängend zur Erschließung, Untersuchung und Einschätzung historischen Geschehens heranzuziehen.

Es ergibt sich damit die untrennbare Verbundenheit von interner und externer Sprachgeschichte (sprachgeschichtlicher Zugriff) bzw. Text und Kontext (pragmatisch-textlinguistischer Zugriff) oder auch Quelle und ihrem Entstehungsumfeld und Wirkungszusammenhang (historischer Zugriff).

Hieraus wiederum resultiert die strikte Forderung, stets beide Seiten in eine entsprechende Untersuchung einzubeziehen. Ausschließlich auf diesem Wege ist eine tatsächlich umfassende Analyse eines ereignisgeschichtlichen Ablaufs, einer ereignisgeschichtlichen Entwicklung möglich, da die gesonderte Betrachtung beider Einzelfaktoren unterschiedliche Schwerpunktsetzungen voraussetzt und ebensolche unterschiedlichen Gewichtungen produzieren wird. Nur ihr gegenseitiger Bezug aufeinander kann zu wirklich begründeten Erkenntnissen führen.

Das für das Ereigniskontinuum Kirchenreformation in Hamburg aufgestellte Phasenmodell zeigt in seiner Strukturierung und Organisation des Geschehens deutlich den exponentiellen Anstieg der ereigniszugehörigen Kommunikation sowie die Einbindung des Reformationsdiskurses in den übergeordneten städtischen Gesamtdiskurs, verbunden mit dessen langsamer, aber sicherer Beeinflussung durch den neuen Themenkreis und die sich in und aus ihm entwickelnden Text(sorten), andererseits wird die wachsende Einbindung und zunehmende eigene Einflußnahme der an der Kommunikation Beteiligten ersichtlich und betont, unter denen wie gesagt Bürger und Rat hervorstechen. Ihre zunächst von gegenseitiger Opposition geprägte Interaktion wandelte sich im Fortschreiten des Reformationsprozesses zu einem letztlich gerade auf Seiten des Rates vollständig pragmatisch begründeten Miteinander, was sie von Gegnern über den größten Zeitraum des Geschehens hinweg an dessen Ende zu Verbündeten gegen die gegen die Stadt als politische und soziale Einheit gerichteten Angriffe des Hamburger Domkapitels machte.

In diesem Zusammenhang ist das untersuchte Geschehen als Exempel eines tiefgreifenden Konfliktes innerhalb einer Stadtgesellschaft, einer umfassenden, eine Neuordnung (er)fordernden Krisensituation eines städtischen Gemeinwesens in seinen innen- wie außenpolitischen Beziehungen zu werten, das deren Entwicklung und Bewältigung nachzeichnet und in ihren verschiedenen Zuständen und Abfolgen ein- und durchsichtig macht.

Dies wird im Spezialfall des Reformationsdiskurses der Stadt Hamburg unterstützt durch die Existenz der besprochenen zeitgenössischen Berichte, die einen erweiterten Zugriff auf den Ablauf und die Entwicklung der kirchenreformatorischen Ereignisgeschichte ermöglichen.

Mit ihren beschreibenden und bilanzierenden Schilderungen bieten sie ein mehrere Einzeltexte umfassendes und damit grundsätzlich repräsentatives Beispiel für eine formal und inhaltlich von den Vorgaben einer bestimmten Textsorte abhängende Darstellung des interessierenden Ereignisses. Sie eröffnen Einblicke in die zeitgenössische Aufnahme, Verarbeitung und Einschätzung dieses Ereignisses und geben die Möglichkeit eines Vergleichs zwischen der Rekonstruktion historischen Geschehens aus der Gesamtheit des ihm zugehörigen Textaufkommens heraus mit seiner Abhandlung unter den spezifischen Bedingungen der Textsorte Bericht.

Damit schaffen diese Texte die Bedingungen für die Betrachtung einer gesellschaftlichen Umwälzung und Neuordnung aus der Sicht direkt von den Ereignissen betroffener und in sie involvierter Personen sowie einen Vergleich der in deren Berichten vertretenen Sichtweisen mit auf modernen historischen Forschungen beruhenden Erkenntnissen und den daraus resultierenden rezent vertretenen Standpunkten zu und innerhalb der behandelten Thematik.

Die sich notwendig ergänzenden Untersuchungen zum ereignisabhängigen Textsortenaufkommen sowie der textsortenabhängigen Ereignisdarstellung des Reformationsdiskurses der Stadt Hamburg von 1521 bis 1531 gewähren beispielhaft Einsichten in Abläufe und Zusammenhänge des entscheidenden, kein europäisches Gemeinwesen unbeeinflußt lassenden Geschehens der lutherischen Kirchenreformation am Beginn der frühen Neuzeit. Wenn die vorgestellten Ergebnisse dazu beitragen, das Wissen um dieses in seinen Folgen und Auswirkungen bis heute ungebrochen bedeutenden Ereignisses zu bereichern und zu vertiefen, hat diese Arbeit ihr Ziel erreicht.

10 Quellen

Die **Augsburgische Konfession** oder Bekenntnis des Glaubens etlicher Fürsten und Stände, überantwortet Kais. Majestät zu Augsburg. Anno 1530. In: Evangelisch-lutherisches Gesangbuch der Provinz Schleswig-Holstein. Schleswig o.J. (ca. 1883).

Ballheimer, Rudolf: Die Einführung der Reformation in Hamburg. In Quellenstücken zusammengestellt. Quellenhefte für den Religionsunterricht 6. Hamburg 1917.

Bartels, J.H.: Supplementband zu dem neuen Abdruck der Hauptgrundgesetzte der Hamburgischen Verfassung. Hamburg 1826.

Beckey, Kurt (Hrsg.): Die älteste niederdeutsche Übertragung des Lutherschen Neuen Testaments (September 1522): Dat nyge Testament tho dude. Von unbekanntem Verfasser. Druck der „anonymen Hamburg=Druckerei" („Presse der Ketzer") Hamburg 1523. Erster Teil. In: Vollmer, Hans (Hrsg.): Neue Forschungen und Texte zur Geschichte der deutschen Bibel. Herausgegeben in Gemeinschaft mit Kurt Beckey und Erich Zimmermann. Bibel und deutsche Kultur. Veröffentlichungen des Deutschen Bibel=Archivs in Hamburg 9. Potsdam 1939, S. 1 – 236.

Beckey, Kurt (Hrsg.): Die älteste niederdeutsche Übertragung des Lutherschen Neuen Testaments (September 1522): Dat nyge Testament tho dude. Tho Hamborgh. Int Jaer. M.D.xxiii. – Von unbekanntem Verfasser. Druck der „anonymen Hamburg=Druckerei" („Presse der Ketzer"). Zweiter Teil. In: Vollmer, Hans (Hrsg.): Ein Reisebericht ... . Passionen als Teilübersetzung der Evangelien. Dat nyge Testament tho dude II. Teil ... . Herausgegeben in Gemeinschaft mit Kurt Beckey und Siegfried Miers. Bibel und deutsche Kultur. Veröffentlichungen des Deutsche Bibel=Archivs in Hamburg 10. Potsdam 1940, S. 237 – 492.

Die **Bibel**. Nach der Übersetzung Martin Luthers. Bibeltext in der revidierten Fassung von 1984. Stuttgart 1985.

Biblia sacra iuxta vulgatam versionem. Adiuvantibus Bonifatio Fischer OSB, Johanne Gribomont OSB, H.F.D. Sparks, W. Thiele. Recensuit et brevi apparatu instruxit Robertus Weber OSB. Editio altera emendata. Tomus II. Proverbia – Apocalypsis. Appendix. Stuttgart 1975.

Bolland, Jürgen (Hrsg.): Hamburgische Burspraken 1346 – 1594. Mit Nachträgen bis 1699. Tl. 1: Einleitung und Register. Tl. 2: Bursprakentexte. Veröffentlichungen aus dem Staatsarchiv der Freien und Hansestadt Hamburg 6, Tl. 1 und 2. Hamburg 1960.

Bugenhagen, Johannes: *Van dem Christen \ louen vnde rechten guden wer-\cken/ wedder den falschen louen \ vnde erdichtede gude wercke. ... An de ehrentrike stadt Ham-\borch. Wittemberch.* M.D.xxvj.

Bugenhagen, Johannes: Der Ehrbaren Stadt Hamburg Christliche Ordnung 1529. De Ordeninge Pomerani. Unter Mitarbeit von Annemarie Hübner herausgegeben und übersetzt von Hans Wenn. 2. Auflage, unveränderter Nachdruck der 1. Auflage. Arbeiten zur Kirchengeschichte Hamburgs 13. Hamburg 1991.

Fabricius, E.F.: Bruchstücke aus der deutschen Chronik des Fräulein=Klosters St.Claren=Ordens zu Ribbenitz von Lambrecht Slagghert, Franciscaner=Lesemeister, aus Stralsund. In: Jahrbücher des Vereins für meklenburgische Geschichte und Alterthumskunde 3. Schwerin 1838, S. 96 – 140.

Fabricius, Jo. Albertus: Memoriae Hamburgenses sive Hamburgi, Et Virorum de Ecclesia, Reque publica et Scholastica Hamburgensi bene meritorum Elogia et Vitae. Vol. 1 – 8. Hamburg 1710 – 1745.

Hanserezesse. Hrsg. vom Verein für hansische Geschichte. Abteilung 3. 1477 – 1530. Bearbeiter Dietrich Schäfer (ab Bd. 8: und Friedrich Techen). 9 Bände. Leipzig 1881 – 1913.

Die **Heilige Schrift**. Einheitsübersetzung. Stuttgart 1981.

Jensen, Wilhelm: Das Hamburger Domkapitel und die Reformation. Arbeiten zur Kirchengeschichte Hamburgs 4. Hamburg 1961.

Keyser, Erich: Das Visitationsbuch der Hamburger Kirchen 1508 – 1521 – 1525. Bearbeitet von Helga-Maria Kühn. Arbeiten zur Kirchengeschichte Hamburgs 10. Hamburg 1970.

Lappenberg, Johann Martin: Die ältesten Stadt-, Schiff- und Landrechte Hamburgs. Hamburgische Rechtsalterthümer 1. Hamburg 1845.

Lappenberg, Johann Martin: Niedersächsische Lieder in Bezug auf die Kirchenreformation vom Jahre 1528 und 1529. In: Zeitschrift des Vereins für Hamburgische Geschichte 2 (1847). Hamburg 1847, S. 230 – 270.

Lappenberg, Johann Martin: Hamburgische Chroniken in niedersächsischer Sprache. Hamburg 1861.

Mostert, Louis: Drei Schriften Martin Luthers aus den Jahren 1522 und 1523 in gleichzeitigen niederdeutschen und niederländischen Übersetzungen. In: Niederdeutsches Jahrbuch. Jahrbuch des Vereins für niederdeutsche Sprachforschung 63/64 (1937/38). Hamburg 1938, S. 81 – 172.

Reetz, Jürgen (Hrsg.): Rat und Domkapitel von Hamburg um die Mitte des 14. Jahrhunderts. Teil 2: Das Prozeß-Schriftgut aus den Streitigkeiten des Hamburger Rates und einzelner Bürger mit dem Domkapitel 1336 bis 1356. Veröffentlichungen aus dem Staatsarchiv der Freien uns Hansestadt Hamburg 9, Teil 2. Hamburg 1975.

Reincke, Heinrich (Hrsg.): Die Bilderhandschrift des hamburgischen Stadtrechts von 1497. Neu herausgegeben von Jürgen Bolland. Veröffentlichungen aus dem Staatsarchiv der Freien und Hansestadt Hamburg 10. Hamburg 1968.

Staphorst, Nikolaus: Historia Ecclesiae Hamburgensis diplomatica, das ist: Hamburgische Kirchen-Geschichte, aus Glaubwürdigen und mehrentheils noch ungedruckten Urkunden, ..., Gesammlet / beschrieben und in Ordnung gebracht. T. 2, Bd. 1. Hamburg 1729.

Ziegra, Christian: Sammlung von Urkunden, theologischen und juristischen Bedenken, ..., als eine Grundlage zur Hamburgischen Kirchenhistorie neuerer Zeiten, ..., mit beygefügten historischen Erzählungen und Anmerkungen. 4 Theile. Hamburg (1764 – 1770).

11 Literatur

Bayer, Oswald: Promissio. Geschichte der reformatorischen Wende in Luthers Theologie. 2., durchgesehene und um ein Vorwort erweiterte Auflage. Reprographischer Nachdruck der 1. Auflage. Forschungen zur Kirchen- und Dogmengeschichte 24. Göttingen 1971. Darmstadt 1989.

Beckey, Kurt: Die Reformation in Hamburg. Hamburg 1929.

Best, Otto F.: Handbuch literarischer Fachbegriffe. Definitionen und Beispiele. 8., überarbeitete und erweiterte Ausgabe. Frankfurt/M. 1991.

Blücher Dreves, Lebrecht: Geschichte der Katholischen Gemeinden zu Hamburg und Altona. Schaffhausen 1850.

Brandmüller, Walter: Das Konzil von Konstanz 1414 – 1418. Bd.1: Bis zur Abreise Sigismunds nach Narbonne. Konziliengeschichte: Reihe A, Darstellungen. Paderborn, München, Wien, Zürich 1991.

Brandis, Thilo; Maehler, Herwig: Die Handschriften der S.Petri-Kirche Hamburg / Die Handschriften der S.Jacobi-Kirche Hamburg. Katalog der Handschriften der Staats- und Universitätsbibliothek Hamburg 4. Hamburg 1967.

Brecht, Martin: Luther als Schriftsteller. Stuttgart 1990.

Brinker, Klaus: Textfunktionen. Ansätze zu ihrer Beschreibung. In: Zeitschrift für germanistische Linguistik. Deutsche Sprache in Gegenwart und Geschichte 11 (1983). Berlin, New York 1983, S. 127 – 148.

Brinker, Klaus: Linguistische Textanalyse. Eine Einführung in Grundbegriffe und Methoden. 3., durchges. u. erw. Aufl. Grundlagen der Germanistik 29. Tübingen 1992.

Brockhaus Enzyklopädie in vierundzwanzig Bänden. Neunzehnte, völlig neu bearbeitete Auflage. Mannheim 1986ff.

Cherubim, Dieter: Sprachgeschichte im Zeichen der linguistischen Pragmatik. In: Besch, Werner; Reichmann, Oskar; Sonderegger, Stefan (Hrsg.): Sprachgeschichte. Ein Handbuch zur Geschichte der deutschen Sprache und ihrer Erforschung. Erster Halbband. Handbücher zur Sprach- und Kommunikationswissenschaft 2,1. Berlin, New York 1984, S. 802 – 815.

Dieckmann, Walther: Information oder Überredung. Zum Wortgebrauch der politischen Werbung in Deutschland seit der Französischen Revolution. Marburger Beiträge zur Germanistik 8. Marburg 1964.

Dieckmann, Walther: Sprache in der Politik. Einführung in die Pragmatik und Semantik der politischen Sprache. 2. Auflage. Mit einem Literaturbericht zur 2. Auflage. Sprachwissenschaftliche Studienbücher. Zweite Abteilung. Heidelberg 1975.

Diekmannshenke, Hans-Joachim: Die Schlagwörter der Radikalen der Reformationszeit (1520-1536). Frankfurt/M. 1994.

Dollinger, Philippe: Die Hanse. 4., erweiterte Auflage. Kröners Taschenausgaben 371. Stuttgart 1989.

Drosdowski, Günther (Hrsg.): Duden. Deutsches Universalwörterbuch. 2., völlig neu bearbeitete und stark erweiterte Auflage. Mannheim, Wien, Zürich 1989.

Eicher, Peter (Hrsg.): Neues Handbuch theologischer Grundbegriffe. Erweiterte Neuausgabe in 5 Bänden. München 1991.

Fleskes, Gabriele: Untersuchungen zur Textsortengeschichte im 19. Jahrhundert. Am Beispiel der ersten deutschen Eisenbahnen. Tübingen 1996.

Friedland, Klaus: Die Hanse. Urban-Taschenbücher 409. Stuttgart, Berlin, Köln 1991.

Fuchs, Thomas: Konfession und Gespräch. Typologie und Funktion der Religionsgespräche in der Reformationszeit. Norm und Struktur 4. Köln, Weimar, Wien 1995.

Gabrielsson, Peter: Die Zeit der Hanse 1300 – 1517. In: Loose, Hans-Dieter (Hrsg.): Hamburg. Geschichte der Stadt und ihrer Bewohner. Hamburg 1982, S. 101 – 190.

Ganoczy, Alexandre: Einführung in die katholische Sakramentenlehre. 3. Auflage. Die Theologie. Einführungen in Gegenstand, Methoden und Ergebnisse ihrer Disziplinen und Nachbarwissenschaften. Darmstadt 1991.

Grotefend, Hermann: Taschenbuch der Zeitrechnung des deutschen Mittelalters und der Neuzeit. 13. Auflage. Hannover 1991.

Heinemann, Wolfgang; Viehweger, Dieter: Textlinguistik. Eine Einführung. Reihe Germanistische Linguistik 115; Kollegbuch. Tübingen 1991.

Helmrath, Johannes: Das Basler Konzil 1431 – 1449. Forschungsstand und Probleme. Kölner historische Abhandlungen 32. Köln, Wien 1987.

Kampe, Jürgen: Problem ‚Reformationsdialog'. Untersuchungen zu einer Gattung im reformatorischen Medienwettstreit. Beiträge zur Dialogforschung 14. Tübingen 1997.

Kayser, Werner; Dehn, Claus (Hrsg.): Bibliographie der Hamburger Drucke des 16. Jahrhunderts. Mitteilungen aus der Staats- und Universitätsbibliothek 6. Hamburg 1968.

Kayser, Werner; Hauswedell, Ernst u.a. (Hrsg.): Hamburger Bücher 1491 – 1850. Aus der Hamburgensien – Sammlung der Staats- und Universitätsbibliothek Hamburg. Mitteilungen aus der Staats- und Universitätsbibliothek 7. Hamburg 1973.

Klenk, Marion: Sprache im Kontext sozialer Lebenswelt. Eine Untersuchung zur Arbeitersprache im 19. Jahrhundert. Tübingen 1997.

Kraus, Hans-Joachim: Reformation / Reform. B: Aus evangelischer Sicht. In: Eicher, Peter (Hrsg.): Neues Handbuch theologischer Grundbegriffe. Erweiterte Neuausgabe in 5 Bänden. Bd. 4. München 1991, S. 366 – 377.

Lämmert, Eberhard: Bauformen des Erzählens. 8., unveränderte Auflage. Stuttgart 1991.

Lindow, Wolfgang; Möhn, Dieter; Niebaum, Hermann; Stellmacher, Dieter; Taubken, Hans; Wirrer, Jan: Niederdeutsche Grammatik. Schriften des Instituts für niederdeutsche Sprache; Reihe: Dokumentation 20. Leer 1998.

Linkemeyer, C.: Das katholische Hamburg in Vergangenheit und Gegenwart. Hamburg 1931.

Loose, Hans-Dieter (Hrsg.): Hamburg. Geschichte der Stadt und ihrer Bewohner. Bd. 1: Von den Anfängen bis zur Reichsgründung. Hamburg 1982.

Lübben, August: Mittelniederdeutsches Handwörterbuch. Nach dem Tode des Verfassers vollendet von Christoph Walther. Reprographischer Nachdruck der Ausgabe Norden und Leipzig, 1888. Darmstadt 1995.

Lutz, Heinrich: Reformation und Gegenreformation. 3. Auflage, durchgesehen und ergänzt von Alfred Kohler. Oldenbourg-Grundriß der Geschichte 10. München 1991.

Maas, Utz: Der Wechsel vom Niederdeutschen zum Hochdeutschen in den norddeutschen Städten in der frühen Neuzeit. In: Cramer, Thomas (Hrsg.): Literatur und Sprache im historischen Prozeß. Vorträge des Deutschen Germanistentages, Aachen 1982, Bd. 2: Sprache. Tübingen 1983, S. 114 – 129.

Meier, Jürgen; Möhn, Dieter: Literatur. In: Die Hanse. Lebenswirklichkeit und Mythos. Eine Ausstellung des Museums für Hamburgische Geschichte in Verbindung mit der Vereins- und Westbank. Bd. 1. Hamburg 1989, S. 385 – 392.

Meyer, Eduard: Geschichte des Hamburgischen Schul- und Unterrichtswesens im Mittelalter. Hamburg 1843.

Möhn, Dieter (Hrsg.): Mittelniederdeutsches Handwörterbuch. Begründet von Agathe Lasch und Conrad Borchling, fortgeführt von Gerhard Cordes. Bd. 1ff. Neumünster 1956ff.

Moeller, Bernd (Hrsg.): Stadt und Kirche im 16. Jahrhundert. Schriften des Vereins für Reformationsgeschichte 190. Gütersloh 1978.

Moeller, Bernd: Reichsstadt und Reformation. Schriften des Vereins für Reformationsgeschichte 180. Gütersloh, 1962. Neuausgabe 1987.

Mörke, Olaf: Rat und Bürger in der Reformation. Soziale Gruppen und kirchlicher Wandel in den welfischen Hansestädten Lüneburg, Braunschweig und Göttingen. Veröffentlichungen des Instituts für historische Landesforschung der Universität Göttingen 19. Hildesheim 1983.

Objartel, Georg: Sprachstadium. In: Althaus, Hans Peter; Henne Helmut; Wiegand, Herbert Ernst (Hrsg.): Lexikon der Germanistischen Linguistik. 2., vollständig neu bearbeitete und erweiterte Auflage. Studienausgabe Bd. 1-4. Tübingen 1980, Bd. 3, S. 557 – 563.

v. Polenz, Peter: Deutsche Sprachgeschichte vom Spätmittelalter bis zur Gegenwart. Bd.1: Einführung, Grundbegriffe, Deutsch in der frühbürgerlichen Zeit. Berlin, New York 1991.

Postel, Rainer: Sozialgeschichtliche Folgewirkungen der Reformation in Hamburg. In: Lohff, Wenzel (Hrsg.): 450 Jahre Reformation in Hamburg. Eine Festschrift. Hamburg 1980, S. 63 – 84.

Postel, Rainer: Horenjegers und Kökschen. Zölibat und Priesterehe in der hamburgischen Reformation. In: Bátori, Ingrid (Hrsg.): Städtische Gesellschaft und Reformation. Spätmittelalter und Frühe Neuzeit. Tübinger Beiträge zur Geschichtsforschung 12. Kleine Schriften 2. Stuttgart 1980, S. 221 – 233.

Postel, Rainer: Reformation und Gegenreformation 1517 – 1618. In: Loose, Hans-Dieter (Hrsg.): Hamburg. Geschichte der Stadt und ihrer Bewohner. Hamburg 1982, S. 191 – 258.

Postel, Rainer: Die Reformation in Hamburg 1517-1528. Quellen und Forschungen zur Reformationsgeschichte 52. Gütersloh 1986.

Rabe, Horst: Deutsche Geschichte 1500-1600. Das Jahrhundert der Glaubensspaltung. München 1991.

v. Ranke, Leopold: Deutsche Geschichte im Zeitalter der Reformation. 6 Bände. 3. Auflage. Berlin 1852.

Reiffenstein, Ingo: Interne und externe Sprachgeschichte. In: Besch, Werner (Hrsg.): Deutsche Sprachgeschichte. Grundlagen, Methoden, Perspektiven. Festschrift für Johannes Erben zum 65. Geburtstag. Frankfurt/M., Bern, New York, Paris 1990, S. 21 – 29.

Reincke, Heinrich: Untersuchungen über Hamburgs mittelalterliche Geschichtsschreibung. In: Zeitschrift des Vereins für Hamburgische Geschichte 24 (1920/21). Hamburg 1921, S. 1 – 31.

Reincke, Heinrich: Hamburg am Vorabend der Reformation. Aus dem Nachlaß herausgegeben, eingeleitet und ergänzt von Erich von Lehe. Arbeiten zur Kirchengeschichte Hamburgs 8. Hamburg 1966.

Richter, Klaus: Hamburgs Frühzeit bis 1300. In: Loose, Hans-Dieter (Hrsg.): Hamburg. Geschichte der Stadt und ihrer Bewohner. Hamburg 1982, S. 17 – 100.

Ripfel, Martha: Was heißt Bewerten? In: Deutsche Sprache. Zeitschrift für Theorie, Praxis, Dokumentation 15 (1987). Berlin 1987, S. 151 - 177.

Roelcke, Thorsten: Periodisierung der deutschen Sprachgeschichte. Analysen und Tabellen. Studia Linguistica Germanica 40. Berlin, New York 1995.

Rupprich, Hans: Die deutsche Literatur vom späten Mittelalter bis zum Barock. Erster Teil: Das ausgehende Mittelalter, Humanismus und Renaissance. 1370 – 1520. Zweite Auflage, neu bearbeitet von Hedwig Heger. Geschichte der deutschen Literatur von den Anfängen bis zur Gegenwart; herausgegeben von Helmut de Boor und Richard Newald 4, Tl. 1. München 1994.

Rupprich, Hans: Die deutsche Literatur vom späten Mittelalter bis zum Barock. Zweiter Teil. Das Zeitalter der Reformation. 1520 – 1570. Geschichte der deutschen Literatur von den Anfängen bis zur Gegenwart; herausgegeben von Helmut de Boor und Richard Newald 4, Tl. 2. München 1973.

Schank, Gerd: Ansätze zu einer Theorie des Sprachwandels auf der Grundlage von Textsorten. In: Besch, Werner; Reichmann, Oskar; Sonderegger, Stefan (Hrsg.): Sprachgeschichte. Ein Handbuch zur Geschichte der deutschen Sprache und ihrer Erforschung. Erster Halbband. Handbücher zur Sprach- und Kommunikationswissenschaft 2,1. Berlin, New York 1984, S. 761 – 768.

Schaub, K.E.: Die niederdeutschen Übertragungen der lutherischen Bibel. Greifswald 1938.

Scheib, Otto: Die Reformationsdiskussionen in der Hansestadt Hamburg 1522 – 1528. Zur Struktur und Problematik der Religionsgespräche. Reformationsgeschichtliche Studien und Texte 112. Münster 1976.

Schildt, Joachim: Zur Rolle von Texten/Textsorten bei der Periodisierung der deutschen Sprachgeschichte. In: Besch, Werner (Hrsg.): Deutsche Sprachgeschichte. Grundlagen, Methoden, Perspektiven. Festschrift für Johannes Erben zum 65. Geburtstag. Frankfurt/M., Bern, New York, Paris 1990, S. 415 – 420.

Schwaiger, Georg: Reformation / Reform. A: Historisch. In: Eicher, Peter (Hrsg.): Neues Handbuch theologischer Grundbegriffe. Erweitert Neuausgabe in 5 Bänden. Bd. 4. München 1991, S. 350 – 366.

Schwitalla, Johannes: Deutsche Flugschriften 1460-1525. Textsortengeschichtliche Studien. Tübingen 1983.

Sillem, Wilhelm: Die Einführung der Reformation in Hamburg. Halle 1886.

Steger, Hugo: Sprachgeschichte als Geschichte der Textsorten/Texttypen und ihrer kommunikativen Bezugsbereiche. In: Besch, Werner; Reichmann, Oskar; Sonderegger, Stefan (Hrsg.): Sprachgeschichte. Ein Handbuch zur Geschichte der deutschen Sprache und ihrer Erforschung. Erster Halbband. Handbücher zur Sprach- und Kommunikationswissenschaft 2,1. Berlin, New York 1984, S. 186 – 204.

Wahrig, Gerhard (Hrsg.): Deutsches Wörterbuch. Mit einem ‚Lexikon der deutschen Sprachlehre'. Gütersloh, München 1991.

Wehrli, Max: Geschichte der deutschen Literatur von den Anfängen bis zur Gegenwart. Band 1: Geschichte der deutschen Literatur vom frühen Mittelalter bis zum Ende des 16. Jahrhunderts. 2. Auflage. Stuttgart 1984.

Wellmann, Hans: Textbildung (nach der Frühzeit des Buchdrucks). In: Besch, Werner (Hrsg.): Deutsche Sprachgeschichte. Grundlagen, Methoden, Perspektiven. Festschrift für Johannes Erben zum 65. Geburtstag. Frankfurt /M., Bern, New York, Paris 1990, S. 259 – 272.

Wenz, Gunther: Einführung in die evangelische Sakramentenlehre. Die Theologie. Einführungen in Gegenstand, Methoden und Ergebnisse ihrer Disziplinen und Nachbarwissenschaften. Darmstadt 1988.

Wohlfeil, Rainer: Einführung in die Geschichte der deutschen Reformation. München 1982.

Wohlfeil, Rainer: ‚Reformatorische Öffentlichkeit'. In: Grenzmann, Ludger; Stackmann, Karl: Literatur und Laienbildung im Spätmittelalter und in der Reformationszeit. Symposion Wolfenbüttel 1981. Germanistische Symposien-Berichtbände 5. Stuttgart 1984, S. 41 – 52.

Wolf, Herbert: Martin Luther. Eine Einführung in Germanistische Luther-Studien. Sammlung Metzler 193. Stuttgart 1980.

Wolf, Herbert: Germanistische Luther-Bibliographie. Heidelberg 1985.

Wolf, Norbert Richard: Über eine textlinguistische Sprachgeschichte. In: Besch, Werner (Hrsg.): Deutsche Sprachgeschichte. Grundlagen, Methoden, Perspektiven. Festschrift für Johannes Erben zum 65. Geburtstag. Frankfurt/M., Bern, New York, Paris 1990, S. 421 – 429.

Wolff, Gerhart: Deutsche Sprachgeschichte. Ein Studienbuch. 2., durchgesehene und aktualisierte Auflage. Tübingen 1990.

www.ingramcontent.com/pod-product-compliance
Lightning Source LLC
Chambersburg PA
CBHW020112010526
44115CB00008B/800